이태백 시집 7

이 책은 (재)한국연구재단의 지원으로 학고방출판사에서 출간, 유통합니다.

한국연구재단 학술번역총서 동양편 *614*

이태백 시집 ❼

이 백 지음 | 이영주·임도현·신하윤 역주

學古房

|일러두기|

1. 이 책의 저본은 청나라 왕기王琦가 주석을 붙인 ≪李太白全集≫으로 1991년 북경의 中華書局에서 출판된 것을 사용하였다. 시의 제목과 원문은 이 저본을 따랐으며 문맥이 통하지 않는 경우 다른 판본의 글자로 대체하고 주석에서 밝혔다. 왕기의 ≪李太白全集≫에는 권2~권25에 987수가 수록되어 있으며, 권30의 시문습유詩文拾遺에 57수가 수록되어 있다. 이 책에서는 이러한 작품 외에 다른 주석서와 참고자료에 수록된 일시와 단구 33수를 포함하여 모두 1072수를 수록하였다. 수록 순서는 대체로 왕기의 ≪李太白全集≫을 따랐다.
2. 시 원문에서 환운하는 곳과 마지막에는 」 표시를 하였다.
3. 작시시기에 대해서는 여러 주석서를 참고하였으며 유력한 설만 소개하였다.
4. 시의 해석에 대한 설이 다양한 경우 가장 적절한 것을 국문 번역에서 채택하고 의미 있는 이설은 주석에서 밝혔다.
5. 주석에서 전고를 설명할 때는 관련된 핵심 내용만 요약하여 제시하고 출전을 밝혔다.
6. 이백이 생존했던 시기의 연호인 개원開元, 천보天寶, 지덕至德, 건원乾元, 상원上元 등은 국문으로만 표기하였다.
7. 중국 지명과 중국인 인명은 모두 한국한자음으로 표기하였다.

머리말

    대표적인 중국 고전시가 시인들의 작품이 우리나라에서 아직 완역되지 않았다는 사실을 알고서 중국 시사에서 최정상의 자리를 차지하는 이백과 두보의 시라도 우선 완역해야겠다고 마음먹은 지 오래다. 그래서 이십여 년 전에 뜻을 함께하는 중문학 전공 교수 몇 사람과 함께 두보 시 독해 모임을 만들고 매주 한 번 서울대에 있는 나의 연구실에 모여 두보의 시를 독해하고 창작시기별로 그 결과물을 책으로 출간해 왔다. 이 작업은 두보 시 전체를 역해할 때까지 앞으로도 지속될 것이다.

    두보 시에 이어 1997년에 여러 대학원생과 함께 왕기王琦가 집주輯注한 ≪이태백전집(李太白全集)≫을 독해하는 모임을 만들었다. 여러 해 동안 총 24권 중 16권을 읽고 원문과 주석을 번역했지만, 학위 과정 중에 있는 대학원생이 지속적으로 참여하는 것이 어려웠고 나 또한 다른 일로 바빠서 모임이 중단되었다. 이를 아쉬워하면서 언젠가는 이백 시 역해 작업을 완성해야겠다고 다짐하고 있었는데 마침 2011년 한국연구재단에서 명저번역사업의 일환으로 이백 시 완역이 공모 과제로 제시되어 나는 내심 좋은 기회라 생각하고 응모하기로 마음먹었다.

내가 연구책임자 일을 맡고 임도현 박사와 신하윤 교수 두 사람에게 공동연구자로 참여할 것을 권하였다. 임도현 박사는 나의 지도 아래 서울대에서 이백 시 연구로 박사학위를 받았고 신하윤 교수는 북경대에서 이백 시 연구로 박사학위를 받아 두 사람 모두 이백 시에 대한 이해가 깊고 연구 과정 중에 이미 상당수의 시를 역해한 원고를 가지고 있어서 적임자라고 생각했기 때문이다. 두 사람은 나의 제의를 흔쾌히 받아들였고 다행히도 연구재단에서 우리를 선정해 주어, 나의 오랜 숙원이던 이백 시 완역 작업을 본격적으로 할 수 있게 되었다.

우선 임도현 박사가 세 사람이 가지고 있던 원고를 취합하여 말투와 체제를 통일시킨 초고를 만드는 일을 담당하였다. 사실 이 일이 품이 가장 많이 드는 일이었으니, 본 작업이 완성된 데에 임박사의 공이 가장 컸다고 해야 할 것이다. 그리고 나는 삼 년 내내 여러 대학원생과 함께 초고를 읽고 토론을 하면서 내용을 수정 보완하였다. 이 과정 중에 역대 주석가의 기존 주해는 물론 중국, 대만, 일본의 현대어 번역본도 모두 검토하였다. 이렇게 하여 완성된 수정본을 다시 한 번 더 검토하는 과정을 거쳐 최종적으로 원고를 확정하였다.

이백 시에 대한 역대 주석가의 주해는 많지만 첨영詹鍈이 주편主編한 ≪이백전집교주휘석집평(李白全集校注彙釋集評)≫(천진天津, 백화문예출판사百花文藝出版社, 1997)에 청나라 이전의 주해가 거의 망라되었을 뿐만 아니라 근인의 성과도 일부 수록되어 있어서 큰 도움을 받았다. 그리고 첨복서詹福瑞, 유숭덕劉崇德, 갈경춘葛景春 외 4인이 공동 역해한 ≪이백시전역(李白詩全譯)≫(석가장石家莊, 하북인민출판사河北人民出版社, 1997), 욱현호郁賢皓가 역해한 ≪신역이백시전집(新譯李白詩全集)≫(대북

臺北, 삼민서국三民書局, 2012), 구보천수久保天隨가 역해한 ≪이백전시집(李白全詩集)≫(동경東京, 일본도서센타日本圖書センター, 1978) 등도 정밀하게 살펴보았다. 우리나라에는 아직 이백 시를 완역한 역해집이 없었으며 몇 종류 있는 선역집도 그 내용이 소략하고 역해가 정밀하지 않아 아쉬웠다. 그 중 진옥경과 노경희가 함께 역해한 ≪이백시의 정화, 고풍 악부 가음≫(역락출판사, 2014)은 이백 시 중 고풍古風, 악부樂府, 가음歌吟 부분을 완역하였을 뿐만 아니라 주해가 상세하고 역문이 정치하여 적지 않은 도움을 받았다.

역대 주해가와 역해자의 기존 성과로부터 많은 도움을 받았음에도 불구하고 그 중 어떤 것도 완벽한 역해라고 할 수는 없었다. 따라서 다양한 성과를 참고하였으되 최종적인 역해는 결국 우리가 독자적으로 해야만 했다. 그동안 완벽한 역해서가 나오지 못한 것이 결코 역대 주해자와 역해자들의 능력과 공이 미흡했던 때문은 아니다. 이백 시가 가지고 있는 모호한 맥락 때문에 그 누가 하더라도 아마 완벽하게 역해하기는 힘들었을 것이다. 이백 시를 읽어 보면 매 구절의 뜻이 난해한 것이 그다지 많지 않아 일견 쉽다는 느낌을 받지만, 이백 시의 전체 맥락을 정확하게 파악하는 것은 결코 쉽지 않다. 여기에는 몇 가지 이유가 있다.

첫째, 이백 시는 상당수가 언제 어디에서 지은 것인지 분명하지 않다. 시의 내용을 분명하게 이해하고 시구 사이의 맥락을 정확하게 파악하기 위해서는 작자의 창작 동기를 아는 것이 선행되어야 하는데, 이백의 경우 다수의 시가 지은 시기와 장소, 창작 동기가 불분명하다. 이는 이백의 행적 중 많은 부분이 아직도 정확히 알려져 있지 않은 것과도 관계가 있다. 지금도 많은 연구자들이 이백의 생애 가운데 불분명한 행적을 밝혀내려고 노력하고 있으니, 향후 새로운 사실이 밝혀지면 그 행적과 연관된 시는 기존 해석이 수정되기도 할 것이다.

둘째, 이백은 시를 지을 때 장법章法에 치중하지 않았다. 시인이 시를 지을 때 장법을 중시하여 시상의 전개 과정을 분명하게 보여주거나 시의 맥락을 알려주는 표지가 되는 시어를 적절하게 사용하면 독자도 이를 따라 정확하게 시를 해석할 수 있다. 하지만 이백은 즉흥적이고 자유롭게 시를 짓는 경향이 있어서 시의 맥락이 쉽게 드러나지 않는 경우가 많다. 때로는 시상의 단절이나 비약으로 인해 시의 완성도가 떨어진다거나 시상이 난삽하고 저열하다는 평가를 받기도 하는데 이는 이백 시의 진위에 대해 많은 논쟁거리를 제공하였다. 심지어 역대 주석가 중 어떤 이는 이백 시 중 200여 수 이상을 후인이 이백의 이름을 빌려 지은 위작이나 다른 사람이 지은 것이 잘못 들어간 것으로 간주하기도 하였다.

셋째, 이백은 가리키는 바가 모호한 표현을 하는 경우가 간혹 있다. 예컨대 자신의 상황에 대한 기술인지 아니면 다른 사람에 대한 언급인지가 불분명하거나, 또는 과거의 일인지 장래의 일인지 판단하기 어려운 경우가 있다. 때로는 문법적으로 다양하게 해석될 여지가 있는 시구가 있기도 하여, 어느 한 쪽을 선택함에 따라 시의 전체적인 내용이 사뭇 달라진다.

이상의 이유로 인해 이백의 시에는 다양한 해석이 가능한 시구가 많은데, 번역할 때는 어느 한 가지 해석만을 선택해야 하는 어려움이 있었다. 이런 경우 가장 합당하다고 생각하는 것을 선택하여 번역에 반영하고 기타 가능한 해석은 주석에서 소개하는 방식으로 문제를 해결할 수밖에 없었다.

앞에서 언급하였듯이 현전하는 이백 시 중에는 진위가 불분명한 시가 많다. 그러나 우리는 그것에 대해서 함부로 판단하는 것이 위험하다고 생각하여 일단 이백 시라고 알려진 시는 모두 역해하였다, 뿐만 아니라 시 전체가 전해지지 않고 일부 구절만 전해지는 것도 다루어 총 1072수를 수록하였으니 향후 이백 연구자나 독자에게 도움이 되리라 기대한다.

어떤 일이든 마찬가지겠지만 서둘다 보면 하자가 생기게 마련인데, 연구재단의 지원을 받다보니 주어진 기간 안에 작업을 끝내야 했다. 천 수가 넘는 많은 시의 역해를 삼 년이라는 길지 않은 시간 안에 서둘러 끝내고 나니, 오류가 적지 않을 것 같아 마음이 무겁다. 나름대로 최선을 다했고 가능한 한 많은 사람의 검토를 거치려고 애썼다는 것으로 스스로를 위안한다.

이백은 시 외에도 부賦, 표表, 서序, 기記, 송찬頌贊, 비명碑銘, 제문祭文 등 수십 편의 글을 남겼는데, 향후 이 글도 모두 역해하려고 한다. 이 책을 읽는 독자들이 귀중한 지적을 해 주기를 바라며, 이백전집의 역해집을 낼 때 그 지적을 반영하여 좀 더 나은 역해가 되도록 할 것을 약속한다.

연구를 지원해 준 한국연구재단, 출간을 맡아 준 학고방출판사에 감사드린다. 초고를 검토하고 수정 보완하는 일에 참여한 서울대 중문과의 이욱진, 엽취화, 국문과의 이준영 외 여러 대학원생에게도 감사의 뜻을 전한다.

　　　　　　　　　　을미해 대보름날에 이영주가 쓰다.

목차

머리말 ·· v

13 영물 詠物 ·· 1

876. 촉 땅 준 스님의 금 연주를 듣다 聽蜀僧濬彈琴 ········· 3
877. 노성의 동문에서 부들 베는 것을 보다 魯東門觀刈蒲 ······· 5
878. 이웃 여인의 동쪽 창에 있는 해석류를 읊다
      詠鄰女東窗海石榴 ···································· 7
879. 남쪽 창가의 소나무 南軒松 ························· 9
880. 나무 술잔을 읊다 2수 제1수 詠山樽二首 其一 ······· 11
881. 나무 술잔을 읊다 2수 제2수 詠山樽二首 其二 ······· 13
882. 금문을 막 나와서 왕 시어를 찾아갔지만 만나지
      못하고 벽 위에 그려진 앵무새를 읊다
      初出金門尋王侍御不遇詠壁上鸚鵡 ············· 14
883. 자등나무 紫藤樹 ································· 16
884. 흰 매를 날리는 것을 보다 2수 제1수
      觀放白鷹二首 其一 ···························· 17
885. 흰 매를 날리는 것을 보다 2수 제2수
      觀放白鷹二首 其二 ···························· 18

x

886. 왕지안 박평현위의 산수 벽화를 보다
　　　觀博平王志安少府山水粉圖 ················· 20
887. 최 옹구현령의 단약 아궁이에 쓰다
　　　題雍丘崔明府丹竈 ···························· 22
888. 무산 병풍 앞에 앉은 원단구를 보다
　　　觀元丹丘坐巫山屛風 ·························· 25
889. 최 산인에게 백 길 절벽 폭포 그림을 구하다
　　　求崔山人百丈崖瀑布圖 ······················· 29
890. 들판의 풀 중에 백두옹이라는 것을 보다
　　　見野草中有名白頭翁者 ······················· 32
891. 야랑으로 유배 가다가 아욱 잎에 쓰다
　　　流夜郎題葵葉 ································· 33
892. 영 스님의 방에서 〈산해도〉를 보다
　　　瑩禪師房觀山海圖 ···························· 35
893. 흰 해오라기 白鷺鷥 ···························· 39
894. 무궁화를 읊다 2수 제1수 詠槿二首 其一 ···· 40
895. 무궁화를 읊다 2수 제2수 詠槿二首 其二 ···· 42
896. 하얀 호두 白胡桃 ······························ 44
897. 무산을 그린 침장 巫山枕障 ··················· 45

14 제영 題詠 ·· 47

898. 수주 자양 선생의 벽에 쓰다 題隨州紫陽先生壁 ········ 49
899. 원단구의 산속 거처에 쓰다 題元丹丘山居 ············· 53
900. 영양에 있는 원단구의 산속 거처에 쓰다 및 서문
　　　題元丹丘潁陽山居 並序 ······················· 55
901. 문중 아저씨인 이분 사인을 전별하며 과주 운하에
　　　쓰다 題瓜洲新河餞族叔舍人賁 ··············· 59

902. 세각정 洗脚亭 ··· 63
903. 노로정 勞勞亭 ··· 65
904. 금릉 왕 처사의 물가 정자에 쓰다 題金陵王處士水亭 ······ 66
905. 숭산의 은자 원단구의 산속 거처에 쓰다 및 서문
　　　題嵩山逸人元丹丘山居 並序 ······························ 69
906. 강하의 수정사에 쓰다 題江夏修靜寺 ························ 75
907. 구자산을 구화산으로 이름을 바꾼 뒤 지은 연구
　　　및 서문 改九子山爲九華山聯句 並序 ······················ 77
908. 완계의 객점에 쓰다 題宛溪館 ································ 80
909. 동계공의 은거에 쓰다 題東溪公幽居 ······················· 82

15 잡영 雜詠 ·· 85

910. 노 땅의 유생을 조롱하다 嘲魯儒 ···························· 87
911. 참언을 두려워하다 懼讒 ······································ 90
912. 사냥 구경 觀獵 ··· 94
913. 호인이 피리 부는 것을 보다 觀胡人吹笛 ··················· 96
914. 군행 軍行 ·· 98
915. 종군행 從軍行 ·· 99
916. 평로장군의 처 平虜將軍妻 ·································· 101
917. 봄날 밤에 낙양성에서 피리소리를 듣다
　　　春夜洛城聞笛 ··· 103
918. 숭산에서 창포 캐는 이 嵩山採菖蒲者 ···················· 104
919. 금릉에서 한운경 시어가 부는 피리소리를 듣다
　　　金陵聽韓侍御吹笛 ··· 106
920. 야랑으로 유배 가다가 황제의 연회 하사 소식을
　　　들었으나 참여하지 못하다 流夜郞聞酺不預 ··········· 108
921. 추방된 후에 은혜가 내려졌지만 혜택을 못 받다

　　　　放後遇恩不霑 ································· 110
922. 선성에서 진달래를 보다 宣城見杜鵑花 ············ 113
923. 백전에서 말을 타고 가다 꾀꼬리 소리를 듣다
　　　　白田馬上聞鶯 ································· 115
924. 석 자 다섯 자 일곱 자의 시 三五七言 ············· 117
925. 잡시 雜詩 ··· 119

16 규정 閨情 ··· 121

926. 멀리 부치다 12수 제1수 寄遠十二首 其一 ········· 123
927. 멀리 부치다 12수 제2수 寄遠十二首 其二 ········· 126
928. 멀리 부치다 12수 제3수 寄遠十二首 其三 ········· 128
929. 멀리 부치다 12수 제4수 寄遠十二首 其四 ········· 130
930. 멀리 부치다 12수 제5수 寄遠十二首 其五 ········· 132
931. 멀리 부치다 12수 제6수 寄遠十二首 其六 ········· 134
932. 멀리 부치다 12수 제7수 寄遠十二首 其七 ········· 136
933. 멀리 부치다 12수 제8수 寄遠十二首 其八 ········· 138
934. 멀리 부치다 12수 제9수 寄遠十二首 其九 ········· 140
935. 멀리 부치다 12수 제10수 寄遠十二首 其十 ········ 142
936. 멀리 부치다 12수 제11수 寄遠十二首 其十一 ······ 144
937. 멀리 부치다 12수 제12수 寄遠十二首 其十二 ······ 146
938. 장신궁 長信宮 ···································· 149
939. 장문궁의 원망 2수 제1수 長門怨二首 其一 ········ 152
940. 장문궁의 원망 2수 제2수 長門怨二首 其二 ········ 154
941. 봄날의 원망 春怨 ································· 155
942. 대신하여 멀리 있는 이에게 주다 代贈遠 ·········· 156
943. 거리에서 미인에게 주다 陌上贈美人 ·············· 160
944. 규방의 정 閨情 ··································· 162

xiii

945. 대신하여 연인과 이별하는 시를 쓰다 代別情人 ············· 165
946. 대신하여 가을의 감정을 읊다 代秋情 ····················· 168
947. 술을 마주하다 對酒 ··· 170
948. 원망 怨情 ·· 172
949. 호숫가의 연 따는 여인 湖邊採蓮婦 ······················ 174
950. 원망 怨情 ·· 176
951. 대신하여 초사체로 정을 부치다 代寄情楚辭體 ········· 177
952. 변방을 그리워하는 옛 시를 본뜨다 學古思邊 ··········· 181
953. 변방을 그리워하다 思邊 ··································· 184
954. 오왕의 미인이 반쯤 취한 것을 즉석에서 노래하다
　　　 口號吳王美人半醉 ······································ 185
955. 연꽃을 꺾어 주다 折荷有贈 ································ 187
956. 미인을 대신하여 거울을 근심하다 2수 제1수
　　　 代美人愁鏡二首 其一 ···································· 189
957. 미인을 대신하여 거울을 근심하다 2수 제2수
　　　 代美人愁鏡二首 其二 ···································· 191
958. 단씨 아가씨에게 주다 贈段七娘 ·························· 194
959. 아내와 작별하고 초빙에 응해 가다 3수 제1수
　　　 別內赴徵三首 其一 ······································ 196
960. 아내와 작별하고 초빙에 응해 가다 3수 제2수
　　　 別內赴徵三首 其二 ······································ 198
961. 아내와 작별하고 초빙에 응해 가다 3수 제3수
　　　 別內赴徵三首 其三 ······································ 200
962. 추포에서 아내에게 부치다 秋浦寄內 ···················· 201
963. 아내를 대신하여 나에게 주다 自代內贈 ················· 204
964. 추포에서 주인집의 돌아가는 제비를 보고 느낌이
　　　 일어 아내에게 부치다 秋浦感主人歸燕寄內 ········· 208
965. 여산의 여도사 이등공을 찾아가는 아내를 보내다
　　　 2수 제1수 送內尋廬山女道士李騰空二首 其一 ········ 211

966. 여산의 여도사 이등공을 찾아가는 부인을 보내다
　　　2수 제2수 送內尋廬山女道士李騰空二首 其二 ·········· 213
967. 아내에게 주다 贈內 ······································· 215
968. 심양 감옥에서 아내에게 부치다 在尋陽非所寄內 ········· 217
969. 남쪽 야랑으로 유배 가다가 아내에게 부치다
　　　南流夜郎寄內 ·· 220
970. 월 땅의 여인 5수 제1수 越女詞五首 其一 ············· 221
971. 월 땅의 여인 5수 제2수 越女詞五首 其二 ············· 222
972. 월 땅의 여인 5수 제3수 越女詞五首 其三 ············· 223
973. 월 땅의 여인 5수 제4수 越女詞五首 其四 ············· 224
974. 월 땅의 여인 5수 제5수 越女詞五首 其五 ············· 226
975. 완사석의 여인 浣紗石上女 ·························· 227
976. 금릉자에게 보여주다 示金陵子 ······················ 228
977. 금릉자를 내보이고 노씨에게 주다 4수 제1수
　　　出妓金陵子呈盧六 四首 其一 ····················· 230
978. 금릉자를 내보이고 노씨에게 주다 4수 제2수
　　　出妓金陵子呈盧六 四首 其二 ····················· 232
979. 금릉자를 내보이고 노씨에게 주다 4수 제3수
　　　出妓金陵子呈盧六 四首 其三 ····················· 233
980. 금릉자를 내보이고 노씨에게 주다 4수 제4수
　　　出妓金陵子呈盧六 四首 其四 ····················· 235
981. 파 땅의 여인 巴女詞 ································· 236

17　애상 哀傷 ·· 237

982. 조형을 곡하다 哭晁卿衡 ···························· 239
983. 율수의 길에서 왕염을 곡하다 3수 제1수
　　　自溧水道哭王炎三首 其一 ························ 241

XV

984. 율수의 길에서 왕염을 곡하다 3수 제2수
   自溧水道哭王炎三首 其二 ·············· 245
985. 율수의 길에서 왕염을 곡하다 3수 제3수
   自溧水道哭王炎三首 其三 ·············· 247
986. 선성의 술 잘 빚는 기 노인을 곡하다
   哭宣城善釀紀叟 ························ 249
987. 선성에서 징군 장화를 곡하다 宣城哭蔣徵君華 ·············· 251

18 습유拾遺 ·············· 255

988. 잡언으로 써서 단양의 친구에게 주고 겸하여 선위판관께
   드리다 雜言用投丹陽知己兼奉宣慰判官 ·············· 257
989. 남릉 오송산에서 순씨와 헤어지다
   南陵五松山別荀七 ·············· 261
990. 관어담 觀魚潭 ·············· 263
991. 광평에서 취한 기운에 말을 타고 육십 리를 가서
   한단에 도착해 성 누각에 올라 옛 사적을 둘러보고
   느낀 바를 적다 自廣平乘醉走馬六十里, 至邯鄲,
   登城樓, 覽古書懷 ·············· 265
992. 달밤 금릉에서 옛 일을 생각하다 月夜金陵懷古 ·············· 273
993. 금릉의 신정 金陵新亭 ·············· 276
994. 정원 앞에 꽃이 늦게 피다 庭前晚開花 ·············· 278
995. 선주장사인 동생 이소가 내게 금계의 춤추는 한 쌍의
   학을 주기에 시로써 뜻을 보여주다
   宣州長史弟昭贈余琴溪中雙舞鶴, 詩以見志 ·············· 280
996. 술을 데우다 暖酒 ·············· 282
997. 두보에게 장난삼아 주다 戲贈杜甫 ·············· 284
998. 가난한 여인의 노래 寒女吟 ·············· 286

999. 헤어지다 會別離 ·· 289
1000. 초승달 初月 ·· 292
1001. 비 갠 후 달을 바라보다 雨後望月 ············ 294
1002. 비를 마주하다 對雨 ······································ 296
1003. 새벽에 비가 개다 曉晴 ································ 298
1004. 망부석 望夫石 ·· 300
1005. 겨울날 옛 산으로 돌아오다 冬日歸舊山 ·· 302
1006. 추연곡 鄒衍谷 ·· 305
1007. 청계로 들어가 산속을 가다 入淸溪行山中 ···· 307
1008. 태양이 남동쪽에서 떠오르다 日出東南隅行 ···· 309
1009. 미녀를 대신하여 옹참추 선배에게 부치다
      代佳人寄翁參樞先輩 ······························· 311
1010. 오 땅으로 돌아가는 손님을 보내다 送客歸吳 ·· 313
1011. 협중에 놀러가는 벗을 보내다 送友生遊峽中 ·· 315
1012. 장강으로 부임해 가는 원 현령을 보내다
      送袁明府任長江 ·· 317
1013. 최환 재상의 막부로 가는 사 사마를 보내다
      送史司馬赴崔相公幕 ······························· 320
1014. 성 남쪽에서 전쟁하다 戰城南 ··················· 323
1015. 오랑캐 땅에 사람이 없어지다 胡無人行 ·· 325
1016. 곤궁의 노래 鞠歌行 ···································· 327
1017. 허선평의 암자 벽에 쓰다 題許宣平庵壁 ·· 332
1018. 봉정사에 쓰다 題峰頂寺 ···························· 335
1019. 폭포 瀑布 ·· 336
1020. 단구 斷句 ·· 338
1021. 단구 斷句 ·· 339
1022. 따뜻한 봄 陽春曲 ·· 340
1023. 사리불 舍利佛 ·· 341
1024. 마다루자 摩多樓子 ······································ 343

1025. 봄의 애상 春感 ·· 345
1026. 은씨가 율강연을 주다 殷十一贈栗岡硯 ······································ 347
1027. 보조사 普照寺 ··· 349
1028. 조대 釣臺 ·· 351
1029. 소도원 小桃源 ·· 353
1030. 두천산에 쓰다 題竇圖山 ··· 355
1031. 강유 현위에게 주다 贈江油尉 ·· 356
1032. 청평락령 2수 제1수 清平樂令二首 其一 ························· 358
1033. 청평락령 2수 제2수 清平樂令二首 其二 ························· 361
1034. 청평락 3수 제1수 清平樂三首 其一 ································ 363
1035. 청평락 3수 제2수 清平樂三首 其二 ································ 365
1036. 청평락 3수 제3수 清平樂三首 其三 ································ 367
1037. 계전추 桂殿秋 ··· 369
1038. 연리지 2수 제1수 連理枝二首 其一 ································ 372
1039. 연리지 2수 제2수 連理枝二首 其二 ································ 374

19 보유 補遺 ·· 377

1040. 상청의 보배로운 솥 제1수 上清寶鼎詩 其一 ······················ 379
1041. 상청의 보배로운 솥 제2수 上清寶鼎詩 其二 ······················ 382
1042. 상청의 보배로운 서적 上清寶典 ······································ 386
1043. 이백이 미천했을 때 현의 작은 관리를 모집하기에
   현령의 내실로 들어가게 되었는데, 일찍이 소를 몰고
   당 아래를 지나가니 현령의 처가 노하여 힐책하려
   하기에 이백이 즉각 이 시를 시어 사죄하며 말하였다.
   李太白微時, 募縣小吏, 入令臥內, 嘗驅牛經堂下,
   令妻怒, 將加詰責, 太白亟以詩謝云 ································ 388
1044. 단구 斷句 ·· 390

1045. 단구 斷句 ·· 391
1046. 단구 斷句 ·· 393
1047. 강하에서 한동으로 돌아가는 천공을 보내다 및 서문
     江夏送倩公歸漢東 并序 ··· 394
1048. 무릉도원 2수 제1수 桃源二首 其一 ····························· 399
1049. 무릉도원 2수 제2수 桃源二首 其二 ····························· 401
1050. 제목 미상 闕題 ··· 402
1051. 단구 斷句 ·· 404
1052. 단구 斷句 ·· 405
1053. 단구 斷句 ·· 406
1054. 단구 斷句 ·· 408
1055. 단구 斷句 ·· 410
1056. 단구 斷句 ·· 411
1057. 학이 깊은 못에서 우네 鶴鳴九皐 ································ 412
1058. 서현사 棲賢寺 ·· 415
1059. 누산의 석순바위에 쓰다 題樓山石笋 ························· 417
1060. 보살만 菩薩蠻 ·· 418
1061. 광산을 떠나다 別匡山 ·· 421
1062. 태화관 太華觀 ·· 423
1063. 홀로 경정산에 앉다 獨坐敬亭山 ································ 425
1064. 수화정 秀華亭 ·· 426
1065. 연단정 煉丹井 ·· 428
1066. 무상사에 묵다 宿無相寺 ·· 430
1067. 방광사를 읊은 시 詠方廣詩 ······································· 432
1068. 강 위에서 배 선주자사께 드리다 江上呈裵宣州 ······· 433
1069. 조 완구현위를 보내다 送宛句趙少府卿 ····················· 435
1070. 석우를 읊다 詠石牛 ··· 437
1071. 남산사 南山寺 ·· 439
1072. 제목 미상 闕題 ··· 441

xix

13
영물 詠物

876. 聽蜀僧濬彈琴

촉 땅 준 스님의 금 연주를 듣다

蜀僧抱綠綺[1]　　西下峨眉峰
爲我一揮手[2]　　如聽萬壑松[3]
客心洗流水[4]　　遺響入霜鐘[5]
不覺碧山暮[6]　　秋雲暗幾重

촉 땅의 스님이 녹기를 안고
서쪽 아미산에서 내려와서는,
나를 위해 한번 연주하니
만 골짜기의 소나무 소리를 듣는 듯하네.
나그네 마음이 흐르는 물에 씻기고
남은 울림이 서리 맞은 종에 들어가니,
어느덧 푸른 산이 저물어
가을 구름이 어둑히 몇 겹인가?

【해제】
이 시는 스님의 금 연주를 들은 감상을 적은 것으로 나그네의 심사를 맑게 씻어주고 절의 종을 감응시킬 만큼 흥취가 있음을 말하였다. 천보 12재(753) 선성에서 지은 것으로 보이는데, 이 시기에 〈선주 영원사의 중준 스님에게 주다(贈宣州靈源寺仲濬公)〉도 지었다.

【주석】
1) 綠綺(녹기) - 사마상여가 가지고 있던 금의 이름으로 좋은 금을 의미한다.
2) 揮手(휘수) - 손을 휘두르다. 금을 연주하는 것을 의미한다.
3) 萬壑松(만학송) - 금의 곡명 중에 〈풍입송(風入松)〉이 있다.
4) 流水(유수) - 백아(伯牙)가 흐르는 물과 높은 산을 생각하며 연주를 하니 종자기(鍾子期)가 그 뜻을 알았다.(≪열자(列子)·탕문(湯問)≫ 참조). 이 구절은 귀에 들리는 금의 곡조가 흐르는 물과 같아 나그네 심사를 씻어준다는 뜻이다.
5) 霜鐘(상종) - 풍산(豊山)에 종이 있는데 서리가 내리면 울린다고 한다. (≪산해경(山海經)·중산경(中山經)≫ 참조)
   이 구절은 금의 소리가 종을 감응시켜 울리게 한다는 뜻이다.
6) 不覺(불각) 구 - 금 연주를 듣다보니 자기도 모르는 사이에 시간이 흘러 날이 저물었다는 뜻이다.

877. 魯東門觀刈蒲

노성의 동문에서 부들 베는 것을 보다

魯國寒事早¹　　初霜刈渚蒲
揮鐮若轉月²　　拂水生連珠³
此草最可珍　　何必貴龍鬚⁴
織作玉床席　　欣承清夜娛⁵
羅衣能再拂⁶　　不畏素塵蕪⁷

노 땅은 겨울이 일러
첫 서리에 물가의 부들을 베는데,
낫을 휘두르니 달이 구르는 것 같고
물을 스치니 구슬이 연이어 생겨나네.
이 풀이 가장 진귀한 것이니
어찌 용수초만 귀하게 여기겠는가?
옥 자리에 깔 방석을 짜서 만들면
맑은 밤을 즐겁게 누릴 터,
비단 옷이 또 털어줄 것이니
하얀 먼지 가득 생길 것을 두려워하지 않네.

【해제】

'노魯'는 노성魯城으로 지금의 산동성 연주兗州를 가리킨다. '예포刈蒲'는 부들을 베다는 뜻이다. 이 시는 동로東魯에 있으면서 부들을 베는 것을 보고 적은 것으로, 초겨울에 부들 베는 광경을 묘사한 후 그 부들로 짠 방석의 효용을 말하였다. 개원 28년(740) 전후에 지었다는 설과 천보 5재(746)에 지었다는 설이 있다.

【주석】

1) 寒事(한사) - 겨울의 물상과 기후.
2) 鎌(겸) - 낫.
3) 連珠(연주) - 연이어진 구슬. 튀어 오르는 물방울을 비유한다.
4) 龍鬚(용수) - 용수초. 고급 방석을 만드는 재료이다.
5) 承淸夜娛(승청야오) - 맑은 날 밤의 즐거움을 받다. 밤에 부들방석을 깔고 앉아 즐긴다는 뜻이다. 이와 달리 부들방석이 맑은 밤의 즐거운 놀이를 받들어 담당했다는 뜻으로 풀이할 수도 있다.
6) 羅衣(나의) - 비단 옷.
7) 素塵(소진) - 흰 먼지.
  蕪(무) - 어지럽다. 많다.
  이상 두 구절은 사조謝朓가 지은 〈자리에서 본 한 가지 물건을 읊다·방석(咏坐上所見一物·席)〉의 "다만 바라는 것은 비단 옷이 스쳐서 흰 먼지가 쌓이지 않게 하는 것이라네.(但願羅衣拂, 無使素塵彌.)"라는 구절을 활용한 것으로, 미인이 방석을 자주 사용하여 먼지가 쌓이지 않을 것이라는 뜻이다.

878. 詠鄰女東窓海石榴
이웃 여인의 동쪽 창에 있는 해석류를 읊다

魯女東窓下　海榴世所稀
珊瑚映綠水　未足比光輝
淸香隨風發　落日好鳥歸
願爲東南枝　低擧拂羅衣[1]
無由一攀折[2]　引領望金扉[3]

노 땅 여인의 동쪽 창 아래에 있는
해석류는 세상에 희귀한 것.
푸른 물에 비치는 산호도
그 광채에 비할 수가 없네.
맑은 향기가 바람 따라 피어나고
해질녘에 아름다운 새가 돌아오네.
남동쪽으로 뻗은 가지가 되어
낮게 드리워 비단 옷을 스치고자 하지만,
한번 꺾어 볼 길이 없어
고개 내밀어 황금 사립문을 바라보네.

【해제】

'해석류海石榴'는 바다를 건너온 석류라는 뜻으로 아마도 신라에서 중국으로 건너간 석류나무의 일종일 것이다. 이 시는 동로東魯에 살 때 옆집 여인의 집에 있는 해석류를 보고 지은 영물시이다. 해석류를 찬미하면서 그 여인을 흠모하는 마음을 기탁하였는데 필치가 장난스럽다. 개원 25년(737)에 지었다는 설과 개원 28년(740)에 지었다는 설이 있다.

【주석】

1) 羅衣(나의) - 비단옷. 이웃집 여인을 대칭代稱한 것이다.
2) 無由(무유) - 방도가 없다.
   一(일) - 왕기본王琦本에는 '공共'으로 되어있지만 다른 판본에 의거하여 바꾸었다.
3) 引領(인령) - 고개를 내밀다.
   金扉(금비) - 여자가 사는 집을 미화한 말이다.
   이상 네 구절에 대해 내용상 모순이 있어 풀이하기가 어렵다는 지적이 있다.(≪이시변의(李詩辨疑)≫ 참조) 해석류의 가지가 되고 싶다는 말과 꺾고 싶다는 말을 동시에 하여 문의가 순통하지 않기 때문이다.

879. 南軒松

남쪽 창가의 소나무

南軒有孤松　　柯葉自綿冪[1]
清風無閑時　　瀟灑終日夕
陰生古苔綠　　色染秋煙碧[2]
何當凌雲霄[3]　直上數千尺

남쪽 창가의 외로운 소나무
가지와 잎이 절로 빽빽이 덮였는데,
맑은 바람이 쉬지 않고 불어
하루 종일 시원하네.
그 그늘에는 오랜 이끼가 푸르게 나있고
그 빛은 가을 이내를 푸르게 물들이네.
언제나 구름 하늘을 넘어서
곧장 수천 자나 올라갈까?

【해제】
이 시는 남쪽 창가의 소나무를 읊은 것이다. 하루 종일 바람이 불어 시원한 소나무를 보면서 그것이 하늘 끝까지 자라기를 기원하였는데, 이를 통해 고상한 이상과 큰 포부를 실현하고자 하는 마음을 표현하였다.

개원 15년(727)에 지었다는 설이 있지만 확실치 않다.

【주석】
1) 綿冪(면멱) - 잎이 무성한 모습.
2) 秋煙(추연) - 가을 연애煙靄.
3) 何當(하당) - 언제.
   雲霄(운소) - 구름 하늘. 일반적으로 높은 하늘을 가리킨다.

880. 詠山樽二首 其一

나무 술잔을 읊다 2수 제1수

蟠木不彫飾[1]　且將斤斧疏[2]
樽成山岳勢　材是棟梁餘[3]
外與金罍並　中涵玉醴虛[4]
慚君垂拂拭[5]　遂忝珧筵居[6]

굽은 나무는 새겨 꾸밀 수 없어
잠시 도끼와 멀리 있었는데,
술잔을 만드니 산악의 형세를 이루었네
재목은 동량으로 쓰고 남은 것이지만.
겉으로 금 술그릇과 나란히 있고
속은 좋은 술을 담아서 빈 것 같네.
부끄럽게도 그대가 닦아주어
마침내 외람되이 화려한 연회에 놓였네.

【해제】

'산준山樽'은 '산배山杯'와 같은 말로, 원래 대나무나 박을 이용해서 만든 소박한 잔을 말하지만 여기서는 시의 내용으로 보아서 나무로 만든 잔일 것이다. 제1수는 별도로 제목이 〈유 현위가 가진 산에서 나는 녹나무 뿌리로 만든 잔을 읊다(詠柳少府山癭木樽))로 된 판본도 있다. 유 현위는 〈유 추포현위에게 주다(贈秋浦柳少府)〉와 〈유원에게 주다(贈柳圓)〉의 추포현위 유원柳圓과 동일인으로 보이며, 이에 따라 천보 13재(754) 선성에서 지은 것으로 추정된다.

제1수는 쓸모 없는 나무로 술잔을 만들었지만 그 모습이 자연스러워서 볼 만하다는 것과 분수에 넘치게 화려한 자리에 놓이게 되었다는 것을 말하였다. 여기서 술잔은 이백 자신을 비유한 것일 수도 있다.

【주석】
1) 蟠木(반목) - 굽어서 기물도 만들기 어려운 나무.
2) 將斤斧疏(장근부소) - 도끼와 멀다. 도끼질을 당하지 않다. '장'은 '~와'라는 뜻이다.
3) 樽成(준성) 두 구 - 재목은 동량이 될 수 없어도 그것으로 술잔을 만드니 산악의 형세를 이루었다는 뜻이다.
4) 玉醴(옥례) - 옥액. 여기서는 좋은 술을 뜻한다.
   이 구절은 좋은 술을 담으니 맑아서 바닥까지 보인다는 뜻이다.
5) 君(군) - 이 시의 제목이 〈유 현위가 가진 산에서 나는 녹나무 뿌리로 만든 잔을 읊다(詠柳少府山癭木樽)〉로 된 판본이 있는 것으로 보아. 유 현위를 가리킬 것이다.
   拂拭(불식) - 닦다. 사랑받는다는 뜻이다.
6) 玳筵(대연) - 화려한 연회를 의미한다. '대'는 대모玳瑁.

881. 詠山樽二首 其二

나무 술잔을 읊다 2수 제2수

擁腫寒山木[1]　嵌空成酒樽[2]
愧無江海量[3]　偃蹇在君門[4]

차가운 산의 울퉁불퉁한 나무
가운데 빈 부분으로 술잔을 만들었네.
강이나 바다같은 용량도 없으면서
그대 집에 편안히 있는 것이 부끄럽네.

【해제】
제2수는 울퉁불퉁한 나무로 만든 술잔이 그대의 집에서 사용되고 있는 상황을 읊었다.

【주석】
1) 擁腫(옹종) - 울퉁불퉁한 모습. 여기서는 옹이가 많은 것을 가리킨다.
2) 嵌空(감공) - 움푹 들어간 부분.
3) 江海量(강해량) - 강물이나 바닷물과 같은 양으로 용량이 큰 것을 의미한다.
4) 偃蹇(언건) - 편안히 누워있는 모습. 또는 오만한 모습.

882. 初出金門尋王侍御不遇詠壁上鸚鵡

금문을 막 나와서 왕 시어를 찾아갔지만 만나지 못하고
벽 위에 그려진 앵무새를 읊다

落羽辭金殿[1]　孤鳴託繡衣[2]
能言終見棄[3]　還向隴西飛[4]

깃털이 떨어진 채 궁궐을 떠나
외롭게 울며 시어에게 의탁하려 했네.
말을 잘하여 결국 버림받았으니
다시 농서로 날아가야지.

【해제】

이 시의 제목이 〈칙령으로 벼슬을 떠나 산으로 돌아가게 되어 육 시어와 작별하려 했는데 만나지 못하고 앵무를 읊다(敕放歸山留別陸侍御不遇詠鸚鵡)〉라고 된 판본도 있다. '금문金門'은 금마문金馬門으로 이백이 재직했던 한림원을 가리킨다. '시어侍御'는 어사대의 중간 관원인 시어사侍御史로 종육품從六品에 해당하고 '왕王'씨와 '육陸'씨에 대해서는 알려진 것이 없다. 이 시는 재주가 있지만 버림받은 앵무새를 읊었는데, 이를 통해 궁궐을 떠나는 자신의 신세를 비유하였다. 천보 3재(744)에 지은 것이다.

【주석】

1) 落羽(낙우) - 깃털이 떨어지다. 관직의 길에서 좌절을 겪었다는 뜻이다.
   金殿(금전) - 궁궐.
2) 繡衣(수의) - 수놓은 옷. 시어사를 의미한다.
3) 能言(능언) - 말을 잘하다.
   이 구절은 재능이 많기 때문에 버림받았다는 뜻으로 이백의 억울한 심사가 담겨있다.
4) 隴西(농서) - 지금의 감숙성 임조현臨洮縣 남쪽으로 앵무새가 많이 난다고 한다.

883. 紫藤樹

자등나무

紫藤挂雲木[1]　　花蔓宜陽春
密葉隱歌鳥　　香風留美人

자등나무가 높은 나무에 걸려 있는데
꽃핀 덩굴이 따뜻한 봄과 어울리네.
빽빽한 잎은 노래하는 새를 감추고
향기로운 바람은 미인을 머물게 하네.

【해제】
'자등紫藤'은 자줏빛 꽃이 피는 등나무이다. 이 시는 봄날 꽃 핀 등나무를 묘사하였다.

【주석】
 1) 雲木(운목) - 구름에 닿을 듯 높은 나무.

884. 觀放白鷹二首 其一

흰 매를 날리는 것을 보다 2수 제1수

八月邊風高¹　胡鷹白錦毛
孤飛一片雪　百里見秋毫²

팔월 가을에 변방의 바람이 높고
오랑캐 매의 깃털은 하얀 비단과 같네.
홀로 날아 한 점 눈 같으니
백 리 밖에서도 가을 터럭이 보이네.

【해제】
'방응放鷹'은 사냥을 하기 위해 매를 날리는 것이다. 이 시는 하늘을 나는 흰 매의 모습과 그것을 보고 느낀 감회를 표현하였다.
제1수는 매의 하얀 모습이 멀리서도 보일 정도로 선명한 것을 표현하였다. 개원 23년(735)에 지었다는 설이 있지만 확실치 않다.

【주석】
1) 邊風(변풍) - 변방의 바람.
2) 秋毫(추호) - 짐승의 털은 가을이 되면 가늘어지는데, 이로 인해 아주 미세한 것을 의미한다. 여기서는 흰 매의 깃털을 가리킨다. 이 구절은 백리 밖에서도 매의 모습이 선명하게 보인다는 뜻이다.

885. 觀放白鷹二首 其二
흰 매를 날리는 것을 보다 2수 제2수

寒冬十二月　　　蒼鷹八九毛[1]
寄言燕雀莫相啅[2]　自有雲霄萬里高」

추운 겨울 십이월
푸른 매의 깃털이 여덟아홉 개.
제비나 참새는 조잘대지 말라고 말을 전하니
만 리 높이 날 하늘이 절로 있어서라네.

【해제】
≪하악영령집(河岳英靈集)≫에는 이 시의 제목이 〈설씨 첫째의 팔에 있는 매를 보고 짓다(見薛大臂鷹作)〉로 되어있고 고적高適의 작품이라고 하였으며, ≪고적집(高適集)≫에도 동일한 제목으로 수록되어있다. ≪문원영화(文苑英華)≫에는 제목이 〈사람의 팔에 있는 푸른 매를 보고 짓다(見人臂蒼鷹作)〉로 이백이 지은 것으로 되어있으며, 고적의 작품으로 된 판본도 있다는 주석을 붙여놓았다. 제1수에서는 '팔월'이라고 하고 제2수에서는 '십이월'이라 하여 시기가 일치하지 않으니 연작시라고 보기 어렵고, 또 제2수에서는 '창응蒼鷹'이라 하여 시제의 '백응白鷹'과 맞지 않으니 제2수는 이백의 시가 아님이 분명하다. 아마 고적의 시가 잘못 수록되었을 것이다. 이 시에서는 매가 아직 능력을 발휘하지 못하지만 언젠가는 하

늘 높이 날 것이라는 것을 말하였다.

【주석】
1) 八九毛(팔구모) - 날개의 깃털이 여덟아홉 개. 갓 잡아서 훈련되지 않은 매의 경우 깃털을 잘라 멀리 날아가지 못하게 한다고 한다.
2) 啅(탁) - 새가 요란하게 지저귀다. 제비와 참새가 매를 조소하는 것을 뜻한다.
　 이상 두 구절은 언젠가는 하늘 높이 날아올라 제비와 참새를 잡을 것이니 지금 함부로 대하지 말라는 뜻이다.

886. 觀博平王志安少府山水粉圖

왕지안 박평현위의 산수 벽화를 보다

粉壁爲空天[1]　　丹靑狀江海[2]
遊雲不知歸　　　日見白鷗在
博平眞人王志安[3]　沈吟至此願挂冠[4]
松溪石磴帶秋色[5]　愁客思歸坐曉寒[6]

회칠한 벽으로 하늘로 삼고
단청으로 강과 바다를 그렸네.
떠도는 구름은 돌아갈 줄 모르고
날마다 흰 갈매기가 보이네.
박평의 진인 왕지안은
나지막이 읊조리며 여기 와서 벼슬 그만두고자 하네.
소나무 시내와 돌 계단길은 가을빛을 띠는데
근심스런 나그네는 돌아가고파 찬 새벽에 앉아있네.

【해제】

'박평博平'은 지금의 산동성 요성聊城 북쪽이다. '소부少府'는 현위縣尉의 별칭이고 '왕지안王志安'에 대해서는 알려진 것이 없다. '분도粉圖'는 벽에 회칠을 한 뒤에 그린 그림이다. 이 시는 왕지안의 산수 그림을 본 감상을 적은 것이다. 앞부분에서는 그림의 경물들을 묘사하였고 뒷부분에서는 관직을 그만두려는 왕지안의 뜻과 고향으로 돌아가고자 하는 이백의 시름을 표현하였다. 개원 25년(737)에 지었다는 설이 있지만 확실치 않다.

【주석】
1) 粉壁(분벽) - 회칠한 벽. 그림을 그리기 전에 하얗게 바탕색을 칠한 벽을 말한다.
  이 구절은 분벽의 바탕 자체로 하늘을 삼았다는 뜻이다.
2) 狀(상) - 형용하다.
3) 眞人(진인) - 도를 깨친 사람.
4) 至此(지차) - 이곳에 이르다. 왕지안이 박평에 온 것을 말한다. 이와 달리 왕지안이 그림 속의 산수와 같은 곳에 간다는 뜻으로 풀이할 수도 있다.
  挂冠(괘관) - 후한의 봉맹逢萌은 왕망王莽이 섭정할 때 아들 왕우王宇기 간언하자 왕망이 아들을 죽였다는 소식을 듣고는, 벗들을 모아 놓고 "삼강三綱의 윤리가 끊어졌으니 화가 장차 사람에게 미치리라"라고 하고는 바로 의관을 벗어 농도東都인 낙양의 성문에 걸어놓고 가솔을 데리고 요동遼東으로 갔다.(≪후한서·봉맹전≫ 참조) 이로부터 관직을 사임하다는 뜻이 되었다.
5) 石磴(석등) - 돌 계단길.
6) 愁客(수객) - 이백을 가리킨다.
  坐(좌) - '때문에'라는 뜻으로 해석하여, 이 구절을 새벽 한기로 인해 고향으로 돌아가고자 한다는 것으로 풀이하기도 한다.

887. 題雍丘崔明府丹竈

최 옹구현령의 단약 아궁이에 쓰다

美人爲政本忘機[1]　　服藥求仙事不違
葉縣已泥丹竈畢[2]　　瀛洲當伴赤松歸[3]
先師有訣神將助[4]　　大聖無心火自飛[5]
九轉但能生羽翼[6]　　雙鳧忽去定何依[7]

훌륭한 이가 정치를 행함에 본래 기심機心을 잊었으니
단약을 먹으며 신선을 구하는 일이 어긋나지 않았네.
섭현에서 이미 단약 아궁이에 진흙을 다 발랐으니
영주산으로 마땅히 적송자와 짝하여 돌아가리라.
선사에게 비결이 있어 신이 장차 도울 것이고
성인은 무심하여 아궁이의 불이 절로 날아다닐 터,
아홉 번 단련하여 날개가 돋기만 한다면
두 오리를 타고 홀연 떠나가리니 정녕 어디에 의지할까?

【해제】
'옹구雍丘'는 지금의 하남성 기현杞縣이다. '명부明府'는 현령縣令의 별칭이며 '최崔'씨에 대해서는 알려진 것이 없다. '단조丹竈'는 단약을 만드는 아궁이다. 이 시는 최 현령의 단약 아궁이에 관해 쓴 것으로, 최 현령이 고을을 다스리는 데 기심이 없으며 연단을 게을리 하지 않아서 장차 신선이 되어 날아갈 것이라고 하며 그를 칭송하였다. 천보 4재(745) 양송梁宋 지역을 다닐 때 지었다는 설이 있다.

【주석】

1) 美人(미인) - 품덕品德이 훌륭한 이. 최 현령을 가리킨다.
   忘機(망기) - 계산하고 속이려는 마음을 잊어버리다. 마음을 담박하게 하여 세상의 일을 욕심내어 다투지 않는 것을 말한다.
2) 葉縣(섭현) - 지금의 하남성 섭현. 후한의 섭현령 왕교王喬가 매월 초하루와 보름에 섭현에서 올라와 조회에 참석했는데, 수레를 타고 온 적이 없어서 황제가 이를 이상하게 여기고 태사를 시켜 몰래 지켜보게 하였다. 태사가 보니, 그가 도착할 때 두 마리의 물오리가 날아오기에 그 물오리를 그물로 잡았더니 오리는 없고 한 켤레의 신발만 있어서 조사를 해보니 예전에 왕교가 상서에 있을 때 왕이 하사한 것이었다.(≪후한서·방술전(方術傳)·왕교전≫ 참조)
   泥丹竈(니단조) - 단약 이궁이에 진흙을 바르다. 단약을 만든다는 뜻이다.
3) 瀛洲(영주) - 동해에 신선이 산다는 영주산瀛洲山.
   赤松(적송) - 신선인 적송자赤松子를 가리킨다. 그는 신농神農 때 비를 담당하는 관리였는데, 능히 불에 들어가 스스로를 사를 수 있었으며, 자주 곤륜산崑崙山 위에 가서 서왕모西王母의 석실에 머무르면서 바람과 비를 따라 오르락내리락 했다고 한다.(≪열선전(列仙傳)≫ 참조)
4) 神將助(신장조) - 갈홍葛洪이 지은 ≪포박자(抱樸子)≫에 따르면, 옛날에 도사가 신약神藥을 만들려면 반드시 명산에 들어가는데, 도가 있는 이가 올라가면 산신이 반드시 도와서 복을 내려 주고 약이 반드시 완성된다고 하였다.

5) 火自飛(화자비) - 단약 아궁이에서 불이 절로 피어 단약을 만들 것이라는 뜻이다.
6) 九轉(구전) - 단약은 아홉 번을 단련해야 완성된다고 한다.
7) 雙鳧(쌍부) - 두 마리의 오리. 왕교가 조정에 가면서 타고 갔던 오리를 말한다. 여기서는 최 명부가 단약 제조에 성공하여 신선이 되는 것을 뜻한다.

888. 觀元丹丘坐巫山屏風

무산 병풍 앞에 앉은 원단구를 보다

昔遊三峽見巫山[1]　　見畫巫山宛相似
疑是天邊十二峰[2]　　飛入君家彩屏裏
寒松蕭颯如有聲[3]　　陽臺微茫如有情[4]
錦衾瑤席何寂寂　　　楚王神女徒盈盈[5]
高咫尺[6]　如千里　　翠屏丹崖燦如綺
蒼蒼遠樹圍荊門[7]　　歷歷行舟泛巴水[8]
水石潺湲萬壑分[9]　　煙光草色俱氤氳[10]
溪花笑日何年發　　　江客聽猿幾歲聞
使人對此心緬邈[11]　　疑入高丘夢彩雲[12]

예전에 삼협을 노닐 때 무산을 보았는데
무산 그린 것을 보니 완연히 같아서,
하늘가의 열두 봉우리가
그대 집의 채색 병풍 속으로 날아 들어온 것 같네.
차가운 소나무는 쓸쓸히 바람소리가 나는 듯하고
양대는 아득하여 정이 있는 듯한데,
비단 이불과 옥 자리는 얼마나 적적할까?

초왕과 신녀가 부질없이 아름다웠지.
높이는 한 자밖에 되지 않지만
그림 속 풍경은 천 리 같으니
푸른 산과 붉은 절벽은 비단처럼 빛나며,
먼 나무는 푸릇푸릇 형문을 둘렀고
줄지어가는 배는 또렷이 파수에 떠있네.
돌 여울에 졸졸 흐르는 물은 만 골짜기에 나뉘어있고
안개 빛과 풀빛이 모두 진하네.
시내의 꽃은 햇볕 아래 웃는데 어느 해에 핀 것이고
강 나그네는 원숭이 울음을 몇 해나 들었을까?
이를 마주하니 사람의 마음을 아득하게 하여
마치 고구에 들어 오색구름을 꿈꾸는 듯하네.

【해제】

'원단구元丹丘'는 도사로서 이백의 오랜 친구이다. '무산巫山'은 지금의 중경시 무산현 동쪽에 있는 산으로 송옥宋玉이 쓴 〈고당부(高唐賦)〉의 초왕과 무산 신녀 이야기가 유명하다. 이 시는 이백이 원단구의 무산병풍을 보고 쓴 것이다. 무산이 사실적으로 그려진 병풍을 찬미하면서 그림에 나온 경물을 하나씩 자세히 묘사하였다. 개원 22년(734)에 지었다는 설이 있지만 확실치 않다.

【주석】

1) 三峽(삼협) - 지금의 중경시를 지나는 장강 유역으로 매우 좁은 협곡이 이어져 있다. 무산이 삼협 중간에 있다.
2) 十二峰(십이봉) - 무산의 열두 봉우리.
3) 蕭颯(소삽) - 처량하고 쓸쓸한 모습.

4) 陽臺(양대) - 옛날 초나라 양왕襄王이 송옥과 함께 운몽雲夢의 누대에서 노닐다가 고당高唐의 누대를 바라보니 그 위로 구름기운이 있었다. 양왕이 그것을 보고 송옥에게 "저게 무슨 기운인가?"라고 물으니, "옛날 선왕께서 일찍이 고당에서 노닐 때, 곤해서 낮잠을 주무시는데 꿈에 한 부인이 나타나더니 '저는 무산의 신녀로 고당에 머물고 있는데 임금께서 고당에 놀러 오셨단 말을 듣고는, 잠자리를 시중들까 합니다.'고 하였습니다. 그래서 왕은 그녀를 사랑하셨으며 그녀가 떠날 때 말하기를 '저는 무산 남쪽 고구의 험한 곳에 사는데, 아침에는 구름이 되고 저녁에는 비가 되어 아침저녁마다 양대 아래에 있겠습니다.'고 하였는데, 아침에 바라보니 과연 여자의 말과 같았습니다."라고 하였다.(〈고당부〉 참조)

微茫(미망) - 아득하여 희미한 모습.

5) 盈盈(영영) - 아름다운 모습.

6) 高(고) - 고당高唐으로 된 판본도 있다. 이 경우 아래 두 구이 합쳐져 '高唐咫尺如千里'가 한 구가 된다.

咫尺(지척) - 대체로 아주 짧은 거리를 의미하며 여기서는 병풍의 크기가 작은 것을 뜻한다.

이하 두 구절은 병풍은 작지만 그 속에 담긴 무산의 풍경은 천 리에 걸쳐있다는 뜻이다.

7) 荊門(형문) - 지금의 호남성 의도현宜都縣 북서쪽으로 무산 하류에 있다.

8) 歷歷(역력) - 줄지어 늘어선 모습. 또렷한 모습으로 볼 수도 있다.

巴水(파수) - 무산 상류에 있는 장강의 지류.

9) 潺湲(잔원) - 물이 졸졸 흐르는 모습.

10) 氤氳(온분) - 기운이 농후한 모습.

11) 緬邈(면막) - 먼 모습.

12) 高丘(고구) - 무산 근처의 산 이름. ≪태평환우기(太平寰宇記)≫에 따

르면, 무산현에 고도산高都山이 있다고 했는데, 아마 이 산을 뜻할 것이다.

彩雲(채운) - 무산 신녀가 변한 구름을 의미한다.

889. 求崔山人百丈崖瀑布圖
최 산인에게 백 길 절벽 폭포 그림을 구하다

百丈素崖裂　　四山丹壁開
龍潭中噴射[1]　　晝夜生風雷
但見瀑泉落　　如瀼雲漢來[2]
聞君寫眞圖[3]　　島嶼備縈迴[4]
石黛刷幽草[5]　　曾青澤古苔[6]
幽緘儻相傳[7]　　何必向天台[8]

백 길 높은 하얀 절벽이 갈라지고
사방 산의 붉은 벽이 열렸으며,
용담에서 물이 뿜어져 나와
밤낮으로 바람과 우레를 생기게 하는데,
폭포수가 떨어지는 것만 보이니
마치 은하수가 쏟아져 내려오는 듯하네.
듣기에 그대가 진경을 그리면서
섬들을 굽이굽이 갖추었으며,
검은 먹으로는 그윽한 풀을 그리고
층청으로 오래된 이끼를 윤기 나게 하였다니,
잘 봉함해서 만일 내게 전해준다면

어찌 반드시 천태산에 가리오.

【해제】

'산인山人'은 산에 은거한 사람이며 '최崔'씨에 대해서는 알려진 것이 없다. 다만 중국 근현대 화가인 황빈홍黃賓虹의 ≪고화미(古畵微)≫에서 명대 곽겸지郭謙之가 곽박암郭樸庵의 ≪창송도권(蒼松圖卷)≫에 써준 발문을 인용한 기록에 따르면, 이백이 최공崔鞏을 매우 중시하여 이 시를 지어서 그를 칭송했는데, 그는 촉蜀 사람으로 천보 연간에 장안에 살았다고 한다. '백장애百丈崖'는 지금의 절강성 천태산天台山에 있는 백장암百丈巖을 가리켜 말한 것이라는 설이 있다. 이 시는 최 산인에게 높은 절벽에서 떨어지는 폭포를 그린 그림을 요청하며 지은 것이다. 앞부분에서는 용담 부근의 경물과 폭포가 떨어지는 광경을 생동감 있게 묘사하였고, 뒷부분에서는 최 산인의 그림 실력을 칭송하면서 그림을 주기를 요청하였다. 천보 초년 장안에 있을 때 지었다는 설이 있다.

【주석】

1) 龍潭(용담) - 용이 사는 못. 백장암 아래에 있는 '용추龍湫'를 뜻하는 것으로 볼 수도 있다.
2) 漴(총) - 급히 흐르다. 또는 물길이 모이다.
   雲漢(운한) - 은하수.
3) 眞圖(진도) - 진경眞景.
4) 縈迴(영회) - 굽이굽이 감도는 모습.
5) 石黛(석대) - 검은 먹. 당나라 여인들이 이를 가지고 눈썹을 그렸다.
6) 曾靑(층청) - 광물의 일종. 푸른 색 안료로 사용된다.
   澤(택) - 윤기가 나도록 그리는 것을 말한다.
7) 幽緘(유함) - 밀봉하다. 여기서는 그림을 잘 포장하는 것을 말한다.
   儻(당) - 만약.

8) 天台(천태) - 지금의 절강성 천태현에 있는 산.
   이 구절은 최 산인의 그림이 워낙 좋기 때문에 굳이 천태산으로 직접 가서 볼 필요가 없이 최 산인의 그림을 보는 것만으로도 족하다는 뜻이다.

890. 見野草中有名白頭翁者
들판의 풀 중에 백두옹이라는 것을 보다

醉入田家去　行歌荒野中
如何靑草裏　亦有白頭翁
折取對明鏡　宛將衰鬢同
微芳似相誚[1]　留恨向東風

취해서 농가에 들어가다가
거친 들판 속을 가면서 노래 불렀는데,
어찌하여 푸른 풀 속에도
또 흰 머리 노인이 있는가?
꺾어다가 밝은 거울을 대하니
쇠잔한 내 머리털과 완연히 같은데,
희미한 향기가 나를 조롱하는 듯하니
한을 가진 채 동풍을 향하네.

【해제】
'백두옹白頭翁'은 할미꽃이다. 이 시는 들판에서 할미꽃을 우연히 보고 자신의 노쇠한 모습을 탄식하는 마음이 촉발되어 이를 표현하였다.

【주석】
 1) 誚(초) - 조롱하다.

891. 流夜郞題葵葉

야랑으로 유배 가다가 아욱 잎에 쓰다

慚君能衛足[1]　嘆我遠移根[2]
白日如分照[3]　還歸守故園」

자신의 뿌리를 보위할 줄 아는 그대에게 부끄러워하며
뿌리를 멀리 옮기는 내 자신을 한탄하네.
밝은 태양이 만일 나누어 비춘다면
다시 돌아가 옛 동산을 지킬 텐데.

【해제】
'규葵'는 아욱으로 그 잎이 햇빛을 향해 기우는 속성이 있다. 이 시는 야랑夜郞으로 유배 가다가 아욱을 보고 촉발된 감회를 쓴 것이다. 아욱이 햇빛을 따라 잎을 움직여 자신의 뿌리를 가려 지키는 능력이 있는 반면에 자신은 몸을 보전하지 못하고 유배 가는 것을 한탄하고는 조정이 자신에게 은택을 베풀어 석방시켜주기를 바랐다. 건원 원년(758)에 지었을 것이다.

【주석】
1) 衛足(위족) - 뿌리를 지키다. 아욱이 햇빛을 향해 잎을 움직여 그 그림자가 뿌리를 덮어주는 것을 비유한 말이다. ≪좌전·성공(成公)

17년≫에서 "포장자鮑莊子의 지혜는 아욱보다 못한데 아욱은 오히려 그 뿌리를 지킬 수 있다."고 한 것에 대해 두예杜預는 "아욱은 잎사귀를 기울여 해를 향함으로써 그 뿌리를 덮어준다."고 하였다.
2) 移根(이근) - 뿌리를 움직이다. 이백이 야랑으로 유배 가는 것을 의미한다.
3) 白日(백일) - 밝은 태양. 천자의 은택을 상징한다.
　이하 두 구절은 천자의 은택이 자신에게도 나누어져 석방되기를 바란다는 뜻이다.

892. 瑩禪師房觀山海圖

영 스님의 방에서 〈산해도〉를 보다

眞僧閉精宇[1]　　滅跡含達觀[2]
列障圖雲山[3]　　攢峰入霄漢[4]
丹崖森在目[5]　　淸晝疑卷幔[6]
蓬壺來軒窓[7]　　瀛海入几案[8]
煙濤爭噴薄[9]　　島嶼相凌亂[10]
征帆飄空中　　瀑水灑天半[11]
崢嶸若可陟[12]　　想像徒盈嘆
杳與眞心冥[13]　　遂諧靜者翫[14]
如登赤城裏[15]　　揭涉滄洲畔[16]
卽事能娛人[17]　　從玆得蕭散[18]

참 스님이 정사를 닫은 채
종적을 감추고 달관의 경지에 들었는데,
늘어선 병풍에 구름 산이 그려져
빽빽한 봉우리가 하늘로 들어가니,
붉은 절벽이 눈에 가득하여
맑은 낮에 휘장을 걷은 것 같네.

봉래산이 창가에 와 있고
큰 바다가 자리 옆에 들어와,
뿌연 파도가 다투어 출렁이고
섬들은 서로 어지러이 있으며,
배의 돛이 공중에 떠가고
폭포수는 허공에서 뿌려지네.
높이 솟은 봉우리 오를 수 있을 것 같은데
상상일 뿐이라 그저 가득 탄식할 뿐이나,
아득히 참된 마음과 서로 맞아서
마침내 고요한 사람의 감상에 적합하네.
마치 적성을 오른 것 같고
옷을 걷고 푸른 물가를 걷는 것 같아서,
이런 일이 사람을 즐겁게 하니
이를 따라 자유롭게 노니네.

【해제】

'영영瑩' 스님은 〈가을밤 용문 향산사에 머물며 왕 방성현령 어르신, 봉국사 영 스님, 친척 동생들인 이유성과 이영문에게 받들어 부치다(秋夜宿龍門香山寺, 奉寄王方城十七丈, 奉國瑩上人, 從弟幼成令問)〉에 나오는 봉국사의 영 스님과 동일인물일 것이다. '산해도山海圖'는 산과 바다를 그린 그림인데, 시의 내용에 따르면 도가의 선경을 그린 것으로 보인다. 영 스님의 거처에 있는 병풍에 그려진 산과 바다의 모습을 생동감 있게 묘사한 후 이러한 곳에 머물며 자유롭게 살고자 하는 마음을 표현하였다. 개원 22년(734)에 지었다는 설이 있으나 확실치 않다.

【주석】

1) 精宇(정우) - 정사精舍. 절.
2) 滅跡(멸적) - 자취를 숨기다. 여기서는 세속을 완전히 떠나는 것을 뜻한다.
3) 障(장) - 가리개. 병풍.
4) 攢峰(찬봉) - 빽빽한 봉우리.
   霄漢(소한) - 하늘.
5) 森(삼) - 가득한 모습.
6) 卷幔(권만) - 휘장을 걷다. '만'은 휘장 또는 장막.
   이상 두 구절은 병풍 속의 그림이 실제인 듯하여 휘장을 걷고 주위 산을 보는 것과 같다는 뜻이다.
7) 蓬壺(봉호) - 동해에 신선이 산다는 봉래산蓬萊山.
   軒窗(헌창) - 창.
8) 瀛海(영해) - 큰 바다.
   几案(궤안) - 책상.
   이상 두 구절은 봉래산과 큰 바다가 자신의 옆에 와있는 듯 느껴진다는 뜻이다.
9) 噴薄(분박) - 동탕動盪하다. 세차게 뛰다.
10) 凌亂(능란) - 질서 없이 어지럽다.
    이 구절은 섬이 앞뒤로 겹쳐 있는 것을 뜻한다.
11) 天半(천반) - 허공.
    이상 네 구절은 그림 속 경물을 표현하였다.
12) 崢嶸(쟁영) - 높이 솟은 모습.
    陟(척) - 오르다.
13) 冥(명) - 암합하다.
14) 靜者(정자) - 청정무위의 경지에 도달한 사람. 영 스님을 가리킨다.
15) 赤城(적성) - 전설 속의 선경. 모몽茅蒙은 자가 초성初成인데 화산華

山에서 구름을 타고 용을 몰아 태양을 향해 하늘로 올라가면서, "신선이 된 자는 모초성인데, 용을 몰아 하늘로 올라 태청으로 들어가서는 때때로 현주로 내려와 적성에서 노닌다네.(神仙得者茅初成, 駕龍昇天入泰淸, 時下玄洲戱赤城.)"라고 노래하였다고 한다.(≪신선전(神仙傳)≫ 참조)

16) 揭涉(게섭) - 옷을 걷어 올리고 물을 건너다.
    滄洲(창주) - 물가. 은자들이 은일한 곳을 상징한다.
17) 卽事(즉사) - 병풍 그림을 감상한 것을 말한다.
18) 蕭散(소산) - 자유롭고 한가하다. 구속받지 않고 살다.

893. 白鷺鷥

흰 해오라기

白鷺下秋水　　孤飛如墜霜
心閑且未去　　獨立沙洲旁[1]

흰 해오라기가 가을 물에 내려오는데
홀로 나는 모습 서리가 떨어지는 듯하더니,
마음 한가로워서 잠시 떠나지 않고
모래톱 물가에 홀로 서있네.

【해제】
'노사鷺鷥'는 해오라기이다. 이 시는 흰 해오라기를 읊은 영물시인데, 가을 물가로 내려와 한적하게 머물고 있는 모습을 묘사하였다.

【주석】
1) 心閑(심한) 두 구 - 해오라기의 모습을 표현한 것이지만 그 속에는 이백의 심사가 투영되어 있다.

894. 詠槿二首 其一

무궁화를 읊다 2수 제1수

園花笑芳年¹　池草豔春色
猶不如槿花　嬋娟玉階側²
芬榮何夭促³　零落在瞬息
豈若瓊樹枝⁴　終歲長翕䕷⁵

정원의 꽃은 좋은 시절에 웃고
못의 풀은 봄빛에 아름답지만,
그래도 무궁화 꽃이
옥 섬돌 옆에 아름다운 것만 못하다네.
향기로운 꽃이 어찌 그리도 수명이 짧은지
순식간에 시들어버리니,
어찌 옥나무 가지가
일 년 내내 무성한 것만 하겠는가?

【해제】

어떤 판본에는 제1수의 제목이 〈무궁화를 읊다(詠槿)〉이고 제2수의 제목이 〈계수나무를 읊다(詠桂)〉로 되어있는데, 시의 내용으로 보아 별개의 시로 보는 것이 옳다.

제1수는 무궁화가 다른 꽃과 풀보다 아름답기는 하지만 금방 시들어버리는 것을 아쉬워하였다. 무궁화로 비유하고자 하는 것이 부귀영화인지 미색인지 불분명하지만 풍자의 뜻을 담고 있는 것은 분명하다.

【주석】
1) 芳年(방년) - 아름다운 나이. 여기서는 꽃이 한창일 때를 말한다.
2) 嬋娟(선연) - 아름다운 모습.
3) 芬榮(분영) - 향기로운 꽃. 여기서는 무궁화 꽃을 가리킨다.
   夭促(요촉) - 수명이 짧다. 무궁화가 일찍 시드는 것을 말한다.
4) 瓊樹(경수) - 신선이 사는 곳에 있는 옥 나무.
5) 終歲(종세) - 일 년 내내.
   翕赩(흡혁) - 무성한 모습.

895. 詠槿二首 其二

무궁화를 읊다 2수 제2수

世人種桃李　　皆在金張門[1]
攀折爭捷徑[2]　及此春風暄[3]
一朝天霜下　　榮耀難久存
安知南山桂　　綠葉垂芳根
淸陰亦可託　　何惜樹君園

세상 사람들이 복숭아와 자두를 심어
모두 권문세족의 문에 있으니,
그것을 꺾으려 지름길을 다투는데
이 봄바람이 따뜻할 때 한다네.
하루아침에 하늘에서 서리가 내려
빛나는 영화를 오래 보존하기 어려우니,
어찌 남산의 계수나무가
푸른 잎을 향기로운 뿌리에 드리웠음을 알리오?
맑은 그늘은 정말로 의탁할 만한데
그대 정원에 심는 것을 어찌 아까워하는가?

【해제】
제2수는 계수나무를 읊은 것으로, 이를 통해 시인의 지향을 표현하였다. 부귀영화를 상징하는 복숭아꽃과 자두꽃은 한때가 지나면 시들어버리지만, 지조를 상징하는 계수나무는 푸른 잎과 향기로운 뿌리를 자랑하며 맑은 그늘을 제공하니 가까이해야함을 말하였다.

【주석】
1) 金張門(김장문) - 김씨와 장씨의 집안. 한나라 때의 권문세가인 김일제金日磾와 장안세張安世의 집안을 말하는데, 이로 인해 귀족집안을 뜻하게 되었다.
2) 捷徑(첩경) - 지름길.
3) 暄(훤) - 따뜻하다.
  이상 네 구절은 사람들이 세도가에게 접근하여 영화를 구하기 위해 힘쓴다는 뜻이다.

896. 白胡桃

하얀 호두

紅羅袖裏分明見　　白玉盤中看卻無¹
疑是老僧休念誦　　腕前推下水晶珠²

붉은 비단 소매 속에서는 분명히 보였는데
흰 옥 쟁반에 놓고 보면 도리어 없는 것 같네.
늙은 스님이 불경 읽다 쉬면서
손목에서 수정 구슬을 빼놓은 것일까?

【해제】
이 시는 흰 호두를 읊은 것으로, 그 흰 빛과 모양을 수정 구슬에 비유하였다.

【주석】
1) 紅羅(홍라) 두 구 - 호두의 흰 빛이 붉은 소매 안에서는 선명하게 보이지만 흰 옥쟁반에 놓으면 분간이 되지 않아 보이지 않는다는 뜻으로, 호두의 흰 빛을 표현하였다.
2) 水晶珠(수정주) - 수정 구슬.
   이상 두 구절은 흰 호두를 보니 스님이 손목에 찬 수정구슬 같다는 뜻이다.

897. 巫山枕障

무산을 그린 침장

巫山枕障畫高丘[1]　　白帝城邊樹色秋[2]
朝雲夜入無行處[3]　　巴水橫天更不流[4]

무산 침장은 고구를 그렸는데
백제성 가 나무는 가을빛이라네.
아침 구름이 밤에 들어왔다가는 갈 곳이 없고
파수는 하늘에 가로놓인 채 전혀 흐르지 않네.

【해제】
'무산巫山'은 지금의 중경시 무산현巫山縣 동쪽에 있는 산이며, '침장枕障'은 잘 때 머리맡에 두는 조그만 병풍이다. 이 시는 무산이 그려진 침장을 읊은 것인데, 무산 백제성白帝城에 가을빛이 든 모습을 묘사한 뒤, 이로 인해 연상된 무산 신녀의 이야기를 적었다.

【주석】
1) 高丘(고구) - 무산 근처의 산 이름. ≪태평환우기(太平寰宇記)≫에 따르면, 무산현에 고도산高都山이 있다고 했는데, 아마 이 산을 뜻할 것이다.
2) 白帝城(백제성) - 무산 근처의 성.

3) 朝雲(조운) - 옛날 초나라 양왕襄王이 송옥과 함께 운몽雲夢의 누대에서 노닐다가 고당高唐의 누대를 바라보니 그 위로 구름기운이 있었다. 양왕이 그것을 보고 송옥에게 "저게 무슨 기운인가?"라고 물으니, "옛날 선왕께서 일찍이 고당에서 노닐 때, 곤해서 낮잠을 주무시는데 꿈에 한 부인이 나타나더니 '저는 무산의 신녀로 고당에 머물고 있는데 임금께서 고당에 놀러 오셨단 말을 듣고, 잠자리를 시중들까 합니다.'고 하였습니다. 그래서 왕은 그녀를 사랑하셨으며 그녀가 떠날 때 말하기를 '저는 무산 남쪽 고구의 험한 곳에 사는데, 아침에는 구름이 되고 저녁에는 비가 되어 아침저녁마다 양대陽臺 아래에 있겠습니다.'고 하였는데, 아침에 바라보니 과연 여자의 말과 같았습니다."라고 하였다.(〈고당부〉 참조)
4) 巴水(파수) - 무산 상류에 있는 장강의 지류.
　　이상 두 구절은 구름과 강이 그림에 있는 것이어서 움직이지 않는다는 뜻이다.

14

제영 題詠

898. 題隨州紫陽先生壁

수주 자양 선생의 벽에 쓰다

神農好長生[1]　　風俗久已成
復聞紫陽客[2]　　早署丹臺名[3]
喘息餐妙氣[4]　　步虛吟眞聲[5]
道與古仙合　　心將元化並[6]
樓疑出蓬海[7]　　鶴似飛玉京[8]
松雪窓外曉　　池水階下明
忽耽笙歌樂[9]　　頗失軒冕情[10]
終願惠金液[11]　　提攜凌太淸[12]

신농씨가 장생불사를 좋아하여
그런 풍속이 오래전에 이미 형성되었네.
또 듣기에 자양진인이
일찍이 선계에 이름을 올렸는데,
호흡을 하며 오묘한 기운을 들이마시고
허공을 걸어 다니며 신선의 소리를 읊으니,
도는 옛 신선과 합치되고
마음은 자연의 이치와 나란하다네.

누대는 봉래산에서 나온 것 같고
학은 옥경으로 나는 것 같으며,
소나무의 눈은 창 밖에서 새벽빛이고
못 물은 계단 아래에 밝네.
홀연 생황 노래의 즐거움에 빠져들어
관직에 대한 마음이 자못 사라지니,
끝내 금액을 주셔서
손을 잡고 높은 하늘에 오르기를 바라네.

【해제】

'수주隨州'는 지금의 호북성 수주이다. '자양紫陽'은 수주 출신의 도사인 호자양胡紫陽으로 이백의 친구인 원단구元丹丘의 스승이었다. 그는 일찍이 득도하였다가 62세인 천보 2년(743)에 죽었으며 이백은 그를 위해 〈한동 자양 선생 비명(漢東紫陽先生碑銘)〉을 지었다. 이백의 글 〈수주 자양 선생의 손하루에서 연자원연을 보내는 서문(隨州紫陽先生浪霞樓送煙子元演序)〉에서 "내가 연자원연煙子元演과 더불어 두루 명산을 찾아다녔는데, 신농神農의 고향에 들어가서 호공胡公의 정묘한 술법을 얻었다."라고 하였다. 이 시는 이 당시에 지은 것으로 보이는데, 개원 연간임은 분명하지만 구체적인 시기는 단정하기 어렵다. 이 시는 호자양의 벽에 쓴 것으로, 호자양의 신선다운 풍취를 찬미하고 그곳의 신비스런 풍경을 묘사한 뒤 자신도 그 은택을 입어 같이 하늘로 올라가고자 하는 마음을 표현하였다.

【주석】

1) 神農(신농) - 염제炎帝. 그는 수주에 있는 여산厲山에서 출생했다고 한다. 백성들에게 농사일을 가르쳤고 약초를 재배해서 오래 살게

하였다.

2) 紫陽客(자양객) - 자양진인紫陽眞人인 주의산周義山. 그가 몽산蒙山에 들어가서 도사인 선문자羨門子를 만나서 장생의 비결을 구하고자 했는데, 선문자가 말하기를 "그대의 이름이 단대丹臺의 옥실玉室 안에 있는데 어찌하여 신선이 되지 않을까 걱정하는가?"라고 하였다. (≪예문유취藝文類聚≫ 권78에서 인용한 ≪진인주군전眞人周君傳≫ 참조) 여기서는 호자양을 비유하였다.

3) 署(서) - 기록하다.

丹臺(단대) - 신선의 거처.

4) 喘息(천식) - 호흡하다.

妙氣(묘기) - 원기元氣.

5) 步虛(보허) - 허공을 걷다. 〈보허사步虛詞〉를 가리키는 것으로 볼 수도 있다. 진사왕陳思王이 산을 노닐 때 문득 공중에서 경을 읊는 소리가 들렸는데, 맑고 아득하며 굳세고 환했다. 음악을 이해하는 자가 듣고 적으니 신선의 소리였다. 도사가 이를 본떠서 〈보허성步虛聲〉을 지었다.(≪이원異苑≫ 참조) ≪악부고제요해樂府古題要解≫에서는 〈보허사步虛詞〉는 도관에서 노래하는 것으로 여러 신선이 사뿐사뿐 가볍게 움직이는 아름다움을 말한 것이라고 하였다.

眞聲(진성) - 신선의 소리.

6) 元化(원화) - 자연의 조화.

7) 樓(루) - 호자양이 수주에 지은 손하루湌霞樓를 가리킬 것이다.

蓬海(봉해) - 동해에 신선이 산다는 봉래산蓬萊山.

8) 玉京(옥경) - 상제上帝가 사는 곳. 신선이 사는 곳.

9) 笙歌(생가) - 생을 연주하는 음악. 왕자진王子晉은 생황을 불기 좋아하여 그것으로 봉황 울음소리를 냈으며, 이수伊水와 낙수洛水 사이를 노닐다가 도사 부구공浮丘公을 만나 숭고산嵩高山으로 올랐다. 그 후에 그는 학을 타고 나타났다가 다시 사라졌다.(≪열선전列仙傳≫

참조) 여기서는 신선의 음악을 말한다.
10) 軒冕(헌면) - '헌'은 높은 수레이고 '면'은 높은 관원이 쓰는 모자인데, 관위와 작록을 의미한다.
11) 惠(혜) - 선물로 주는 것을 뜻한다.
    金液(금액) - 신선이 마시는 단액. 이를 마시면 신선이 되어 하늘로 오를 수 있다고 한다.
12) 太淸(태청) - 도교의 삼청三淸 중의 하나로 도덕천존道德天尊이 사는 높은 곳이다. 일반적으로 하늘을 뜻한다.

899. 題元丹丘山居

원단구의 산속 거처에 쓰다

故人棲東山¹　自愛丘壑美²
青春臥空林　白日猶不起
松風清襟袖　石潭洗心耳
羨君無紛喧³　高枕碧霞裏⁴

오랜 친구가 동쪽 산에 살며
스스로 산속의 아름다움을 사랑하여,
푸른 봄날 빈 숲에 누워서
환한 대낮에도 일어나지 않네.
솔바람은 깃과 소매를 깨끗이 해주고
바위 연못은 마음과 귀를 씻어주니,
그대가 세속의 시끄러움 없이
푸른 노을 속에 편히 누운 것이 부럽네.

【해제】

'원단구元丹丘'는 이백의 오랜 친구로 도사이다. 이 시는 그의 산속 거처에 쓴 것으로, 그가 세속과 떨어진 산 속에서 맑고 깨끗한 흥취를 즐기며 사는 것을 부러워하는 마음을 표현하였다. 개원 22년(734)에 지었다는 설이 있지만 확실치 않다.

【주석】
1) 故人(고인) - 원단구를 가리킨다.
   東山(동산) - 원단구가 은거하고 있는 산을 가리킨다. 진나라 사안 謝安이 은거했던 동산을 염두에 두고 쓴 듯하다.
2) 丘壑(구학) - 산 언덕과 골짜기. 은일하는 곳을 뜻한다.
3) 紛喧(분훤) - 속세의 번다함과 시끄러움.
4) 高枕(고침) - 베개를 높이 베고 눕다. 근심 걱정이 없음을 말한다.
   碧霞(벽하) - 은자나 신선이 거처하는 곳을 가리킨다.

900. 題元丹丘潁陽山居 並序
영양에 있는 원단구의 산속 거처에 쓰다 및 서문

丹丘家於潁陽, 新卜別業.[1] 其地北倚馬嶺,[2] 連峰嵩丘,[3] 南瞻鹿臺,[4] 極目汝海.[5] 雲巖映鬱, 有佳致焉. 白從之遊, 故有此作.

원단구는 영양에 사는데 새로 별장을 지었다. 그 땅은 북으로는 마령산에 의지하여 봉우리가 숭산과 이어져있고 남쪽으로는 녹대산을 바라보며 여수까지 시야가 다 미친다. 그리고 구름 속 바위가 빽빽하게 보여 아름다운 운치가 있다. 내가 그를 쫓아 노닐었기 때문에 이 시를 짓는다.

仙遊渡潁水	訪隱同元君[6]
忽遺蒼生望[7]	獨與洪崖群[8]
卜地初晦跡[9]	興言且成文[10]
卻顧北山斷[11]	前瞻南嶺分[12]
遙通汝海月	不隔嵩丘雲[13]
之子合逸趣[14]	而我欽清芬[15]
攀跡倚松石[16]	談笑迷朝曛[17]

益願狎青鳥[18]　拂衣棲江濆[19]

신선처럼 놀고자 영수를 건너
은자를 찾아 원군과 함께 하였네.
갑자기 백성들의 기대를 저버리고
홀로 홍애와 무리가 되어,
머물 땅을 정해 처음 종적을 감추었는데
말을 하면 또 훌륭한 문장을 이루었네.
뒤돌아보니 북쪽 산이 깎아지른 듯하고
앞을 바라보니 남쪽 고개가 분명한데,
멀리 여수의 달과 통하고
숭산의 구름과도 떨어지지 않았네.
그대는 표일한 흥취와 맞아
내가 그 맑은 향기를 공경하여,
발을 들어 소나무 바위에 기대고
담소하며 아침저녁을 잊게 되니,
청조와 친해져서
옷을 털고 강가에 살기를 더욱 바라게 되네.

【해제】

'원단구元丹丘'는 도사로서 이백과 오랜 친구이며 '영양潁陽'은 지금의 하남성 영양현이다. 이 시는 영양에 있는 원단구의 거처에 쓴 것으로, 그곳의 풍경과 그의 풍취를 찬미하고는 자유로운 삶을 추구하고자하는 바람을 표현하였다. 앞의 시와 같은 시기에 지은 것이라는 설이 있지만 확실치 않다.

【주석】

1) 卜(복) - 집터를 정하다.
   別業(별업) - 별장.
2) 馬嶺(마령) - 지금의 하남성 밀현密縣 남쪽에 있는 산.
3) 嵩丘(숭구) - 숭산.
4) 鹿臺(녹대) - 지금의 하남성 임여臨汝에 있는 산.
5) 極目(극목) - 눈 닿는 데까지 보다.
   汝海(여해) - 영수潁水의 남쪽에 있는 여수汝水. 강이 크기 때문에 바다라고 하였다.
   이 구절은 시야가 여수까지 미친다는 뜻이다.
6) 訪隱(방은) - 은자를 방문하다. 은자는 원단구를 가리킨다.
   元君(원군) - 원단구.
7) 蒼生望(창생망) - 백성들이 자신들을 구제해주기를 바라는 마음. 동진의 사안謝安이 동산東山에 살 때 여러 사람들이 "사안이 세상에 나오지 않으면 창생들은 어찌하나?"라고 말하였다.(≪진서·사안전≫ 참조) 여기서는 사안의 고사를 빌어 원단구가 속세를 떠나 산에 은거함을 말하였다.
8) 洪崖(홍애) - 고대의 신선. 황제黃帝의 신하로 영윤伶倫이라고도 한다.
9) 晦跡(회적) - 종적을 감추다. 세속과 떨어진 곳에 산다는 뜻이다.
10) 興言(흥언) 구 - 말을 하면 그것이 곧 아름다운 문장이 된다는 뜻이다.
11) 卻顧(각고) - 뒤돌아보다.
    北山斷(북산단) - 북쪽에 있는 마령산의 산세가 깎아지른 듯하다는 뜻이다.
12) 南嶺分(남령분) - 남쪽에 있는 녹대산 방향으로는 시야가 트여 분명히 보인다는 뜻이다.
13) 遙通(요통) 두 구 - 멀리 여수의 달이 보이고 숭산의 구름이 이곳까지 이어져 있다는 뜻이다.

14) 之子(지자) - 이 사람. 원단구를 가리킨다.
15) 欽(흠) - 공경하다.
    淸芬(청분) - 맑은 향기. 원단구의 고아한 흥취를 말한다.
16) 擧跡(거적) - 걷는 것을 뜻한다.
17) 迷朝曛(미조훈) - 아침인지 저녁인지 모르다. 시간가는 줄을 모른다는 뜻이다.
18) 靑鳥(청조) - 여기서는 바닷새를 가리킨다. 옛날에 바닷가에 사는 어떤 사람이 청조를 좋아하여 아침에 바닷가로 가서 청조와 놀았는데, 날아오는 청조가 수백 마리였다. 그 사람의 아버지가 청조가 보고 싶으니 잡아오라고 하자, 청조는 날아다니기만 할 뿐 내려오지 않았다.(≪문선≫ 강엄江淹의 〈잡체시(雜體詩)·보병 완적 영회(阮步兵籍詠懷)〉에 대한 이선李善의 주석에서 인용한 ≪여씨춘추(呂氏春秋)≫ 참조)
19) 江濆(강분) - 강가.
    이상 두 구절은 이백이 원단구와 지내다보니 나아가 기심을 버리고 자유롭게 살기를 원하게 되었다는 뜻이다.

901. 題瓜洲新河餞族叔舍人賁

문중 아저씨인 이분 사인을 전별하며 과주 운하에 쓰다

齊公鑿新河[1]　　萬古流不絶
豊功利生人　　　天地同朽滅[2]
兩橋對雙閣　　　芳樹有行列
愛此如甘棠[3]　　誰云敢攀折
吳關倚此固　　　天險自茲設
海水落斗門[4]　　湖平見沙汭[5]
我行送季父　　　弭棹徒流悅[6]
楊花滿江來　　　疑是龍山雪[7]
惜此林下興[8]　　愴爲山陽別[9]
瞻望淸路塵[10]　　歸來空寂蔑[11]

제공이 새 운하를 뚫었는데
만고에 그 흐름이 끊이지 않으리니,
풍성한 공로는 백성을 이롭게 하여
하늘과 땅이 그 사라짐을 같이 하리라.
두 다리에는 한 쌍의 누각이 마주보고
향기로운 나무가 줄지어 서있는데,

이를 사랑하기를 감당나무와 같이 하니
누가 감히 이를 꺾겠다고 말하리오!
오 땅의 관문이 이에 의지해 굳건해져
하늘이 내린 험한 곳이 이로부터 설치되었으니,
바닷물은 갑문에서 떨어진 것이고
호수물이 평평하며 모래톱이 보이네.
내가 숙부를 전송하느라고
그저 배를 멈추고 즐기고 있는데,
버들 솜이 강 가득히 날아오니
용산의 눈인가 의심하네.
이러한 죽림의 흥취를 아쉬워하고
산양의 이별을 애달파하네.
맑은 길의 먼지를 멀리 바라보고
돌아가자니 공연히 적막하네.

【해제】

'과주瓜洲'는 과보주瓜步洲라고도 하며 지금의 강소성 양주시揚州市 남쪽으로 대운하가 장강으로 들어가는 곳에 있는 모래톱이다. '신하新河'는 개원 26년(738) 윤주자사潤州刺史 제한齊澣이 과주에 건설한 운하인 이루하伊婁河이다. '사인舍人'은 여러 품계에 걸쳐 다양한 관직이 있는데 '이분李賁'의 관직은 어떤 것인지 알 수 없다. '이분'은 고종의 아들인 이소절李素節의 손자일 가능성이 높다. 이 시는 과주의 운하에서 아저씨 이분을 전송하며 지은 것으로, 운하의 모습과 주변 경관에 대해 묘사한 뒤 이별의 아쉬움을 표현하였다. 개원 27년(739)에 지었다는 설과 천보 6재(747)에 지었다는 설이 있다.

【주석】

1) 齊公(제공) - 과주 운하를 판 제한을 가리킨다.
2) 天地(천지) 구 - 천지와 함께 사라진다는 뜻으로, 천지가 존재하는 동안 이 운하가 오래도록 함께 남아있으리라는 것을 말한다.
3) 甘棠(감당) - ≪시경·소남召南≫의 〈팥배나무(甘棠)〉에서 "무성한 팥배나무 가지를 치지도 말고 줄기를 베지도 마라, 소백이 머물렀던 곳이다.(蔽芾甘棠, 勿翦勿伐, 召伯所茇)"고 하였는데, 소백召伯은 백성들이 번거로워 할까봐 직접 팥배나무 아래에 와서 송사를 처리하여 백성들의 편의를 봐주니 그 은덕을 입은 사람들이 그를 그리워하고 그 나무를 공경하였다. 여기서는 운하에 심어놓은 나무들을 팥배나무에 비유하여 제한의 공덕을 칭송하였다.
4) 斗門(두문) - 운하의 갑문.
5) 湖平(호평) - 호수물이 평평하다. 갑문 상류의 물이 가득한 모습이다. 왕기본王琦本에는 '조평潮平'으로 되어있다.
   沙汭(사열) - 물굽이의 모래톱. '사혈沙泬로 된 판본도 있는데, 이는 모래 언덕의 구멍을 뜻한다.
6) 弭棹(미도) - 노를 멈추다. 배를 세우다.
   徒(도) - 다만.
   流悅(유열) - 맘껏 즐기다.
7) 龍山(용산) - ≪문선≫에 수록된 포조鮑照의 시 〈유정劉楨의 시체를 본뜨다(學劉公幹體)〉에서 "오랑캐 바람이 북녘 눈을 불어 천 리 용산을 건넌다.(胡風吹朔雪, 千里度龍山)"라고 하였다. 용산은 산 이름인데 이 산에 대해 ≪문선≫의 주석에서는 ≪초사·대초(大招)≫의 "북쪽에 차가운 산이 있으니, 탁룡산에 초목이 없어 붉네.(北有寒山, 逴龍赩只.)"를 인용하여 탁룡산을 가리키는 것으로 보았다.
8) 林下興(임하흥) - 숲 아래에서의 흥취. 죽림칠현에 속했던 진晉나라 완적阮籍과 완함阮咸이 숙질간이었는데, 여기서는 이 사실을 빌어서

이분과 이백 간의 유흥遊興을 의미한다.
9) 山陽(산양) - 지금의 하남성 수무현修武縣 북서쪽으로 죽림칠현이 노닐던 곳이다.
10) 淸路塵(청로진) - 조식曹植의 〈일곱 가지 슬픔(七哀詩)〉에서 "그대는 맑은 길의 먼지와 같고 첩은 탁한 물의 진흙과 같아서, 부침이 각기 다른 형세라 언제 만나 어울리게 될까요?(君若淸路塵, 妾若濁水泥. 浮沈各異勢, 會合何時諧.)"라고 하였다. 여기서는 떠나간 이분을 두고 한 말이다.
11) 寂蔑(적멸) - 적막하다. 여기서는 이별 뒤의 공허함을 말한다.

902. 洗脚亭

세각정

白道向姑熟¹　　洪亭臨道旁
前有吳時井　　下有五丈床²
樵女洗素足　　行人歇金裝³
西望白鷺洲⁴　　蘆花似朝霜
送君此時去　　回首淚成行

하얀 길은 고숙으로 향하고
큰 정자는 길 옆에 있네.
앞에는 오나라 때의 우물이 있고
그 아래에는 다섯 장짜리 난간이 있으니,
나무하던 여인은 흰 발을 씻고
지나가던 이는 금빛 장식한 말을 쉬게 한다네.
서쪽으로 백로주를 바라보니
갈대꽃이 아침 서리 같은데,
이제 떠나는 그대를 보내고
고개를 돌리니 눈물이 줄줄 흐르네.

【해제】

'세각정洗脚亭'은 지금의 강소성 남경시 부근에 있었던 정자로 보인다. 이 시는 세각정에서 누군가와 헤어지며 지은 것으로, 왕기王琦는 시의 제목 아래에 "이 시는 떠나는 사람을 전송하며 지은 것이다. 시제에 빠진 글이 있는 듯하다.(詩乃送行之作, 題內似有缺文.)"라고 주석을 붙였다. 세각정의 경물을 묘사한 뒤 헤어짐의 아쉬움을 표현하였다. 개원 14년(726)에 지었다는 설이 있지만 확실치 않다.

【주석】

1) 白道(백도) - 큰 길. 사람들이 많이 다녀서 풀이 자라지 않아 하얗게 보이는 길을 말한다.
   姑熟(고숙) - 지금의 안휘성 당도현當塗縣.
2) 床(상) - 우물 주위에 설치한 난간.
3) 金裝(금장) - 금빛 말 장식. 여기서는 행인이 타고 가던 말을 가리킨다.
4) 白鷺洲(백로주) - 지금의 강소성 남경시 부근 장강가에 있던 모래톱.

903. 勞勞亭

노로정

天下傷心處　　勞勞送客亭[1]
春風知別苦　　不遣柳條靑[2]

천하에 마음 아픈 곳
근심스레 나그네를 보내는 정자.
봄바람이 이별의 괴로움을 알아서
버들가지에 푸른빛을 주지 않았네.

【해제】
'노로정勞勞亭'은 지금의 강소성 남경시 남서쪽에 있었던 정자로 예로부터 송별하는 곳이었다. 이 시는 노로정을 읊은 것으로, 그곳에서 행해진 송별의 아픔을 표현하였다.

【주석】
1) 勞勞(노로) - 근심스러운 모습.
2) 春風(춘풍) 두 구 - 옛날 이별을 할 때 버드나무 가지를 꺾어주는 풍습이 있었다. 노로정의 버드나무가 아직 푸르지 않은 것을 보고서 봄바람이 이별의 아픔을 알기에 고의로 그렇게 한 것이라는 뜻이다.

904. 題金陵王處士水亭

금릉 왕 처사의 물가 정자에 쓰다

王子耽玄言[1]　賢豪多在門
好鵝尋道士[2]　愛竹嘯名園[3]
樹色老荒苑[4]　池光蕩華軒[5]
北堂見明月　更憶陸平原[6]
掃拭靑玉簟[7]　爲余置金尊
醉罷欲歸去　花枝宿鳥喧
何時復來此　再得洗囂煩[8]

왕 처사는 심오한 말을 탐닉하니
어질고 호방한 이들이 문에 많고,
거위를 좋아하여 도사를 찾으며
대나무를 사랑하여 이름난 정원에서 노래하네.
나무 빛은 황량한 정원에서 늙어가고
연못의 빛은 화려한 난간에 일렁이는데,
북당에서 밝은 달을 보며
또 육기를 생각하네.
푸른 자리를 쓸고 닦아
나를 위해 금 술잔을 두었는데,

취한 뒤에 돌아가려고 하니
꽃가지에 깃들인 새가 시끄럽네.
언제나 다시 여기 와서
또 세속의 번다함을 씻을 수 있을까?

【해제】

'금릉金陵'은 지금의 강소성 남경시이다. '처사處士'는 관직에 나아가지 않고 은일하는 자를 말하며 '왕王'씨에 대해서는 알려진 것이 없다. 시의 제목 아래에 있는 원주原注에 "이 정자는 아마 제나라의 남원일 것이며, 또 이는 육기의 고택이기도 하다.(此亭蓋齊朝南苑, 又是陸機故宅.)"라고 되어 있다. 이 시는 왕씨의 물가 정자에서 노닐고 쓴 것이다. 앞부분에서는 왕씨의 고아한 흥취와 물가 정자의 풍경을 그렸으며 뒷부분에서는 그가 초대해준 자리에서 술을 마신 것과 다시 와서 번뇌를 씻고자 하는 바람을 표현하였다. 개원 14년(726)에 지었다는 설과 천보 7재(748)에 지었다는 설이 있지만 확실치 않다.

【주석】

1) 王子(왕자) - 서진西晉의 왕연王衍은 용모가 반듯하고 아름다우며 현담을 잘하였다.(≪세설신어(世說新語)·용지(容止)≫ 참조) 산기랑散騎郞 배하裴遐가 왕연의 사위가 되었는데, 삼일 후 여러 사위들이 모임을 갖자 당시의 명사名士들과 왕씨 및 배씨 양가의 자제들이 모두 참석하였다.(≪세설신어·문학(文學)≫ 참조)
   玄言(현언) - 청담. 오묘하고 심오한 담론.

2) 好鵝(호아) 구 - 왕희지王羲之가 거위를 좋아하였는데, 산음山陰의 한 도사가 거위를 기른다는 소문을 듣고는 그에게 ≪도덕경(道德經)≫을 직접 써주고 거위를 얻었다.(≪진서·왕희지전≫ 참조)

3) 愛竹(애죽) 구 - 왕휘지王徽之가 오 땅을 유람하다가 어느 사대부의

집에 좋은 대나무가 있는 것을 보았다. 주인은 왕휘지가 마땅히 방문하리라는 것을 이미 짐작하고는 그를 기다리고 있었다. 왕휘지는 가마를 타고 곧장 대나무 숲으로 들어가서는 오래도록 읊조렸다. 주인은 그가 사람을 보내 통보해오기를 기다렸는데 그가 곧장 문밖으로 나가려하자 더 이상 참지 못하고 문을 잠가 나가지 못하게 하였다. 왕휘지는 이 일로 주인을 더욱 알아보고는 머물며 즐기다가 떠났다.(≪세설신어·간오(簡傲)≫ 참조) '소휘'는 "휘파람 불다" 또는 "노래하다"는 뜻이다.

이상 네 구절은 왕연, 왕희지, 왕휘지 등이 모두 왕씨인 것에 착안하여 그들을 빌어 왕 처사의 인품과 흥취를 표현하였다.

4) 荒苑(황원) - 오래된 정원.
5) 華軒(화헌) - 화려하게 장식한 난간.
6) 陸平原(육평원) - 진晉나라의 문인인 육기陸機로 일찍이 평원내사平原內史를 지냈다. 그는 〈고시를 본뜨다 12수(擬古詩十二首)〉 중 제6수인 〈고시 '밝은 달이 얼마나 환한가'를 본뜨다(擬明月何皎皎)〉에서 "북당에 편안히 누우니 밝은 달이 내 창에 들어오네. 비추고 남은 빛이 있어 움켜쥐어 보지만 손에 차질 않네.(安寢北堂上, 明月入我牖. 照之有餘暉, 攬之不盈手)"라고 하였다.
7) 靑玉簟(청옥점) - 푸른 대자리. '옥'은 대자리를 미화한 것이다.
8) 囂煩(효번) - 세속의 시끄러움과 번잡함.

905. 題嵩山逸人元丹丘山居 並序
숭산의 은자 원단구의 산속 거처에 쓰다 및 서문

白久在廬霍,[1] 元公近遊嵩山, 故交深情, 出處無間.[2] 巖信頻及,[3] 許爲主人,[4] 欣然適會本意,[5] 當冀長往不返.[6] 欲便擧家就之, 兼書共遊, 因有此贈.

나는 오래도록 여산과 곽산에 머물렀고 원공은 근래에 숭산을 노닐었는데, 오랜 사귐의 깊은 정이 출사할 때나 은거할 때에 간극이 없었다. 산속에서 서신이 자주 와 주인 되기를 허락하니, 기쁘게도 내 뜻과 딱 맞아서 당연히 그곳에서 은거하며 돌아오지 않기를 희망하였다. 곧 온 집안 식구를 데리고 그 곳에 가려고 하면서 함께 놀고자 하는 뜻을 편지로 쓰게 되어 이에 이 시를 주게 되었다.

家本紫雲山[7]　道風未淪落[8]
沈懷丹丘志[9]　沖賞歸寂寞[10]
朅來遊閩荒[11]　捫涉窮禹鑿[12]
夤緣汎潮海[13]　偃蹇陟廬霍[14]
憑雷躡天窗[15]　弄景憩霞閣[16]

且欣登眺美¹⁷　頗愜隱淪諾¹⁸
三山曠幽期¹⁹　四岳聊所託²⁰
故人契嵩潁²¹　高義炳丹膸²²
滅跡遺紛囂²³　終言本峰壑
自矜林湍好²⁴　不羨市朝樂²⁵
偶與眞意並²⁶　頓覺世情薄
爾能折芳桂　吾亦採蘭若²⁷
拙妻好乘鸞²⁸　嬌女愛飛鶴²⁹
提攜訪神仙　從此鍊金藥³⁰

집이 본래 자운산이라서
도풍이 아직 사라지지 않아,
신선의 뜻을 깊이 품어
마음 비워 감상하니 적막의 경지로 돌아갔네.
민 땅을 오고가며 노닐다가
산 넘고 물 건너 우혈까지 갔고,
조수 바다를 연이어 떠다녔으며
여산과 곽산을 높이 올랐네.
우레에 기대어 하늘의 창을 밟고
빛을 즐기며 노을 누각에서 쉬며,
높이 올라 보는 아름다운 일을 잠시 즐거워하고
은일하려는 지향을 자못 만족시켰으니,
삼신산의 그윽한 기약은 요원하여

세속의 명산에 아쉬우나마 기탁하였네.
오랜 친구가 숭산과 영수와 마음이 맞아
높은 뜻이 붉은 단청처럼 밝게 빛났으니,
종적을 감추고 속세의 시끄러움을 버리고
마침내 봉우리와 골짜기에 기반을 정하였다네.
숲과 물이 좋다고 스스로 자랑하고
조정과 저자의 즐거움을 부러워하지 않았으니,
우연히 참된 뜻과 합쳐져
세상의 정이 각박하다고 문득 깨달았다네.
그대는 향기로운 계수나무를 꺾을 수 있고
나 또한 난초와 두약을 캘 수 있는데,
내 아내는 난새 타는 것을 좋아하고
귀여운 딸은 나는 학을 사랑하니,
같이 손잡고 신선을 방문하여
이로부터 금약을 단련하리라.

【해제】

'숭산嵩山'은 지금의 하남성에 있는 산으로 오악 중의 하나이다. '일인逸人'은 은거한 사람을 가리키고 '원단구元丹丘'는 이백의 오랜 친구이다. 이 시는 원단구가 새로 정한 숭산의 은거지에서 쓴 것으로, 앞부분에서는 이백이 도가의 표일한 흥취를 좋아하여 여산廬山과 곽산霍山을 노닌 것을 썼으며 중간부분에서는 원단구가 숭산에 새로 정한 거처가 속세를 멀리하고 자연과 함께 할 수 있는 곳임을 말하고는 뒷부분에서는 자신도 가족과 함께 이곳에 오래도록 머물고 싶다는 바람을 표현하였다. 천보 9재(750)에 지은 것이라는 설이 있지만 확실치 않다.

【주석】

1) 廬霍(여곽) - 여산과 곽산. 여산은 지금의 강서성 구강시九江市 근처에 있으며 곽산은 지금의 안휘성 곽산현에 있다.
2) 出處(출처) - 관직에 나아가는 것과 은일하는 것.
   無間(무간) - 거리를 두지 않다. 관계가 친밀한 것을 말한다.
   이 구절은 두 사람의 친분이 두터워서 관직에 있을 때나 없을 때나 한결같았다는 뜻이다.
3) 巖信(암신) - 바위산에서 온 편지. 은거해있는 원단구가 이백에게 보낸 편지를 말한다.
4) 許爲(허위) 구 - 주인이 되기를 허락한다는 뜻으로 손님이 되어주기를 바라는 초청의 말이다.
5) 適會(적회) - 딱 맞아떨어지다.
6) 長往(장왕) - 은거하는 것을 뜻한다.
7) 紫雲山(자운산) - 지금의 사천성 강유현江油縣에 있는 산으로, 이백이 어릴 때 살던 곳이다.
8) 道風(도풍) - 도를 숭상하는 기풍.
   淪落(윤락) - 사라지다.
9) 丹丘(단구) - 신선이 사는 곳.
10) 沖賞(충상) - 담박한 감상. 마음을 비우고 노니는 것.
    寂寞(적막) - 고요한 경지를 의미한다.
11) 朅來(걸래) - 오고가다. 또는 오다.
    閩荒(민황) - 민 땅. 여기서는 월 땅을 가리킨다. '황'은 중원에서 멀리 떨어진 곳을 뜻한다.
12) 捫涉(문섭) - 부여잡고 산을 오르고 물을 건너다.
    禹鑿(우착) - '우혈禹穴'이라고 하며 지금의 절강성 소흥紹興 회계산會稽山에 있는데, 우임금의 시신을 매장한 곳이라고도 하고 우임금이 황제黃帝의 책을 숨겨놓은 곳이라고도 한다.(≪사기집해史記集解≫

및 하지장賀知章의 ≪찬산기(纂山記)≫ 참조)

13) 夤緣(인연) - 연잇다.
    潮海(조해) - 조수가 있는 바다. 중국의 동쪽 바다를 말한다.
14) 偃蹇(언건) - 우뚝 솟은 모습.
15) 憑雷(빙뢰) - 우레에 기대다. 우레를 타고 갔다는 뜻이다.
    躡(섭) - 밟다. 오르다.
    天窓(천창) - 높은 산의 벼랑 사이로 보이는 작은 하늘을 가리킨다.
16) 弄景(농영) - 햇빛을 즐기다.
    憩(게) - 쉬다.
    霞閣(하각) - 산 위에서 노을을 감상하기 위해 지은 누각을 뜻할 것이다.
17) 登眺美(등조미) - 등람登覽의 아름다움.
18) 愜(협) - 부합하다. 흡족하다.
    隱淪諾(은륜낙) - 은일에 대한 승낙. 은일을 지향하는 뜻. 은일하겠다는 약속.
19) 三山(삼산) - 동해에 신선이 산다는 세 산. 봉래산蓬萊山, 영주산瀛洲山, 방장산方丈山.
    曠(광) - 요원하다.
    幽期(유기) - 그윽한 기약. 삼신산에서 노닐겠다는 기약을 말한다.
20) 四嶽(사악) - 사방의 산. 현재 이백이 노닐고 있는 여러 명산을 말한다.
    所託(소탁) - 기탁할 곳.
    이상 두 구절은 삼신산에 가서 노닐 기약은 요원하므로 지금은 아쉬우나마 세속에 있는 명산을 노닌다는 뜻이다.
    이상 열네 구절은 이백이 신선의 뜻을 품고 각지를 노닌 상황을 적었다.
21) 故人(고인) - 친구. 원단구를 가리킨다.

契(계) - 마음이 맞다. 교감하다.

嵩潁(숭영) - 숭산과 영수潁水.

22) 炳(병) - 밝게 빛나다.

丹雘(단확) - 붉은 색 진흙. 붉은 색 안료로 쓰인다.

23) 滅跡(멸적) - 종적을 감추다.

紛囂(분효) - 속세의 분란과 시끄러움.

24) 林湍(임단) - 숲과 여울.

25) 市朝樂(시조락) - 조정과 저자의 즐거움. 세속의 명리를 탐하는 것을 말한다.

26) 眞意(진의) - 자연의 의취意趣.

27) 蘭若(난약) - 난초와 두약杜若. 모두 향초를 가리킨다.

이상 두 구절은 이백이 원단구와 함께 산속에 은일할 수 있다는 뜻이다.

28) 拙妻(졸처) - 상대방에게 자신의 부인을 낮춰 부르는 말이다. 아마 이백의 부인 종씨宗氏일 것이다.

29) 嬌女(교녀) - 이백의 딸 평양平陽을 가리킨다.

30) 金藥(금약) - 신선들이 먹는 단약.

이상 네 구절은 부인과 딸도 신선술을 좋아하니 데리고 오고 싶다는 뜻을 전달한 것이다.

906. 題江夏修靜寺

강하의 수정사에 쓰다

我家北海宅¹　　作寺南江濱
空庭無玉樹²　　高殿坐幽人³
書帶留青草⁴　　琴堂冪素塵⁵
平生種桃李⁶　　寂滅不成春⁷

우리 집안사람 북해태수의 집이
남쪽 장강가의 절이 되었는데,
빈 정원에 옥 나무는 없고
높은 전각에 스님이 앉아있네.
책을 묶었던 푸른 풀만 남아있고
금을 타던 방에는 흰 먼지가 쌓였으니,
평생 복숭아와 자두를 심었어도
적막하여 봄을 이루지 못하는구나.

【해제】

'강하江夏'는 지금의 호북성 무한武漢이며 '수정사修靜寺'는 원래 북해태수北海太守를 지낸 이옹李邕의 집이었는데 천보 6재(747) 정월에 그가 죽고 난 뒤에 절이 되었다. 원주原注에 "이 절은 북해태수 이옹의 옛 집이다.

(此寺是李北海舊宅)"라고 되어있다. 이 시는 강하에 있는 수정사에 대해 쓴 것으로, 절로 바뀐 이옹 고택의 쇠락한 모습을 표현하여 인생무상의 감개를 드러내었다. 건원 원년(758)에 지은 것이라는 설이 있지만 확실치 않다.

【주석】
1) 北海(북해) - 북해군의 태수를 지낸 이옹을 가리킨다. 그는 문장으로 천하에 이름이 났다. 이옹은 이백의 친척 아저씨뻘이다.
2) 玉樹(옥수) - 고귀한 나무로 용모가 빼어나고 자질이 뛰어난 사람을 비유한다. 여기서는 이옹을 가리킨다.
3) 幽人(유인) - 스님을 말한다.
4) 書帶(서대) - 책을 묶는 끈. 정현鄭玄이 제자들을 가르치던 불기산不其山 아래에 염교와 비슷한 풀이 자라고 있었는데 길고 질겨서 그 지역 사람들이 그것을 "정강성(정현)의 서대[康成書帶]"라고 하였다. (≪후한서·군국지(郡國志)≫의 주석에서 인용한 ≪삼제기(三齊記)≫ 참조)
5) 琴堂(금당) - 공자의 제자 복자천宓子賤이 선보單父를 다스리는데, 금琴만 타면서 관청에서 내려오지 않았는데도 고을이 잘 다스려졌다. (≪여씨춘추(呂氏春秋)≫ 참조)
冪(멱) - 덮다.
이상 두 구절은 학식이 깊고 정치를 잘했던 이옹은 사라지고 그 자취만 쇠락한 채 남아있는 상황을 표현하였다.
6) 桃李(도리) - 문하생을 비유한다. 또는 명예와 부귀를 상징한다.
7) 寂滅(적멸) - 쇠락하여 조용하다.
이상 두 구절은 이옹이 후학을 많이 길렀지만 현재는 다 흩어져 사라진 상황을 표현하였다. 또는 이옹의 명예와 부귀가 지금은 사라져버린 상황을 표현한 것으로 볼 수도 있다.

907. 改九子山爲九華山聯句 幷序
구자산을 구화산으로 이름을 바꾼 뒤 지은 연구 및 서문

青陽縣南有九子山, 山高數千丈, 上有九峰如蓮華. 按圖徵名¹, 無所依據, 太史公南遊², 略而不書³. 事絶古老之口, 復闕名賢之紀, 雖靈仙往復而賦詠罕聞. 予乃削其舊號, 加以九華之目. 時訪道江漢⁴, 憩於夏侯廻之堂⁵, 開檐岸幘⁶, 坐眺松雪, 因與二三子聯句, 傳之將來.

청양현 남쪽에 구자산이 있는데 산 높이가 수천 장이며 그 위에 연꽃 같은 아홉 봉우리가 있다. 서적을 살펴 이름을 징험하려 해도 근거할 바가 없고, 태사공 사마천이 남쪽을 노닐 때도 빠뜨리고 기록하지 않았다. 사적이 옛 노인의 입에서 끊어지고 또 어진 현인의 기록도 빠져 비록 신선이 왔다 갔다 해도 이를 읊은 것에 대해 거의 듣지 못했다. 내가 그래서 옛 이름을 지우고 구화라는 명칭을 더하였다. 당시 강수와 한수 지역에서 도를 찾다가 하후회의 집에서 쉬면서 처마를 열고 두건을 제켜 올리고 앉아서 소나무에 내린 눈을 바라보았는데, 이로 인해 두세 사람과 시구를 돌아가며 지어서 이를 후세에 전한다.

妙有分二氣[7]	靈山開九華[8] (李白)
層標遏遲日[9]	半壁明朝霞 (高霽)
積雪曜陰壑	飛流歕陽崖[10] (韋權輿)
青熒玉樹色[11]	縹緲羽人家[12] (李白)

묘유가 음양의 기운을 나누어
신령스런 산에 아홉 꽃을 피웠네.
층층이 높은 산은 봄 해를 막고
절벽 절반에 아침노을이 밝네.
쌓인 눈은 그늘진 골짜기에서 빛나고
날며 흐르는 물은 햇볕 드는 벼랑에서 쏟아지네.
옥 나무의 빛은 푸르게 빛나고
신선의 집이 아련히 보이네.

【해제】
'구자산九子山'은 '구화산九華山'의 옛 이름으로 지금의 안휘성 청양현靑陽縣 남쪽에 있다. '연구聯句'는 여러 사람이 한 구나 두 구씩 돌아가며 짓는 것이다. 이 시는 구자산을 보고난 뒤 그렇게 명명한 연유를 알 수 없어 구화산으로 개명하고 당시 같이 노닐던 이들과 함께 구화산을 보며 느낀 감흥을 적은 것이다. 수련과 미련은 이백이 지었으며 함련은 당시의 은자였던 고제高霽가 지었고 경련은 청양현령이었던 위중감韋仲堪이 지었다. 위중감의 자가 권여權輿이다. 천보 13재(754)에 지은 것으로 추정된다.

【주석】

1) 按圖(안도) - 도서를 살펴보다.
   徵名(징명) - 이름을 징험하다. 이름의 유래에 대해서 살펴보다.
2) 太史公(태사공) - 사마천. 그는 이십 세 때 남쪽 지방을 두루 유람하였다.
3) 略而不書(약이불서) - 빠트리고 기록하지 않다.
4) 訪道(방도) - 도를 찾다.
   江漢(강한) - 강수와 한수.
5) 夏侯廻(하후회) - 누구인지 정확히 알려진 바가 없다. '회'가 '형逈'으로 된 판본도 있다.
6) 岸幘(안책) - 두건을 위로 올려 이마를 드러내다. 편안한 복장이나 술에 취해 흐트러진 모습이다.
7) 妙有(묘유) - 도가에서 유와 무를 초월하여 근원이 되는 존재를 가리킨다.
   二氣(이기) - 음과 양의 기운.
8) 九華(구화) - 아홉 송이 꽃. 구화산의 아홉 봉우리를 가리킨다.
9) 層標(층표) - 층층으로 쌓인 높은 표지. 구화산의 높은 봉우리를 가리킨다.
   遏(알) - 가로 막다.
   遲日(지일) - 더딘 봄의 해. 긴 봄날.
10) 歕(분) - 뿜다.
11) 靑熒(청형) - 푸르게 빛나다.
    玉樹(옥수) - 여기서는 흰 눈이 덮인 나무를 가리킨다.
12) 縹緲(표묘) - 아득한 모습.
    羽人(우인) - 신선.

908. 題宛溪館

완계의 객점에 쓰다

吾憐宛溪好　百尺照心明[1]
何謝新安水[2]　千尋見底淸[3]
白沙留月色　綠竹助秋聲[4]
卻笑嚴湍上[5]　於今獨擅名[6]

나는 완계의 아름다움을 좋아하니
백 자 깊은 물이 마음을 밝게 비춰서라네.
어찌 신안강에 손색이 있으랴?
천 길 깊이라도 바닥이 맑게 보이는데.
하얀 모래는 달빛을 머물게 하고
푸른 대나무는 가을 소리를 도우니,
도리어 엄광의 여울가가
지금까지 홀로 명성을 차지한 것을 비웃게 되네.

【해제】
'완계宛溪'는 지금의 안휘성 선성시宣城市 동쪽에 있으며 '관館'은 아마도 객점일 것이다. 이 시는 완계의 객점에서 쓴 것으로, 완계의 맑고 아름다운 정취를 찬미하면서 신안강新安江이나 엄릉뢰嚴陵瀨에 손색이 없음을 말하였다. 천보 9재(750)에 지었다는 설과 천보 12재(753) 즈음에 지었다는 설이 있지만 확실치 않다.

【주석】

1) 百尺(백척) 구 - 이 구는 물이 맑아 사람 모습을 비출 뿐만 아니라 마음속까지 비춘다는 뜻이다.
2) 謝(사) - 사양하다. 손색이 있다.
   新安水(신안수) - 절강浙江으로 들어가는 지류로 그 물빛이 맑은 것으로 유명하다.
3) 尋(심) - 길이 단위.
4) 綠竹(녹죽) 구 - 푸른 대나무에 부는 바람 소리로 가을의 정취가 더욱 깊어진다는 뜻이다.
5) 嚴湍(엄단) - 엄광嚴光이 낚시하던 여울. 후한 때의 사람인 엄광은 자가 자릉子陵이다. 그는 광무제光武帝와 어릴 때부터 친구였지만 광무제가 즉위한 후에 관직을 사양하고 부춘산富春山에 가서 농사를 지었다. 그곳에 그가 낚시하던 곳이 있었는데, 후인들이 이를 엄릉뢰嚴陵瀨라고 불렀다.(≪후한서·일민전(逸民傳)·엄광전≫ 참조)
6) 擅名(천명) - 명성을 독차지하다.
   이상 두 구절은 지금까지는 엄릉뢰가 가장 맑고 고아한 곳으로 이름이 났지만 완계에 비하면 아무 것도 아니니 엄릉뢰의 명성은 잘못된 것이라는 뜻이다.

909. 題東溪公幽居

동계공의 은거에 쓰다

杜陵賢人淸且廉　　東溪卜築歲將淹¹
宅近靑山同謝朓²　　門垂碧柳似陶潛³
好鳥迎春歌後院　　飛花送酒舞前簷⁴
客到但知留一醉　　盤中祇有水精鹽⁵

두릉의 어진 이는 청렴한데
동계에 집을 정해 세월이 오래되었네.
집이 푸른 산에 가까우니 사조와 같고
문에 푸른 버드나무 드리웠으니 도연명과 비슷하네.
좋은 새는 봄을 맞으며 뒤뜰에서 노래하고
날리는 꽃잎은 술을 권하며 앞 처마에서 춤추네.
손님이 오면 머물러 한번 취하게 할 줄만 알지
쟁반에는 그저 수정 같은 소금뿐이네.

【해제】

'동계공東溪公'은 장안 남동쪽에 있는 두릉杜陵 출신의 은자인데 누구인지는 자세히 알려져 있지 않으며, '동계'의 위치에 대해서도 고찰할 수 없다. 이 시는 동계공의 거처에 쓴 것으로 그의 맑고 소박한 풍격을 경물묘사와 함께 표현하였다. '동계'를 두릉 근처의 시내로 보아 장안에 있을 때 지은 것이라는 설이 있으며, 이와 달리 사조謝朓의 청산靑山 근처에 있는 것으로 보아 당도當塗(지금의 안휘성 당도현)에 있을 때 지은 것이라는 설이 있다.

【주석】
1) 卜築(복축) - 집터를 정하다.
   淹(엄) - 오래되다.
2) 謝朓(사조) - 제나라 때 선성태수宣城太守를 지냈는데 청산靑山 남쪽에 집을 짓고 살았다.
3) 陶潛(도잠) - 도연명. 그의 집 앞에 다섯 그루의 버드나무가 있었다.
4) 送酒(송주) - 술을 권하다. 술 마시는 것을 돕다.
5) 祇(지) - 다만.
   水精鹽(수정염) - 수정水晶 같이 맑고 깨끗한 소금. 술안주이다.
   이상 두 구절은 이곳의 은사에게 손님이 찾아오면 다만 같이 술을 마시며 흥취를 느낄 줄은 알지만 청렴하게 살다보니 술안주로는 소금 외에는 없다는 뜻이다.

vi

15

잡영 雜詠

910. 嘲魯儒

노 땅의 유생을 조롱하다

魯叟談五經　　白髮死章句¹
問以經濟策²　　茫如墜煙霧³
足著遠遊履⁴　　首戴方山巾⁵
緩步從直道⁶　　未行先起塵⁷
秦家丞相府⁸　　不重褒衣人⁹
君非叔孫通¹⁰　　與我本殊倫¹¹
時事且未達¹²　　歸耕汶水濱¹³

노 땅의 노인이 오경을 말하는데
백발로 죽도록 장구만 파헤치니,
세상을 경영하고 백성을 구제할 책략을 물으면
모호함이 안개 속에 떨어진 듯하네.
발에는 원유리를 신고
머리에는 방산건을 쓰고서,
곧게 뻗은 길을 느릿하게 걸으면
발걸음을 떼기도 전에 먼저 먼지가 이네.
진나라의 승상 이사는
넓은 옷을 입은 유생을 중용하지 않았고,

그대들은 숙손통도 아니니
나와는 본래 계통을 달리 하네.
현실의 일을 이해하지 못한다면
문수 가로 돌아가 밭이나 갈아야지.

【해제】
이 시는 노 땅의 유생을 비웃으며 쓴 것이다. 그들이 경전을 읽으면서 판에 박힌 해석에 의존하고 옛 복식을 고집하면서 현실 상황을 도외시하는 모습을 비판하였다. 개원 말년에 지었을 것이다.

【주석】
1) 章句(장구) - 경전 구절을 구두句讀하고 분장分章하는 것. 문구를 풀이하는 방식이다.
2) 經濟策(경제책) - 세상을 경영하고 백성을 구제할 대책.
3) 茫(망) - 모호하다. 아는 것이 없는 모습.
   이상 네 구절은 노 땅의 유생들이 늙도록 경전의 문구 풀이에만 집착하여 실제 세상을 구제할 수 있는 대책에 대해서는 무지한 상황을 비판하였다.
4) 遠遊履(원유리) - 조식의 〈낙신부(洛神賦)〉에 나오는 신발로 옛날의 신발이다.
5) 方山巾(방산건) - 크고 네모난 모자로 한나라 때 유생들이 썼다.
6) 緩步(완보) - 천천히 걷다.
7) 未行(미행) 구 - 아직 걸음을 떼지도 않았는데 먼저 먼지가 일어난다는 뜻으로, 이들이 입고 있는 옷이 크고 넓어서 움직이려고 하면 먼지가 이는 것을 표현하였다.
   이상 네 구절은 노 땅 유생들의 복장이 옛 것을 답습하여 활동성과 실용성이 떨어지는 것을 비판하였다.

8) 秦家(진가) - 진나라.
9) 褒衣人(포의인) - 넓은 옷을 입은 사람. 유생을 가리킨다. '포'는 소매가 넓은 것이다.
   이상 두 구절은 진나라의 재상인 이사가 유생들의 비현실적인 행태를 비판하면서 분서갱유를 한 것을 가리킨다.
10) 叔孫通(숙손통) - 한나라 때의 유학자. 고조가 숙손통으로 하여금 조정의 의례를 정하게 하자 유생을 구하러 노 땅에 갔다. 당시 두 유생이 숙손통이 옛 제도와 합치되는 사람이 아니라고 하며 협조하지 않으려고 하자 숙손통은 시대의 변화를 모르는 자들이라고 비웃었다.(≪사기·숙손통열전(叔孫通列傳)≫ 참조)
11) 殊倫(수륜) - 부류가 다르다.
    이상 두 구절은 이백 자신은 시대의 변화를 알아 대처할 수 있는 사람이라 노 땅의 유생과는 다르다는 뜻이다.
12) 時事(시사) - 당시 현실의 상황.
    未達(미달) - 이해하지 못하다.
13) 汶水(문수) - 노 땅을 지나는 강의 이름.
    이상 두 구절은 노 땅의 유생들이 현실의 상황을 파악하지 못한다면 차라리 고향으로 돌아가 농사나 짓는 것이 낫다는 뜻이다.

911. 懼讒

참언을 두려워하다

二桃殺三士[1]　詎假劍如霜[2]
衆女妒蛾眉[3]　雙花競春芳[4]
魏姝信鄭袖[5]　掩袂對懷王[6]
一惑巧言子　朱顔成死傷[7]
行將泣團扇[8]　戚戚愁人腸[9]

복숭아 두 개로 세 장사를 죽였으니
어찌 서리 같은 검을 빌리겠는가?
뭇 여인들이 미인을 질투하니
두 꽃이 봄 향기를 다투는 듯.
위나라 미녀는 정수의 말을 믿고서
소매로 코를 가리고 회왕을 대하였으니,
교묘하게 말하는 자에게 한번 현혹되어
붉은 얼굴이 죽고 상하게 되었네.
장차 둥근 부채에 눈물 흘리니
두려워 사람 마음을 시름겹게 하네.

【해제】

'구참懼讒'은 참언을 두려워한다는 뜻이다. 이 시는 궁궐에 있으면서 갖은 참언을 당해 천자의 은혜가 소원해졌을 때의 심정을 표현한 것으로 보인다. 안영晏嬰의 고사와 정수鄭袖의 고사 등을 사용하여 교묘한 말로 사람을 해칠 수 있음을 보여준 뒤, 자신도 그런 참언에 걸려 쫓겨나게 될 것을 염려하였다.

【주석】

1) ≪안자춘추(晏子春秋)≫에서 안영晏嬰이 복숭아 두개로 세 장사를 죽인 고사를 인용하였다. 공손접公孫接, 전개강田開疆, 고야자古冶子가 경공景公을 섬겼는데 용맹했지만 무례했다. 안영이 경공에게 청하기를 복숭아 두 개를 보내어 세 사람 중 공적이 더 많은 사람이 먹도록 하였다. 공손접은 "나는 큰 멧돼지와 새끼 낳은 어미호랑이와 싸워 이겼으니 이 복숭아를 먹을 수 있다."고 하면서 복숭아를 하나 잡았다. 전개강은 "나는 병기를 들고 적의 삼군을 물리친 것이 두 번이었으니 이 복숭아를 먹을 수 있다."고 하고는 남은 복숭아 하나를 잡았다. 고야자 역시 "나는 일찍이 황하를 건너다가 천자의 수레를 끌고 간 큰 자라를 죽였는데 사람들이 그 자라가 하백河伯이라고 하였으니 이 복숭아를 먹을 수 있다."고 하니, 공손접과 전개강이 "용맹함도 그대만 못하고 공도 그대에 미치지 못하네."라고 하면서 복숭아를 돌려주고 자결했다. 고야자도 "나 홀로 살아남으면 어질지 못하다."고 하고는 또한 죽어버렸다.

2) 詎(거) - 어찌.

3) 衆女(중녀) - 뭇 여인들. 미인을 질투하는 여인. 참언을 일삼는 무리를 비유한다.

蛾眉(아미) - 나방의 더듬이와 같은 눈썹을 가진 미인. 충신을 비유한다.

이 구절은 굴원이 〈이소(離騷)〉에서 "뭇 여자가 나의 아미를 질투하여, 내가 음탕한 짓을 잘한다고 모함하네.(衆女嫉余之蛾眉兮, 謠諑謂余以善淫.)"라고 한 말을 빌려 쓴 것이다.
4) 雙花(쌍화) - 위 구절의 뭇 여인들과 미인을 가리킨다.
春芳(춘방) - 봄의 향기.
5) 魏姝(위주) - 위나라의 미녀.
鄭袖(정수) - 초나라 회왕懷王의 부인. 위나라 왕이 초나라 회왕에게 미녀를 보내자 회왕이 아주 기뻐하였다. 정수는 왕이 새 사람을 좋아하는 것을 알고 그녀를 아끼면서 옷이나 가구를 주었다. 회왕은 이러한 사실을 알고는 정수가 정말로 그 미녀를 아끼는 줄 알고 특히 신임하였다. 어느 날 정수가 그 미녀에게 회왕은 당신의 코를 싫어하니 왕과 만나면 코를 가리라고 하였다. 그 미녀가 정수의 말대로 하자 회왕은 이상하게 여기며 정수에게 그 이유를 물었는데, 정수는 회왕의 냄새를 맡는 것을 싫어해서 그렇게 하는 것 같다고 대답하였다. 이에 회왕은 그 미녀의 코를 베게 하였다.(≪전국책(戰國策)·초책(楚策)≫ 참조)
6) 掩袂(엄몌) - 소매로 가리다.
7) 朱顔(주안) - 젊고 예쁜 얼굴.
8) 行將(행장) - 장차.
泣團扇(읍단선) - 둥근 부채에 눈물을 흘리다. 한나라 성제成帝가 조비연趙飛燕을 맞아들이자 반첩여班捷予가 총애를 잃고 슬퍼하면서 〈원가행(怨歌行)〉을 지어, "제나라 하얀 비단 새로 찢으니 희고 깨끗하기가 눈과 서리 같구나. 마름하여 합환선을 만드니 둥글둥글 밝은 달과 같네. 그대의 품과 소매에서 나고 들면서 흔들면 미풍을 일으키네. 늘 두렵기는 가을이 와서 서늘한 바람이 무더위를 쫓는 것이니, 상자 속에 내버려져 사랑이 중도에 끊어지겠지.(新裂齊紈素, 皎潔如霜雪. 裁爲合歡扇, 團團似明月. 出入君懷袖, 動搖微風發. 常恐秋節至, 涼風

奪炎熱. 棄捐篋笥中, 恩情中道絶.)"라고 하였다.
9) 戚戚(척척) - 두려워하고 걱정하는 모습.

912. 觀獵

사냥 구경

太守耀淸威　　乘閑弄晚輝[1]
江沙橫獵騎[2]　山火繞行圍[3]
箭逐雲鴻落　　鷹隨月兎飛
不知白日暮　　歡賞夜方歸[4]

태수는 맑은 위엄을 빛내며
한가함을 틈타 저녁 햇살을 즐기네.
강가 모래톱에는 사냥 말이 가로지르고
산에 놓은 불이 사냥터를 에두르네.
화살은 구름 위 기러기를 쫓아 떨어뜨리고
매는 달 속의 토끼를 따라 날아가네.
어느새 해가 저물었는데
즐겁게 구경하다가 밤이 되서야 돌아오네.

【해제】
'관렵觀獵'은 사냥을 구경하다는 뜻이다. 이 시는 어느 태수太守가 저녁에 사냥하는 장면을 묘사하였다.

【주석】
1) 晩輝(만휘) - 저녁 햇살.
2) 獵騎(엽기) - 사냥할 때 타는 말.
3) 山火(산화) - 산불. 산의 짐승들을 몰기 위해 놓은 불.
   行圍(행위) - 사냥터.
4) 歡賞(환상) - 즐겁게 구경하다.

913. 觀胡人吹笛

호인이 피리 부는 것을 보다

胡人吹玉笛　一半是秦聲[1]
十月吳山曉[2]　梅花落敬亭[3]
愁聞出塞曲[4]　淚滿逐臣纓[5]
卻望長安道　空懷戀主情

호인이 옥 피리를 부는데
절반은 진나라의 곡이네.
시월 오 땅 산의 새벽에
매화가 경정산에 떨어지고,
근심스레 〈출새곡〉을 들으니
쫓겨난 신하의 갓끈에 눈물이 가득하네.
장안으로 가는 길을 돌아보니
천자를 그리는 마음이 공연히 생겨나네.

【해제】
'호인胡人'은 대체로 북방이나 서역의 소수민족을 가리킨다. 이 시는 호인이 부는 피리 소리를 듣고 지은 것이다. 호인이 부는 가락은 대부분 장안에서 듣던 곡조인데 특히 〈매화락(梅花落)〉과 〈출새곡(出塞曲)〉이 조정에서 쫓겨난 이백으로 하여금 서글픈 감정이 생기게 한다고 하였다. 천보 12재(753)에 지었다는 설이 있지만 확실치 않다.

【주석】
1) 秦聲(진성) - 진나라의 가락. 장안은 진 땅에 속한다.
2) 吳山(오산) - 오 땅의 산. 아래 구절의 경정산을 가리킨다.
3) 梅花落(매화락) - 피리곡의 이름.
   敬亭(경정) - 지금의 안휘성 선성시宣城市 남쪽에 있는 산.
4) 出塞曲(출새곡) - 피리곡의 이름.
5) 逐臣(축신) - 쫓겨난 신하. 여기서는 이백을 가리킨다.

914. 軍行

군행

騮馬新跨白玉鞍[1]　戰罷沙場月色寒[2]
城頭鐵鼓聲猶震[3]　匣裏金刀血未乾

붉은 말 백옥 안장에 올라탔는데
전투가 끝나자 사막에는 달빛이 차갑네.
성 위의 쇠북은 소리가 여전히 진동하고
갑 속의 금빛 칼에는 피가 아직 마르지 않았네.

【해제】
시의 제목이 〈행군(行軍)〉으로 된 판본이 있고, 〈종군행(從軍行)〉으로 된 판본도 있다. 이 시는 왕창령王昌齡의 시집에도 〈변새로 나가다(出塞)〉 2수 중 제2수로 수록되어있는데, 다수의 논자가 왕창령의 시가 잘못 편입된 것으로 간주하였다. 이 시는 종군하며 지은 것으로, 전투가 끝났지만 전사들의 혈기가 여전함을 표현하였다.

【주석】
1) 騮馬(유마) - 갈기가 검은 붉은 말.
2) 沙場(사장) - 사막. 흔히 변방의 전쟁터를 가리킨다.
3) 鐵鼓(철고) - 전쟁할 때 치는 북.

915. 從軍行

종군행

百戰沙場碎鐵衣[1]　城南已合數重圍
突營射殺呼延將[2]　獨領殘兵千騎歸[3]

사막에서 수많은 전쟁으로 철갑옷은 부서지고
성 남쪽은 이미 겹겹으로 포위되었네.
적진으로 돌진하여 호연의 장군을 쏘아 죽이고
남은 병사 천 기를 홀로 데리고 돌아오네.

【해제】
이 시는 ≪악부시집(樂府詩集)≫의 상화가사相和歌辭에 실려 있다. 동일한 제목의 악부시는 대개 종군하는 병사들의 고달픔을 노래하였는데, 이백의 이 시는 전쟁에서 용감하게 싸워 승리하고 돌아오는 장군을 칭송하였다.

【주석】
1) 沙場(사장) - 사막. 흔히 변방의 전쟁터를 가리킨다.
 이하 두 구절은 오랜 전투로 군장이 망가지고 성이 겹겹으로 포위된 불리한 상황을 표현하였다.
2) 突營(돌영) - 적의 진영으로 돌진하다.

呼延(호연) - 흉노족의 성씨이다. 흉노족은 호연씨, 복씨卜氏, 란씨蘭氏, 교씨喬氏 등 네 성씨가 있는데, 그 중 호연씨가 가장 귀한 신분이다.
3) 領(령) - 이끌다.

916. 平虜將軍妻

평로장군의 처

平虜將軍婦　　入門二十年[1]
君心自不悅　　妾寵豈能專[2]
出解床前帳[3]　行吟道上篇
古人不唾井[4]　莫忘昔纏綿[5]

평로장군의 처가 되어
시집 온 지 이십년이 되었지만,
낭군의 마음이 절로 기뻐하지 않으니
첩에 대한 총애가 어찌 오롯할 수 있겠는가?
나오면서 침상 앞의 휘장을 풀고
떠나면서 길에서 시를 읊네.
옛 사람들은 우물에 침을 뱉지 않았으니
옛날 얽혔던 정을 잊어서는 안되지.

【해제】

≪옥대신영(玉臺新詠)≫에 '평로장군平虜將軍' 유훈劉勳의 처 왕송王宋이 지은 〈잡시(雜詩)〉 2수가 있다. 그 서문에서 "왕송은 평로장군 유훈의 처이다. 시집 온 지 이십여 년이 되었다. 후에 유훈이 산양 사마씨의 딸을 좋아하고는 왕송을 아들이 없다는 이유로 내쫓자 왕송이 돌아가는 도

중에 시 두 수를 지었다.(王宋者, 平虜將軍劉勳妻也. 入門二十餘年, 後勳悅山陽司馬氏女, 以宋無子出之, 還於道中, 作詩二首.)"라고 하였다. ≪예문유취(藝文類聚)≫ 권29에는 그중 제1수가 조비曹丕의 〈유훈에게 쫓겨난 처 왕씨를 대신하여 지은 시(代劉勳出妻王氏詩)〉라는 제목으로 수록되어있다. 시를 보면 "나풀대는 침상 앞의 휘장은 펼쳐서 빛을 가리는 것이라네. 예전에 너와 함께 떠나왔다가 지금 너와 함께 돌아가는구나. 상자 안에 봉해서 넣어 두니 언제 다시 펼칠 수 있을까?(翩翩床前帳, 張以蔽光輝. 昔將爾同去, 今將爾同歸. 緘藏篋笥裏, 當復何時披)", "누가 쫓겨난 여인이 야박하다고 하는가? 쫓겨난 여인의 정은 더욱 두텁다네. 천리를 떠나가도 우물에 침을 뱉지 않는 법인데 하물며 예전에 섬겼던 사람이랴. 멀리서 바라보며 아직 멀다 여기지 않고는 머뭇거리며 가지 못하네.(誰言去婦薄, 去婦情更重. 千里不唾井, 況乃昔所奉. 遠望未爲遙, 躊躇不得往)"라고 하여 왕송의 심사를 표현하였다. 이백의 이 시는 기존 왕송시 두 수의 본문 및 서문의 내용을 결합하여 지은 것으로 옛 정을 잊지 못하는 왕송의 애틋한 마음을 묘사함으로써 버림받은 그녀에 대한 안타까움을 표현하였다.

【주석】

1) 入門(입문) - 여자가 시집가서 남자 집안의 일원이 되다.
2) 君心(군심) 두 구 - 남편에게 따로 좋아하는 여인이 생겨서 아내에 대한 총애가 변하게 되었다는 뜻이다.
3) 出解(출해) 구 - 시집올 때 가져온 침대의 휘장을 쫓겨날 때 다시 가져간다는 뜻이다.
4) 古人(고인) 구 - 천 리 멀리 떠나게 되어 그 우물물을 다시 마실 일이 없는 상황이라도 매일 마시던 우물물에는 차마 침을 뱉지 못하는데, 하물며 오래도록 받들어 모시면서 산 낭군을 쫓겨났다고 해서 쉽게 잊을 수 없다는 뜻이다.
5) 纏綿(전면) - 사랑을 뜻한다.

917. 春夜洛城聞笛

봄날 밤에 낙양성에서 피리소리를 듣다

誰家玉笛暗飛聲　　散入春風滿洛城
此夜曲中聞折柳[1]　何人不起故園情[2]

누구 집 옥 피리가 어둠 속에 소리를 날리는가?
봄바람에 흩어져 들어가 낙양성에 가득하네.
이 밤 가락 속에서 〈절양류〉가 들리면
누군들 옛 동산 생각이 일지 않으리?

【해제】
'낙성洛城'은 지금의 하남성 낙양이다. 이 시는 봄날 낙양성에서 누군가 부는 피리소리를 듣고 지은 것으로, 〈절양류(折楊柳)〉라는 곡을 듣고 고향 생각이 이는 것을 표현하였다. 개원 23년(735)에 지었다는 설이 있다.

【주석】
1) 折柳(절류) - 피리곡인 〈절양류〉로 주로 이별의 슬픔을 노래하였다. 옛날에는 송별할 때 버들을 꺾어주는 풍습이 있었다.
2) 故園情(고원정) - 고향을 그리워하는 마음.

918. 嵩山採菖蒲者

숭산에서 창포 캐는 이

神人多古貌　　雙耳下垂肩
嵩岳逢漢武¹　　疑是九疑仙²
我來採菖蒲　　服食可延年³
言終忽不見　　滅影入雲煙⁴
喻帝竟莫悟⁵　　終歸茂陵田⁶

신선은 대부분 옛 모습을 하고 있어
양쪽 귀가 어깨까지 내려왔으니,
숭산에서 한나라 무제를 만난 이는
아마도 구의산의 신선이었겠지.
"나는 창포를 캐러 왔으니
이것을 먹으면 오래 살 수 있어서네."
이 말을 하고는 갑자기 보이지 않더니
그 모습이 구름안개 속으로 사라졌네.
무제를 깨우치려 했지만 결국 깨우치지 못하여
결국 무릉의 무덤으로 돌아갔네.

【해제】

'숭산嵩山'은 지금의 하남성에 있는 명산이다. 한 무제가 숭산에 올라 도궁道宮을 짓고는 동봉군董奉君과 동방삭東方朔 등에게 목욕재계하고 신을 생각하게 하였다. 밤에 귀가 정수리에서 나서 어깨까지 내려온 신선이 나타나 "나는 구의산九疑山 사람인데, 숭산의 창포를 캐서 먹으면 장생한다고 하여 캐러왔소."라고 하고는 사라졌다. 한 무제는 신하들에게 "필시 숭산의 신이 짐을 깨우쳐주려는 것이오."라고 말하고는 창포를 먹었지만 삼 년이 지나서 중단하였다. 당시 많은 시종관들도 창포를 먹었지만 오래 버티지 못하고 포기하였는데, 오직 왕흥王興이 꾸준히 먹어서 장생하였다.(≪신선전神仙傳≫ 참조) 이 시는 이러한 한 무제의 고사를 적은 것으로, 그가 신선이 되기를 노력하였지만 결국 장생하지 못하고 죽었음을 말하였다. 개원 말년에 지었다는 설이 있지만 확실치 않다.

【주석】

1) 漢武(한무) - 한나라 무제.
2) 九疑(구의) - 지금의 호남성 영원현寧遠縣 남쪽에 있는 산으로 창오산蒼梧山이라고도 한다.
3) 延年(연년) - 수명을 연장하다.
   이상 두 구절은 구의산의 신선이 한 무제에게 한 말이다.
4) 滅影(멸영) - 사라지다.
5) 喩帝(유제) - 한 무제를 깨우치다. 구의산의 신선이 나타나서 장생의 방법을 알려준 것을 말한다.
6) 茂陵(무릉) - 한 무제가 묻힌 곳. 지금의 섬서성 흥평시興平市에 있다.
   田(전) - 묘전墓田. 묘지를 뜻한다.

919. 金陵聽韓侍御吹笛

금릉에서 한운경 시어가 부는 피리소리를 듣다

韓公吹玉笛　倜儻流英音[1]
風吹繞鐘山[2]　萬壑皆龍吟[3]
王子停鳳管[4]　師襄掩瑤琴[5]
餘韻渡江去　天涯安可尋

한공이 옥피리를 불어
빼어난 소리가 멋들어지게 흘러나오자,
바람이 그것을 불어 종산을 휘감으니
만 골짜기에 모두 용 울음소리라네.
왕자교는 봉황 소리 생을 멈추고
사양자는 옥 장식 금을 가렸네.
남은 소리가 강을 건너가니
하늘 끝 어디에서 찾을 수 있을까?

【해제】

'금릉金陵'은 지금의 강소성 남경시이다. '한韓'씨는 한운경韓雲卿으로 한유韓愈의 숙부이며 '시어侍御'는 여기서 감찰어사監察御史를 뜻한다. 이 시는 한운경이 부는 피리소리를 듣고 쓴 것으로, 그 소리가 빼어난 것을 칭송하였다. 상원 2년(761)에 지은 것으로 보인다.

【주석】

1) 倜儻(척당) - 특이한 모습.
   英音(영음) - 아름다운 소리.
2) 鐘山(종산) - 지금의 강소성 남경시 동쪽에 있는 산.
3) 龍吟(용음) - 훌륭한 피리소리는 용 울음소리를 닮았다고 한다.
4) 王子(왕자) - 옛날의 신선인 왕자교王子喬는 생笙을 불기 좋아했으며 생으로 봉황 울음소리를 냈다.(≪열선전(列仙傳)≫ 참조)
   鳳管(봉관) - 봉황 소리를 내는 관악기로 생笙을 말한다.
5) 師襄(사양) - 춘추시대 위나라의 악관인 사양자師襄子로 공자가 그에게서 금을 배웠다.(≪사기·공자세가(孔子世家)≫ 참조)
   瑤琴(요금) - 옥으로 장식한 금.
   이상 두 구절은 왕자교와 사양자가 한운경이 부는 피리소리를 들으면 모두 자신의 연주를 그만둘 정도로 그 피리소리가 아름답다는 뜻이다.

920. 流夜郎聞酺不預

야랑으로 유배 가다가 황제의 연회 하사 소식을 들었으나 참여하지 못하다

北闕聖人歌太康¹　　南冠君子竄遐荒²
漢酺聞奏鈞天樂³　　願得風吹到夜郎」

북쪽 궁궐의 성인께서 태평성대를 노래하시지만
남쪽 관을 쓴 군자는 먼 황무지로 쫓겨 가네.
한나라의 잔치에서 하늘의 음악을 연주한다고 들었으니
바람이 불어 보내 야랑까지 들려오기를 바라네.

【해제】

'야랑夜郎'은 지금의 귀주시 정안현正安縣 북서쪽으로 이백이 영왕永王의 일로 인해 유배 가던 곳이다. '포酺'는 나라에 경사가 있을 때 신하와 백성들을 모아 술 마시며 잔치하게 하는 것이다. 지덕 2재(757) 12월에 숙종이 대사면령을 내리고 5일간의 잔치를 하사했다. '불예不預'는 그 잔치에 참여하지 못했다는 뜻으로 이백이 사면 받지 못한 것을 말한다. 이 시는 황제가 큰 잔치를 베풀어주고 사면령을 내렸지만 자신은 사면 받지 못한 상황을 읊은 것인데, 실망 속에서도 사면을 기대하는 마음을 표현하였다.

【주석】

1) 北闕(북궐) - 북쪽 장안의 궁궐.
   聖人(성인) - 황제.
   太康(태강) - 태평함.
2) 南冠君子(남관군자) - 남쪽 지방의 관을 쓴 군자로, 춘추시대 초나라의 악관이었던 종의鍾儀를 가리킨다. 그가 진晉나라에 포로가 되었는데 여전히 감옥에서 자기 나라의 관을 쓰고 자기 나라의 음악을 연주했다고 한다.(≪좌전·성공(成公) 6년≫ 참조) 대개 감옥에 갇힌 포로를 의미하는데, 여기서는 영왕의 막부에 합류해서 반역죄로 심양尋陽에 갇혔다가 야랑으로 유배 가는 이백을 가리킨다.
   竄(찬) - 쫓겨나다.
   遐荒(하황) - 멀리 떨어진 황량한 곳. 야랑을 의미한다.
3) 漢酺(한포) - 여기서는 당나라 때의 큰 잔치를 의미한다.
   奏(주) - 연주하다.
   鈞天樂(균천악) - 균천광악鈞天廣樂의 줄임말로, 하늘의 음악이다. 여기서는 조정에서 연주되는 음악을 뜻한다. '균천'은 하늘의 중앙이다.

921. 放後遇恩不霑
추방된 후에 은혜가 내려졌지만 혜택을 못 받다

天作雲與雷[1]　霈然德澤開[2]
東風日本至　白雉越裳來[3]
獨棄長沙國　三年未許回[4]
何時入宣室[5]　更問洛陽才[6]

하늘이 구름과 우레를 만들어
듬뿍 은택이 베풀어졌으니,
동풍이 일본에서 불어오고
흰 꿩이 월상으로부터 왔다네.
홀로 장사에 버려졌다가
삼년동안 돌아가는 것 허락받지 못했는데,
언제나 궁궐에 들게 하여
낙양의 인재에게 다시 물어보실까?

【해제】
'방放'은 야랑夜郞으로 유배 간 것을 말한다. '우은遇恩'은 황제의 은혜를 만났다는 뜻으로 대사면령이 내려진 것을 말한다. '부점不霑'은 젖지 않다는 뜻으로 당시 이백이 사면 받지 못한 것을 말한다. 이 시는 대사면령이 내려졌지만 이백은 해당되지 않아서 실망한 마음을 그린 것으로 앞부분에서는 대사면령이 내려진 것을 묘사하였고, 뒷부분에서는 자신을 가의賈誼에 비유하여 다시 황제를 모시고 싶은 마음을 표현하였다. 이백이 야랑으로 유배 가던 당시 대사면령이 내린 것은 지덕 2재(757) 12월, 건원 원년(758) 2월, 4월, 10월이었다. 이 시는 앞의 시와는 다른 시기에 지어진 것으로 보이며, 따라서 건원 원년에 지은 것으로 추정된다.

【주석】
1) 雲與雷(운여뢰) - 구름과 우레. ≪주역·해괘解卦≫에 따르면, 구름과 비가 일어나는 것이 해解이니, 군자가 보고서 과실을 저지른 자를 사면하고 죄가 있는 자를 너그럽게 처리한다라고 하였는데, 그 뜻을 빌린 것이다. 여기서는 사면령이 내려지는 것을 말한다.
2) 霈然(패연) - 큰 비가 내리는 모습.
   德澤(덕택) - 은덕의 물결.
3) 越裳(월상) - 옛 나라의 이름으로 지금의 베트남 남부이다. 주공이 섭정할 때 천하가 화평해지자 월상이 흰 꿩을 바쳤다고 한다.(≪후한서·남만전(南蠻傳)≫ 참조)
   이상 두 구절은 천하가 화평해져서 먼 나라까지 은택을 입고 복종한다는 뜻이다.
4) 獨棄(독기) 두 구 - 한나라의 가의賈誼는 원래 태중대부太中大夫였는데 권신들의 배척을 받아서 장사왕長沙王 태부太傅로 폄적되고는 삼년이 지나도록 돌아가지 못했다.(≪사기·굴원가생열전(屈原賈生列傳)≫ 참조)
5) 宣室(선실) - 한나라 미앙궁未央宮 안에 있던 궁전 이름. 한나라 효문제孝文帝가 가의를 다시 불러들인 뒤에 이곳에서 귀신의 일을 물었다고 한다.(≪사기·굴원가생열전≫ 참조)
6) 洛陽才(낙양재) - 낙양의 인재로 가의를 말한다.

이상 네 구절은 가의의 일을 통해 이백의 상황을 비유하였는데, 다시 궁궐로 돌아가고자 하는 바람을 표현하였다.

922. 宣城見杜鵑花

선성에서 진달래를 보다

蜀國曾聞子規鳥[1]　宣城還見杜鵑花
一叫一迴腸一斷[2]　三春三月憶三巴[3]

촉나라에서 일찍이 자규새 소리를 들었는데
선성에서 또 진달래꽃을 보네.
한번 울고 한번 돌아갈 때마다 애간장이 한번 끊어지니
삼춘 삼월에 삼파 땅을 그리워하네.

【해제】
'선성宣城'은 지금의 안휘성 선성이고 '두견화杜鵑花'는 진달래로 자규子規(두견새)가 많이 우는 봄에 핀다. 이 시는 진달래꽃을 보고 쓴 것으로, 고향을 그리워하는 마음을 표현하였다. 천보 14재(755)에 지은 것으로 추정된다. 두목杜牧이 지었다는 설이 있지만 두목은 평생 촉에 간 적이 없기 때문에 두목의 시는 아니다.

【주석】
1) 蜀國(촉국) - 촉 땅. 이백이 어릴 때 지내던 곳이다.
   子規鳥(자규조) - 자규새. 두견새라고도 한다. 그 울음소리가 '불여귀거不如歸去(돌아가는 게 낫다)'와 같아서 고향을 그리워하는 마음을 환기한다.
2) 一叫(일규) 구 - 자규새가 '불여귀거'라고 울고 돌아갔는데 사람은 돌아가지 못해 애간장이 끊어질 것 같다는 뜻이다.
3) 三春(삼춘) - 봄. 또는 봄의 세 번째 달인 삼월.
  三巴(삼파) - 파군巴郡, 파동巴東, 파서巴西를 아울러 부르는 것으로 널리 촉 땅을 가리킨다.

923. 白田馬上聞鶯

백전에서 말을 타고 가다 꾀꼬리 소리를 듣다

黃鸝啄紫椹[1]　五月鳴桑枝
我行不記日[2]　誤作陽春時
蠶老客未歸[3]　白田已繰絲[4]
驅馬又前去　捫心空自悲[5]

노란 꾀꼬리가 자줏빛 오디를 쪼며
오월 한여름 뽕나무 가지에서 우는데,
내가 떠돌다가 날짜를 잊고서는
따뜻한 봄날인줄 잘못 알았네.
누에가 늙도록 나그네는 돌아가지 못했는데
백전에서는 이미 고치를 켜고 있어서,
말을 몰아 또 앞으로 가면서
가슴을 쓰다듬으며 괜스레 슬퍼하네.

【해제】
'백전白田'은 지금의 강소성 보응현寶應縣으로 원래의 이름은 안의현安宜縣인데 대종代宗이 연호를 보응으로 바꾸면서 개명하였다. '마상馬上'이라고 하였으니 말을 타고 떠도는 중이었음을 알 수 있다. 이 시는 백전을 지나다가 꾀꼬리 우는 소리를 듣고 든 생각을 쓴 것으로, 고향으로 돌아가지 못하고 떠도는 신세를 한탄하였다.

【주석】

1) 黃鸝(황려) - 꾀꼬리.
   椹(심) - 뽕나무 열매인 오디.
2) 不記日(불기일) - 날짜를 적지 않다.
   이하 두 구절은 이백이 떠돌아다니다보니 이미 여름이 된 줄도 모르고 있다가 꾀꼬리소리를 듣고서 봄인 줄 착각했다는 뜻이다.
3) 蠶老(잠로) - 누에가 늙다. 실을 뽑을 때가 되었다는 뜻이다.
   客(객) - 이백 자신을 가리킨다.
4) 繰絲(조사) - 누에고치의 실을 뽑다.
5) 捫心(문심) - 가슴을 쓰다듬다.

924. 三五七言

석 자 다섯 자 일곱 자의 시

秋風淸　　　　　秋月明
落葉聚還散　　　寒鴉棲復驚[1]
相思相見知何日　此時此夜難爲情[2]

가을바람은 맑고
가을 달은 밝네.
낙엽은 모였다 또 흩어지고
차가운 까마귀는 깃들였다 다시 놀라네.
그리워하는데 서로 만날 날 언제인지 아는가?
지금 이 밤 마음 달래기 어렵구나.

【해제】
이 시는 헤어진 이를 가을 달밤에 그리워하는 마음을 표현하였다. 규원시閨怨詩, 즉 떠나간 임을 그리워하는 규방 여인의 시로 볼 수도 있다. 이 시는 석 자 두 구절, 다섯 자 두 구절, 일곱 자 두 구절로 각각 대장對仗을 이루었는데 이러한 형식에 관해 양제현楊齊賢은 "옛날에는 이런 시체가 없었으며, 이백에게서 비롯되었다.(古無此體, 自太白始.)"고 하였다.

【주석】
1) 寒鴉(한아) - 추운 날의 까마귀. ≪본초강목(本草綱目)≫에서 "자오慈烏를 북방 사람들은 한아寒鴉라고 하는데 겨울에 특히 많기 때문이다."라고 하였다.
2) 難爲情(난위정) - 감정을 추스르기 어렵다는 뜻이다.

925. 雜詩

잡시

白日與明月　　晝夜尚不閑
況爾悠悠人¹　　安得久世間²
傳聞海水上　　乃有蓬萊山³
玉樹生綠葉　　靈仙每登攀
一食駐玄髮⁴　　再食留紅顏⁵
吾欲從此去　　去之無時還⁶

밝은 해와 밝은 달도
밤낮으로 한가하지 않은데,
하물며 너희 속세의 사람들이
어찌 오래도록 인간 세상에 머물 수 있겠는가?
전해 듣건대 바다 위에
봉래산이 있어서,
옥 나무에 푸른 잎이 자라는데
신령스런 신선이 매번 더위잡고 올라서,
한 번 그 열매를 먹으면 검은 머리가 머물고
두 번 먹으면 붉은 얼굴이 남는다네.
나는 이제 떠나고자 하니

떠나서는 다시 돌아오지 않으리.

【해제】
이 시는 봉래산蓬萊山의 옥 나무에 대해서 썼다. 그 열매를 먹으면 불로장생할 수 있으니 그곳을 찾아 떠나겠다는 바람을 표현하였다.

【주석】
1) 爾(이) - 너희.
   悠悠人(유유인) - 세속의 사람. 일반적인 사람.
2) 世間(세간) - 인간 세상.
   이상 네 구절은 해와 달도 쉼 없이 운행하느라 한가하게 머물 겨를이 없으니, 인생살이의 추이推移야 말할 나위가 없다는 뜻이다.
3) 蓬萊山(봉래산) - 봉래산은 발해渤海 동쪽에 있는데, 그 산의 높이와 둘레가 삼만 리이고 그 정상의 평평한 곳은 구천 리이다. 그 위에 주간珠玕의 나무가 무더기로 자라는데 꽃과 열매가 모두 맛이 있으며 그것을 먹으면 불로장생한다.(≪열자·탕문(湯問)≫ 참조)
4) 駐玄髮(주현발) - 검은 머리를 유지하다.
5) 紅顔(홍안) - 붉은 얼굴. 젊음을 뜻한다.
   이상 두 구절은 옥 나무의 열매를 먹었을 때의 효능을 말하였다.
6) 無時還(무시환) - 돌아올 때가 없다.

16
규정 閨情

926. 寄遠十二首 其一

멀리 부치다 12수 제1수

三鳥別王母[1]　銜書來見過
腸斷若剪絃[2]　其如愁思何
遙知玉窗裏　纖手弄雲和[3]
奏曲有深意　青松交女蘿[4]
寫水落井中[5]　同泉豈殊波[6]
秦心與楚恨[7]　皎皎爲誰多[8]

세 청소가 서왕모를 떠나
편지를 물고 내게 들렀으니,
현이 잘리듯 애간장이 끊어져
근심과 그리움을 어찌하리오.
멀리서도 알겠으니, 옥 창 안에서
가느다란 손으로 운화를 타는데,
연주하는 곡에 깊은 뜻이 있으니
푸른 소나무에 여라가 얽힌 듯하네.
우물 속으로 물이 쏟아져 떨어지는데
같은 샘물이니 어찌 물결이 다르겠는가?
진 땅의 마음과 초 땅의 원망이

분명할 터이니 누구를 위한 것이 더 많은가?

【해제】

이 연작시는 임을 그리워하며 부친 것인데, 지은 시기가 동일하지 않으며 대상자도 동일하지 않지만 시의 제목이 같아서 편집자가 모아 놓은 것으로 보인다. 이백이 개원 19년(731) 전후에 낙양과 남양 등지에 객거할 때 안륙安陸에 사는 허씨許氏 부인에게 부치거나 허씨의 마음을 대변하여 쓴 시로 보는 설이 있으나, 시 속에 이를 뒷받침할만한 뚜렷한 근거는 없다.
제1수는 멀리 있는 여인으로부터 편지를 받고는 여인이 악기를 연주하는 장면을 상상하면서 서로 그리워하는 마음을 표현하였다.

【주석】

1) 三鳥(삼조) - 세 청조青鳥. 서왕모西王母의 편지를 전달해준다. 여기서는 여인의 편지를 전달해준 사람을 가리킨다.
2) 剪絃(전현) - 금의 팽팽한 현이 잘리다. 애간장이 끊어지는 아픔을 비유한다.
3) 纖手(섬수) - 여자의 부드럽고 가는 손.
  雲和(운화) - 산의 이름으로 예로부터 이곳에서 나는 나무로 금이나 슬을 만들었다. 이로부터 금, 슬, 비파와 같은 현악기를 가리키게 되었다.
4) 靑松(청송) 구 - '여라女蘿'는 소나무에 붙어사는 기생식물로, 예로부터 여라와 소나무로 남녀 간의 정을 표현하였다. 여기서는 여인이 연주하는 음악 소리에 담긴 뜻을 표현하였다.
5) 寫(사) - '사瀉'와 통해서 물이 쏟아 들어오는 것을 뜻한다.
  落(락) - 왕기본王琦本에는 '산山'으로 되어있다.
6) 同泉(동천) 구 - 물이 우물로 들어와서 같이 섞이면 다른 물결을 만

들 수 없다는 뜻으로, 두 마음이 만나 일체가 되었음을 의미한다.
7) 秦心(진심) - 진 땅의 마음. '진'은 주로 장안 지역을 가리킨다.
　　楚恨(초한) - 초 땅의 원망. '초'는 지금의 호북성 일대를 가리킨다.
8) 皎皎(교교) - 분명한 모습.
　　爲誰多(위수다) - 누구를 위한 것이 더 많은가? 쌍방의 그리움과 원망이 같다는 뜻이다.

927. 寄遠十二首 其二

멀리 부치다 12수 제2수

靑樓何所在[1]　乃在碧雲中[2]
寶鏡挂秋水[3]　羅衣輕春風
新妝坐落日　悵望金屛空[4]
念此送短書　願因雙飛鴻[5]

청루는 어디에 있는가?
푸른 구름 가운데 있네.
보석 거울은 가을 물을 걸어놓은 듯하고
비단 옷은 봄바람에 살랑거리는데,
새로 단장하고 석양에 앉아서
빈 금빛 병풍을 서글피 바라보겠지.
이를 생각하여 짧은 편지를 보내니
쌍으로 나는 기러기에 부치고자 하네.

【해제】

제2수는 멀리 떨어져 있는 여인이 봄날 저녁에 단장하고 빈방을 쓸쓸히 지키고 있을 것을 생각하면서 편지를 부친다는 내용이다.

【주석】

1) 靑樓(청루) - 화려한 집. 신분이 높은 사람의 집.
2) 碧雲中(벽운중) - 푸른 구름 가운데. 아주 멀리 있음을 표현한다.
3) 寶鏡(보경) - 화려한 거울. 여기서는 여인이 사용하는 거울이다.
   秋水(추수) - 가을 물. 거울이 맑은 것을 비유한다.
   이 구절은 가을 물처럼 맑은 거울이 걸려있다는 뜻이다.
4) 金屛空(금병공) - 금빛 병풍이 비어있다. 여인이 홀로 방에 있다는 뜻이다.
5) 雙飛鴻(쌍비홍) - 쌍으로 나는 기러기. 기러기는 편지를 전해주는 매개물이다.
   이상 두 구절은 강엄江淹이 지은 〈잡체시(雜體詩)〉의 "소매 속에 짧은 편지가 있는데 쌍으로 나는 제비에 부치고자 하네.(袖中有短書, 願寄雙飛燕.)"라는 구절의 표현을 빌린 것이다.

928. 寄遠十二首 其三

멀리 부치다 12수 제3수

本作一行書[1]　　殷勤道相憶[2]
一行復一行　　滿紙情何極
瑤臺有黃鶴[3]　　爲報靑樓人[4]
朱顔凋落盡[5]　　白髮一何新[6]
自知未應還　　離居經三春
桃李今若爲[7]　　當窗發光彩
莫使香風飄　　留與紅芳待

본래는 한 줄 편지를 써서
그립다고 간곡히 말하려 했는데,
한 줄 또 한 줄
종이에 가득 써도 정을 어찌 다하리오.
요대에 누런 학이 있으니
청루의 사람에게 나 대신 알려주기를,
나의 붉은 얼굴은 다 시들었고
흰 머리칼은 어찌 그리도 새로 났는가?
돌아 가야할 때가 안되었음을 스스로 알고 있지만

집을 떠나고 세 번의 봄이 지났네.
복숭아꽃과 자두꽃이 지금 어떠한가?
창문 앞에서 광채를 발하고 있을 터인데,
향기로운 바람이 날려 보내지 않게 하여
붉은 꽃을 그대로 간직하고 기다리시게.

【해제】
제3수 역시 여인을 그리워하며 지은 것이다. 앞부분에서는 그리움이 애절하여 편지가 길어진다고 하였고, 중간부분에서는 그리움으로 노쇠해졌음을 말하였으며, 마지막부분에서는 젊음을 유지한 채 돌아오기를 기다려달라는 당부의 말을 전하였다.

【주석】
1) 一行書(일항서) - 한 줄짜리 짧은 편지.
2) 殷勤(은근) - 절실한 모습.
   道(도) - 말하다.
3) 瑤臺(요대) - 신선이 산다는 누대.
   黃鶴(황학) - 소식을 전해주는 매개체이다. 강엄江淹의 〈고향을 떠나며(去故鄕賦)〉에서 "황학으로 하여금 가인에게 알리고자 하네.(願使黃鶴兮報佳人)"라고 하였다.
4) 靑樓人(청루인) - 청루에 사는 사람으로 그리워하는 여인을 가리킨다. '청루'는 화려한 집을 가리킨다.
5) 朱顔(주안) - 젊은 얼굴.
6) 一何(일하) - 어찌 그리도.
7) 若爲(약위) - 어떠한가?
   이하 네 구절은 복숭아꽃과 자두꽃으로 여인의 젊음을 비유하여 그 젊음을 계속 유지하면서 자신을 기다려주기를 바라는 마음을 표현하였다.

929. 寄遠十二首 其四

멀리 부치다 12수 제4수

玉筯落春鏡[1]　　坐愁湖陽水[2]
聞與陰麗華[3]　　風煙接鄰里[4]
青春已復過　　　白日忽相催
但恐荷花晚　　　令人意已摧[5]
相思不惜夢　　　日夜向陽臺[6]

옥 같은 눈물 줄기가 봄 거울에 떨어지는 것은
호양의 물을 근심해서이니,
듣건대 음여화와는
바람과 안개 맞닿은 이웃 마을이라네.
푸른 봄은 이미 또 지나갔고
흰 태양은 홀연 재촉하니,
다만 두려운 것은 연꽃이 시들어
사람으로 하여금 마음 꺾여 버리게 하는 것이라네.
그리움은 꿈도 아끼지 않고
밤낮으로 양대를 향하네.

【해제】
제4수는 홀로 남은 여인이 세월이 지나감에 따라 노쇠해지는 것을 안타까워하면서 꿈에서라도 임을 만나고자하는 마음을 표현하였다.

【주석】
1) 玉筯(옥저) - 옥 젓가락 같은 눈물 줄기.
   春鏡(춘경) - 거울의 일종. 봄날의 물을 비유한 것으로 볼 수도 있다.
2) 湖陽(호양) - 지금의 하남성 호양현.
3) 陰麗華(음여화) - 한나라 광무제光武帝의 황후로 남양南陽 신야新野사람이다. 광무제가 신야에 들렀다가 음여화가 아름답다는 말을 듣고 기뻐하면서 아내를 얻으려면 마땅히 음여화여야 한다고 하였다. 후에 마침에 그녀를 황후로 맞이하였다.(≪후한서·황후기·광렬음황후(光烈陰皇后)≫ 참조)
4) 鄰里(인리) - 이웃 마을. 음여화의 고향인 신야와 호양의 거리는 백 리도 못된다.
   이상 네 구절은 호양으로 간 남자를 그리워하는 여인의 마음을 표현한 것으로, 음여화와 같은 미인이 호양 가까이에 있기 때문에 더욱 근심한다는 뜻이다.
5) 靑春(청춘) 네 구 - 세월이 지나가면서 여인이 미모를 잃어버리는 것을 한탄하였다.
6) 陽臺(양대) - 송옥宋玉의 〈고당부(高唐賦)〉에 나오는 무산巫山 신녀가 머무는 곳이다. 여기서는 이를 빌어 신녀가 초왕을 만났듯이 여인이 임과 만나고 싶은 마음을 표현하였다.

930. 寄遠十二首 其五

멀리 부치다 12수 제5수

遠憶巫山陽[1]　　花明淥江暖[2]
躊躇未得往[3]　　淚向南雲滿[4]
春風復無情　　　吹我夢魂斷[5]
不見眼中人[6]　　天長音信短[7]

멀리서 그리워하나니, 무산의 남쪽은
꽃이 환하고 맑은 강이 따뜻하겠지.
머뭇거리며 아직 가지 못하여
남쪽 구름을 바라보며 눈물만 가득하네.
봄바람은 또 무정하게도
내 꿈 속 혼을 불어 없애니,
마음 속의 사람은 보이지 않고
하늘은 넓은데 소식은 짧구나.

【해제】
제5수는 〈대제(大堤曲)〉와 하반부 다섯 구절이 거의 같아서, 아마도 같은 시의 이본異本으로 보인다. 이 시는 임을 그리워하지만 가지도 못하고 꿈도 꾸지 못하며 소식도 없는 상황을 한탄하였다.

【주석】

1) 巫山陽(무산양) - 무산의 남쪽. '무산'은 송옥宋玉의 〈고당부(高唐賦)〉에 나오는 신녀가 머무는 곳이다.
2) 淥(록) - 물이 맑다.
3) 躊躇(주저) - 머뭇거리는 모습.
4) 南雲(남운) - 남쪽에 있는 구름. 또는 남쪽으로 가는 구름. 아마도 임이 남쪽에 있었을 것이다.
5) 夢魂(몽혼) - 꿈속의 영혼.
   斷(단) - 〈대제(大堤曲)〉에는 '산散'으로 되어있다.
   이상 두 구절은 옛 악부시인 〈자야의 오 땅 노래(子夜吳歌)〉의 "봄바람은 또 정이 많아서 내게 불어와 비단 옷을 풀어헤치네.(春風復多情, 吹我羅裳開.)"를 반용反用하였다.
6) 眼中人(안중인) - 눈 속의 사람. 자신이 마음에 두고 있는 사람.
7) 音信短(음신단) - 소식이 적은 것을 말한다. 〈대제(大堤曲)〉에는 '음신단音信斷'으로 되어있다.

931. 寄遠十二首 其六

멀리 부치다 12수 제6수

陽臺隔楚水¹　春草生黄河²
相思無日夜　浩蕩若流波³
流波向海去　欲見終無因⁴
遙將一點淚⁵　遠寄如花人⁶

양대는 초 땅의 물 너머에 있고
봄풀은 황하에서 나네.
그리움은 밤낮 없어
아득하기가 흘러가는 물결 같구나.
흐르는 물결이 바다를 향해 가
보고자 해도 끝내 볼 길이 없으니,
멀리서나마 한 점 눈물을
멀리 꽃 같은 그대에게 부치네.

【해제】
제6수는 멀리서 임을 그리워하는 마음을 표현하였다.

【주석】

1) 陽臺(양대) - 송옥宋玉의 〈고당부(高唐賦)〉에 나오는 무산巫山 신녀가 머무는 곳으로 여기서는 그리워하는 여인이 있는 곳을 가리킨다.
   楚水(초수) - 초 땅의 물.
2) 春草(춘초) - 봄풀. 대체로 그리움을 상징한다.
   이 구절은 남자가 황하 가에 있음을 말해준다.
   이상 두 구절이 "흐린 구름은 초 땅의 물 너머에 있고 구르던 쑥은 위수에 떨어졌네.(陰雲隔楚水, 轉蓬落渭河)"라고 된 판본도 있다. 여인은 초 땅의 물 건너편에 있고 남자는 이리저리 떠돌다가 위수 가에 있게 되었다는 뜻이다.
3) 浩蕩(호탕) - 멀고 아득한 모습.
4) 無因(무인) - 방법이 없다.
   이 구절이 "분명코 주강 가를 감돌겠지(定繞珠江濱)"로 된 판본도 있는데 '주강珠江'에 대해서는 자세히 고찰할 수 없다.
5) 將(장) - ~을.
6) 如花人(여화인) - 꽃 같은 사람. 그리워하는 여인을 가리킨다.

932. 寄遠十二首 其七

멀리 부치다 12수 제7수

妾在舂陵東[1]　君居漢江島[2]
百里望花光　往來成白道[3]
一爲雲雨別[4]　此地生秋草
秋草秋蛾飛　相思愁落暉
何由一相見　滅燭解羅衣

첩은 용릉의 동쪽에 있고
그대는 한강의 섬에 살아서,
백리길 꽃빛을 바라보면서
오고가노라니 하얀 길이 되었어요.
한번 구름과 비처럼 이별한 뒤로
이곳에는 가을 풀이 돋아났어요.
가을 풀 속에 가을 나방이 날아다니고
그리워하며 지는 해를 근심하니,
어찌하면 한번 만나서
촛불을 끄고 비단 옷을 벗을 수 있을까요?

【해제】

제7수는 여인이 떠나간 임을 그리워하는 마음을 읊었다.

【주석】

1) 春陵(용릉) - 지금의 호북성 조양현棗陽縣 남쪽에 있다. 이백의 부인 허씨許氏가 용릉의 동쪽인 안륙安陸에 살았다.
2) 漢江(한강) - 한수漢水.
3) 白道(백도) - 큰 길. 사람이 많이 오고가서 풀이 자라지 않아 하얗게 보이는 길을 가리킨다.
    이상 두 구절은 꽃을 보면서 자주 왕래하다보니 그 길이 반들반들해졌다는 뜻이다. "매일 같이 궁궁이를 캐면서 산에 오르노라니 하얀 길이 되었어요.(日日採蘼蕪, 上山成白道.)"로 된 판본도 있다.
4) 雲雨別(운우별) - 구름과 비가 날려 흩어지듯이 헤어지는 것으로 영원한 이별을 뜻한다.

933. 寄遠十二首 其八

멀리 부치다 12수 제8수

憶昨東園桃李紅碧枝　　與君此時初別離
金甁落井無消息[1]　　　令人行嘆復坐思[2]
坐思行嘆成楚越[3]　　　春風玉顔畏銷歇[4]
碧窓紛紛下落花　　　　靑樓寂寂空明月
兩不見　　　　　　　　但相思
空留錦字表心素[5]　　　至今緘愁不忍窺[6]

예전 동쪽 동산 복숭아와 자두 꽃이 푸른 가지 속에 붉을 때
그대와 이때 처음 이별했던 것이 기억나는데,
금병이 우물에 떨어진 듯 떠난 뒤 아무 소식이 없으니
갈 때는 탄식하고 또 앉을 때는 그리워하게 만드네.
초 땅과 월 땅처럼 멀어져서 앉아 그리워하고 가며 탄식하니
봄바람 속의 옥 같은 얼굴이 시들까 두려운데,
푸른 창가에는 분분히 꽃잎이 떨어지고
푸른 누대에는 쓸쓸히 밝은 달빛이 공허하네.
두 사람이 만나지 못하고
다만 그리워하기만 하네.
공연히 수 놓은 글자 남겨 마음을 적었다가

지금까지 근심을 봉함한 채 차마 들여다보지 못하네.

【해제】
제8수는 임과 헤어진 뒤 그리워하는 여인의 마음을 표현하였는데, 임으로부터 소식은 없고 세월이 흘러가 자신은 노쇠해져 가는 것을 탄식하면서 임을 보고 싶어 하는 마음을 표현하였다.

【주석】
1) 金瓶落井(금병락정) - 금병이 우물에 떨어지다. 남조南朝 제齊나라 보월寶月의 〈고객악估客樂〉에서 "병을 우물에 떨어뜨리지 마라, 한 번 떠나면 소식이 없다.(莫作瓶落井, 一去無消息.)"라고 하였다.
2) 行嘆坐思(행탄좌사) - 걸어가면서 탄식하고 앉아서 그리워하다. 항상 탄식하고 그리워한다는 뜻이다.
3) 楚越(초월) - 초 땅과 월 땅처럼 멀리 떨어져 있는 상황을 말한다. ≪장자·덕충부德充符≫에서 "다르다는 점에서 본다면 간과 쓸개도 초나라와 월나라의 거리이다.(自其異者視之, 肝膽楚越也.)"라고 하였다.
4) 銷歇(소헐) - 시들다. 노쇠해지다.
5) 錦字(금자) - 비단에 글자를 수놓은 편지. 진주자사秦州刺史 두도竇滔가 서역변방으로 떠난 뒤 그의 처인 소혜蘇蕙가 그를 그리워하며 비단에 회문선도시廻文旋圖詩, 처음과 끝이 있는 시가 아니라 빙빙 돌려가며 어디서 시작해서 읽어도 뜻이 통하는 시이다)를 수놓아 두도에게 부쳤는데, 그 내용이 매우 애처로웠다.(≪진서·열녀전烈女傳≫ 참조)
表心素(표심소) - 마음을 표시하다.
6) 緘愁(함수) - 근심을 봉함하다. 그리워하는 근심을 적은 편지를 봉함했다는 뜻이다.

934. 寄遠十二首 其九

멀리 부치다 12수 제9수

長短春草綠　緣階如有情[1]
卷葹心獨苦[2]　抽卻死還生
覩物知妾意[3]　希君種後庭
閑時當採掇[4]　念此莫相輕

길고 짧은 봄풀이 푸른데
섬돌을 따라 돋아나니 마치 정이 있는 듯.
도꼬마리는 고갱이가 유독 지독해서
뽑아버려도 죽었다가 또 살아나네.
그것을 보고서 첩의 뜻을 아실 터
그대 뒤뜰에 심기를 바라니,
한가로울 때 반드시 캐보시고는
이를 생각하면서 첩의 마음을 가볍게 여기지 마세요.

【해제】
제9수는 떠나간 임을 그리워하는 여인의 마음을 쓴 것으로, 고갱이를 뽑아도 죽지 않는 도꼬마리를 뒤뜰에 심어놓고 보면서 자신의 마음을 부디 알아달라는 뜻을 표현하였다.

【주석】
1) 緣階(연계) - 섬돌을 따르다.
   有情(유정) - 정감이 있다.
2) 卷葹(권이) - 도꼬마리. 숙망宿莽라고도 한다. 고갱이를 뽑아도 죽지 않는다고 한다. 여기서는 임을 향한 여인의 마음이 늘 변함없다는 것을 비유한다.
   心(심) - 고갱이.
3) 覩物(도물) - 사물을 보다. 여기서는 도꼬마리를 보고 자신의 마음을 알아달라는 뜻이다.
4) 採掇(채철) - 따다.
   이하 두 구절은 도꼬마리가 고갱이를 뽑아도 다시 살아나는 것을 남자가 보면서 여인의 마음이 늘 한결같다는 것을 알아달라는 뜻이다.

935. 寄遠十二首 其十

멀리 부치다 12수 제10수

魯縞如玉霜[1]　　筆題月支書[2]
寄書白鸚鵡[3]　　西海慰離居[4]
行數雖不多　　　字字有委曲[5]
天末如見之[6]　　開緘淚相續[7]
淚盡恨轉深[8]　　千里同此心
相思千萬里　　　一書値千金[9]

노 땅의 비단은 옥 서리와 같은데
붓으로 월지로 보내는 편지를 쓰고는,
하얀 앵무새에게 편지를 부쳐서
서쪽 바다에 헤어져 사는 이를 위로하네.
분량은 비록 많지 않지만
글자마다 곡진함이 담겨 있으니,
하늘 끝에서 만일 보신다면
봉함을 열고서 눈물이 줄줄 흐르겠지.
눈물이 다하면 한은 더욱 깊어져
천 리 떨어진 이 마음과 같겠지.
천만리 떨어져서 그리워하니

편지 한통이 천금이라네.

【해제】

제10수는 여인이 변방에 가 있는 임에게 편지를 써 보내면서 편지를 받아본 임의 모습과 마음을 상상하며 쓴 것이다.

【주석】

1) 魯縞(노호) - 노 땅의 비단.
   玉霜(옥상) - 옥 같은 서리. 흔히 가을 서리를 뜻하는데, 여기서는 비단이 하얀 것을 비유한다.
2) 月支(월지) - 한나라 때 서역의 나라 이름으로 '월지月氏'라고도 하며 지금의 감숙성 서부에 있었다. 여기서는 임이 가 있는 변방을 의미한다.
   혹자는 이 구절을 "월지의 글자로 편지를 쓰다"고 해석하여 이백이 원래 서역 사람이라서 월지의 문자를 쓸 수 있었다고 주장하기도 한다.
3) 鸚鵡(앵무) - 서역이 원산지이기에 서역으로 편지를 전해줄 수 있다고 여긴 것이다.
4) 西海(서해) - 서쪽 변방을 가리킨다. 군郡의 이름으로 보기도 한다.
   離居(이거) - 헤어져 살다. 여기서는 임을 가리킨다.
5) 委曲(위곡) - 곡진한 마음.
6) 天末(천말) - 하늘 끝. 임이 있는 변방을 가리킨다.
7) 開緘(개함) - 편지의 봉함을 열다.
8) 轉(전) - 더욱.
   이하 두 구절은 "천 리 떨어져도 눈에 보이는 것 같고 만 리 떨어져도 마음속에 있는 듯하네.(千里若在眼, 萬里若在心.)"라고 된 판본도 있다.
9) 値(치) - 해당하다. 가치가 있다.

936. 寄遠十二首 其十一

멀리 부치다 12수 제11수

美人在時花滿堂[1]　　美人去後餘空牀
牀中繡被卷不寢[2]　　至今三載聞餘香[3]
香亦竟不滅　　　　　人亦竟不來
相思黃葉落[4]　　　　白露濕靑苔[5]

아름다운 그이가 있을 때는 꽃이 방에 가득했는데
아름다운 그이가 떠난 후에는 빈 침상만 남았네.
침상의 수놓은 이불은 개어놓은 채 잠자지 않고
지금까지 삼년동안 남은 향기만 맡았네.
향기도 끝내 사라지지 않고
사람도 끝내 오지 않으니,
그리움에 누런 잎이 떨어지고
흰 이슬이 푸른 이끼를 적시네.

【해제】
제11수의 제목이 〈멀리 있는 이에게 주다(贈遠)〉로 되어있는 판본도 있다. 또는 〈오랜 그리움(長相思)〉 두 수와 함께 엮어 제3수로 되어있는 판본도 있다. 이 시는 남자가 떠난 후 빈 방을 지키고 있는 여인의 안타까움을 그렸다.

【주석】
1) 美人(미인) - 여인의 정인을 가리킨다.
2) 卷不寢(권불침) - 이불을 개어놓고 쓰지 않는 것을 말한다. '갱불권 更不卷'으로 된 판본도 있다.
3) 聞(문) - 향기를 맡다.
4) 落(락) - '진盡'으로 된 판본도 있다.
5) 相思(상사) 두 구 - 여인이 남자를 그리워하는 중에 한 해가 저물어 가는 것을 표현하였다.

937. 寄遠十二首 其十二

멀리 부치다 12수 제12수

愛君芙蓉嬋娟之豔色[1]　若可飡兮難再得[2]
憐君冰玉淸迥之明心[3]　情不極兮意已深[4]
朝共琅玕之綺食[5]　　　夜同鴛鴦之錦衾
恩情婉孌忽爲別[6]　　　使人莫錯亂愁心[7]
亂愁心　　　　　　　　涕如雪
寒燈厭夢魂欲絶[8]　　　覺來相思生白髮
盈盈漢水若可越[9]　　　可惜凌波步羅韈[10]
美人美人兮歸去來　　　莫作朝雲暮雨兮飛陽臺[11]

그대의 연꽃 같은 아름다운 모습을 사랑하니
마치 먹을 수 있을 듯하여 다시 얻기 어려운 것이라네.
그대 얼음과 옥 같이 맑고 빛나는 밝은 마음을 예뻐하니
정은 끝이 없고 뜻은 아주 깊네.
아침에 낭간 같은 좋은 음식을 함께 하고
밤에 원앙 수놓은 비단 이불을 함께 했는데,
은혜로운 정이 얽혀 있다가 홀연 헤어지니
쓸쓸해져 근심스러운 마음을 어지럽게 하네.

근심스러운 마음이 어지러워
눈물이 눈 같이 떨어지네.
차가운 등불 속에서 나쁜 꿈을 꾸어 정신을 잃을 듯하고
깨어나니 그리움에 흰 머리칼이 생기네.
맑은 한수를 건널 수만 있다면
파도를 넘어 비단 버선으로 걷는 것을 어찌 아까워하리?
사랑하는 그대여 사랑하는 그대여 돌아오시게
아침 구름 저녁 비가 되어 양대를 떠돌지 마시게.

【해제】
제12수는 떠나버린 아름다운 여인이 돌아오기를 기다리는 남자의 마음을 표현한 것으로, 앞부분에서는 다정하게 함께 지내다 헤어진 사실을 말하였고 뒷부분에서는 헤어진 뒤 그리워하면서 다시 돌아오기를 바라는 마음을 표현하였다.

【주석】
1) 嬋娟(선연) - 아름다운 모습.
2) 若可湌(약가손) - 먹을 수 있을 듯하다. 육기陸機의 시 〈해가 남동쪽에서 떠오르다(日出東南隅行)〉에서 "고운 피부 얼마나 아름다운가, 빼어난 빛이라 먹을 수도 있겠네.(鮮膚一何盛, 秀色若可湌.)"라고 하였다. 難再得(난재득) - 다시 얻기 어렵다. 아주 귀하다는 뜻이다.
3) 淸泂(청형) - 맑고 빛나다.
4) 不極(불극) - 끝이 없다.
5) 琅玕(낭간) - 봉황이 먹는 열매. 아주 귀한 음식을 상징한다.
   綺食(기식) - 좋은 음식.
6) 婉戀(완련) - 정이 얽힌 모습.

7) 莫錯(막착) - '錯莫'의 잘못인 듯하다. 적막하고 쓸쓸한 모습. 또는 어지러운 모습.
8) 厭夢(염몽·엽몽) - 악몽.
9) 盈盈(영영) - 맑은 모습.
   越(월) - 넘다. 건너다.
10) 凌波步羅襪(능파보나말) - 조식曹植의 〈낙신부洛神賦〉에서 "파도를 넘으며 사뿐히 걸으니, 비단 버선에 먼지가 이네(陵波微步, 羅襪生塵)"라고 하여 미인의 걸음걸이를 묘사하였다.
    이 구절은 파도를 넘다가 비단 버선이 젖는 것을 아까워하지 않는다는 뜻이다.
    이상 두 구절은 한수 너머에 있는 여인이 돌아오기를 바라는 마음을 표현하였다.
11) 朝雲暮雨(조운모우) - 옛날 초나라 양왕襄王이 송옥宋玉과 함께 운몽雲夢의 누대에서 노닐다가 고당高唐의 누대를 바라보니 그 위로 구름기운이 있었다. 양왕이 그것을 보고 송옥에게 "저게 무슨 기운인가?"라고 물으니, "옛날 선왕께서 일찍이 고당에서 노닐 때, 곤해서 낮잠을 주무시는데 꿈에 한 부인이 나타나더니 '저는 무산의 신녀로 고당에 머물고 있는데 임금께서 고당에 놀러 오셨단 말을 듣고는, 잠자리를 시중들까 합니다.'고 하였습니다. 그래서 왕은 그녀를 사랑하셨으며 그녀가 떠날 때 말하기를 '저는 무산 남쪽 고구의 험한 곳에 사는데, 아침에는 구름이 되고 저녁에는 비가 되어 아침저녁마다 양대陽臺 아래에 있겠습니다.'고 하였는데, 아침에 바라보니 과연 여자의 말과 같았습니다."라고 하였다.(〈고당부高唐賦〉 참조)

938. 長信宮

장신궁

月皎昭陽殿[1]　霜淸長信宮
天行乘玉輦[2]　飛燕與君同
更有歡娛處[3]　承恩樂未窮
誰憐團扇妾[4]　獨坐怨秋風

달이 밝은 소양전
서리 맑은 장신궁.
천자가 다니며 옥 수레를 탈 때
조비연이 임금과 함께 하고,
게다가 즐기는 곳이 있으니
천자의 은혜를 받아 즐거움이 끝이 없네.
누가 가여워하랴? 둥근 부채 든 첩이
홀로 앉아서 가을바람 원망하는 것을.

【해제】

이 시는 ≪악부시집(樂府詩集)≫의 상화가사相和歌辭에 〈장신궁의 원망(長信怨)〉이란 제목으로 실려 있다. '장신궁長信宮'은 한나라 성제成帝의 어머니인 태후太后가 거처했던 궁전으로 장추궁長秋宮이라고도 한다. 조비연

趙飛燕 자매가 황제의 총애를 받게 되자 총애를 잃은 반첩여班捷予가 장신궁에서 태후를 공양하기를 청하니 성제가 이를 허락하였다. 이 시는 황제의 은총을 잃은 반첩여의 고사를 읊은 궁원시宮怨詩이다. 작시 시기 및 작시 동기와 관련하여, 현종의 총애를 잃은 이백 자신의 신세를 표현한 것으로 천보 2년(743)에 지었다는 설이 있지만 확실치 않다.

【주석】
1) 皎(교) - 밝다.
   昭陽殿(소양전) - 원래는 조비연의 동생인 합덕合德이 거처했던 전각이나, 후세에 조비연의 거처로 잘못 알려졌다.
   이하 두 구절은 조비연이 있는 소양전은 달빛이 비춘다고 하여 천자의 은택을 받고 있는 상황을 표현하였으며, 반면 반첩여가 있는 장신궁은 서리가 내렸다고 하여 은택을 받지 못하는 상황을 표현하였다.
2) 天行(천행) - 천자의 행차.
   玉輦(옥련) - 천자의 수레.
   한나라 성제成帝가 후원에서 놀면서 반첩여와 수레를 같이 타려고 하였으나 첩여가 사양하여 말하기를, "옛 서적의 그림을 보니 어진 임금에게는 모두 옆에 이름난 신하가 있었지만, 삼대의 마지막 왕에게는 옆에 총애하는 여인이 있었으니, 지금 함께 수레를 타고자 하면 그들과 같지 않겠습니까?"라고 하니, 황제가 그 말을 훌륭하게 여기고 그만두었다.(≪한서·반첩여전≫ 참조) 이하 두 구절은 조비연이 황제와 수레를 같이 탄 사실을 꾸며 이러한 고사를 반용反用하였다.
3) 歡娛處(환오처) - 침소를 두고 한 말일 것이다.
4) 團扇妾(단선첩) - 둥근 부채를 든 여인으로 반첩여를 가리킨다. 한나라 성제가 조비연을 맞아들이자 반첩여가 총애를 잃고 슬퍼하면

서 〈원가행(怨歌行)〉을 불렀는데, "제나라 하얀 비단 새로 찢으니 희고 깨끗하기가 눈과 서리 같구나. 마름하여 합환선을 만드니 둥글둥글 밝은 달과 같네. 그대의 품과 소매에서 나고 들며 흔들면 미풍을 일으키네. 항상 두렵기는 가을이 와서 서늘한 바람이 무더위를 쫓는 것이니, 상자 속에 내버려져 사랑이 중도에 끊어지겠지.(新裂齊紈素, 皎潔如霜雪. 裁爲合歡扇, 團團似明月. 出入君懷袖, 動搖微風發. 常恐秋節至, 涼風奪炎熱. 棄捐篋笥中, 恩情中道絶.)"라고 하였다. 이를 통해 황제의 총애를 잃어버린 신세를 표현하였다.

939. 長門怨二首 其一

장문궁의 원망 2수 제1수

天回北斗挂西樓[1]　　金屋無人螢火流[2]
月光欲到長門殿　　別作深宮一段愁[3]

하늘에 북두가 돌아 서쪽 누대에 걸릴 제
금으로 만든 집에는 사람이 없고 반디만 나는데,
달빛이 장문궁에 와서는
각별히 이 깊은 궁궐에서 일단의 시름을 만들려 하네.

【해제】

이 시는 ≪악부시집(樂府詩集)≫의 상화가사相和歌辭에 실려 있다. '장문長門'은 장문궁을 말한다. 한 무제가 즉위한 후 진황후陳皇后는 십여 년간 총애를 받았으나 무제가 위자부衛子夫를 좋아하자 장문궁으로 쫓겨났다. 그녀는 성도成都의 사마상여司馬相如가 글을 잘 쓴다는 소문을 듣고는 황금 백 근을 보내 글을 지어달라고 부탁했다. 사마상여가 〈장문부(長門賦)〉를 지어 무제에게 바치니 그 내용에 감동하여 진황후를 다시 총애하였다. 후인들이 〈장문부〉를 따라서 〈장문궁의 원망(長門怨)〉을 지었다. 이 시는 장문궁의 고사를 읊은 궁원시宮怨詩이다. 작시 동기와 관련하여, 현종의 총애를 잃은 이백 자신의 신세를 비유한 것이라는 설과, 현종의 황후 왕씨王氏의 신세를 비유한 것이라는 설 등이 있지만 모두 사실로 단정하기 어렵다.

제1수는 밤새도록 사람은 없고 반디만 날며 달빛이 비춰 근심을 일으키는 장문궁의 모습을 묘사하여 총애를 잃은 이의 애달픔을 표현하였다.

【주석】

1) 天回(천회) 구 - 북두칠성은 매일 밤 북극성을 중심으로 동쪽에서 서쪽으로 도는데, 서쪽 누대에 걸렸다는 것은 북두칠성이 서쪽으로 돌았다는 뜻으로 밤이 이미 깊었음을 말한다.

2) 金屋(금옥) - 황금 집. 한 무제가 어렸을 때 고모가 그를 무릎에 앉혀놓고 어떤 아이를 아내로 맞이하고 싶냐고 물으니, 무제는 고모의 딸인 아교阿嬌를 부인으로 맞이하면 황금 집을 만들어 그 안에 살게 하겠다고 말했다.(≪한무고사漢武故事≫ 참조) 아교는 진황후의 어릴 적 이름이다.

3) 別(별) - 각별히. 유별나게.
   이상 두 구절은 달빛이 장문궁에 비치면 궁 속에 사는 진황후는 유달리 시름을 느끼게 될 것이라는 뜻이다.

940. 長門怨二首 其二

장문궁의 원망 2수 제2수

桂殿長愁不記春[1]　　黃金四屋起秋塵[2]
夜懸明鏡靑天上[3]　　獨照長門宮裏人

계궁에서 오래 근심하느라 봄을 알지 못하였는데
사방이 황금으로 된 집에 가을 먼지가 일어나네.
밤에 맑은 거울이 푸른 하늘 위에 걸려
장문궁 안의 사람을 유독 비추네.

【해제】
제2수는 총애를 잃은 여인이 근심 속에 계절이 변하는 줄도 모르고 있었는데, 그 여인을 달빛이 비추고 있는 모습을 묘사하였다.

【주석】
1) 桂殿(계전) - 한나라 궁궐의 이름. 여기서는 장문궁을 가리킨다.
   不記春(불기춘) - 봄을 기억하지 못하다. 봄이 오고 가는 줄도 모른다는 뜻이다.
2) 黃金四屋(황금사옥) - 사방이 황금으로 된 집. 앞 시의 주석 참조.
   起秋塵(기추진) - 가을 먼지가 일어나다. 적막한 가을이 되었음을 뜻한다.
3) 明鏡(명경) - 밝은 거울. 달을 비유한다.

941. 春怨

봄날의 원망

白馬金羈遼海東[1]　羅帷繡被臥春風[2]
落月低軒窺燭盡[3]　飛花入戶笑床空[4]

황금 굴레의 흰 말이 요해의 동쪽으로 간 뒤에
비단 휘장과 수놓은 이불로 봄바람에 누웠네.
지는 달은 창문으로 내려와 촛불 다 타는 것 엿보고
날리는 꽃잎은 문 안으로 날아와 빈 침대를 비웃네.

【해제】
이 시는 규원시로 요동遼東으로 원정나간 임을 봄날 밤에 홀로 그리워하는 여인을 읊었다.

【주석】
1) 金羈(금기) - 금 굴레.
   遼海(요해) - 고대의 요동군은 남쪽에 바다가 있었기 때문에 흔히 요해라고 불렸다.
2) 羅帷(나유) - 비단 휘장. 여인이 있는 방을 가리킨다.
3) 燭盡(촉진) - 촛불이 다 타다. 여인이 밤새 남자를 그리워하며 잠을 이루지 못했음을 뜻한다.
4) 床空(상공) - 침상이 비다. 임 없이 여인 홀로 지내는 것을 뜻한다.

942. 代贈遠

대신하여 멀리 있는 이에게 주다

妾本洛陽人　　狂夫幽燕客[1]
渴飮易水波[2]　由來多感激[3]
胡馬西北馳[4]　香駿搖綠絲[5]
鳴鞭從此去　　逐虜蕩邊陲[6]
昔去有好言　　不言久離別
燕支多美女[7]　走馬輕風雪[8]
見此不記人[9]　恩情雲雨絶[10]
啼流玉筯盡[11]　坐恨金閨切[12]
織錦作短書　　腸隨回文結[13]
相思欲有寄　　恐君不見察
焚之揚其灰[14]　手跡自此滅[15]

첩은 본래 낙양 사람인데
지아비는 북방의 나그네로,
목마르면 역수의 물을 마셨으니
애초부터 강개 격앙하는 일이 많았네.
오랑캐 땅의 말을 타고 북서쪽으로 치달리니

향기로운 말갈기는 푸른 털을 흔들었는데,
채찍을 울리며 여기를 떠났던 것은
오랑캐를 내쫓아 변방을 소탕하고자해서라네.
예전에 떠날 때는 좋은 말만 하였지
오래도록 이별한다고는 말하지 않았는데,
연지산에는 아름다운 여인이 많아
말을 달리면 바람에 날리는 눈송이처럼 가벼우니,
이런 것을 보고 나를 기억하지 않아서
애정은 구름과 비처럼 끊어졌네.
울다가 옥 같은 눈물 줄기가 다 흘러버리니
규방의 신세를 한스러워하는 마음이 절실하여,
비단을 짜서 짧은 편지를 쓰노라니
돌아가며 쓴 문장을 따라 창자가 맺혔네.
그리워하며 부치고자 하여도
그대 살펴보지 않을까 두려워하여,
편지를 살라 그 재를 날려 보내니
내가 쓴 흔적이 이제 사라져버렸네.

【해제】

이 시의 제목이 〈멀리 부치다(寄遠)〉로 된 판본도 있다. 이 시는 대작代作의 형식을 취하여 규원閨怨을 읊은 것으로, 남자가 변방으로 종군을 갔는데, 그쪽 여인들에게 빠져서 애정이 소홀해졌을 것 같은 생각에 여인이 그리움을 담은 편지를 써보지만 남편이 읽어주지 않을까 싶어 그냥 불태워버렸다고 하였다.

【주석】
1) 狂夫(광부) - 자신의 남편을 가리키는 겸칭이다.
   幽燕客(유연객) - 중국의 북동쪽 지역인 유 땅과 연 땅의 나그네. 예로부터 이 지역에 협객이 많았다고 한다.
2) 易水(역수) - 지금의 하북성에 있는 강으로, 형가荊軻가 진시황을 암살하러 갈 때 이곳에서 전송 나온 이들과 이별하며 노래를 불렀는데 매우 비장했다고 한다.
   이 구절은 남자 역시 형가와 같은 협객의 기개를 가지고 있다는 뜻이다.
3) 由來(유래) - 애초부터.
   多感激(다감격) - 감정이 격앙되는 일이 많다. 의협심에 불타다.
4) 胡馬(호마) - 북서쪽 변방지역에서 나는 좋은 말을 뜻한다.
5) 香騣(향종) - 향기로운 말의 갈기.
   綠絲(녹사) - 푸른 갈기털을 비유한 것이다.
6) 蕩(탕) - 소탕하다.
   邊陲(변수) - 변방.
   이상 네 구절은 남편이 오랑캐를 소탕하기위해 말을 타고 북서쪽으로 원정을 갔다는 사실을 말한다.
7) 燕支(연지) - 지금의 감숙성 산단현山丹縣에 있는 산.
8) 走馬(주마) 구 - 연지산의 여인이 말을 타는 모습이다.
9) 見此(견차) - 남자가 연지산의 여인이 말타는 모습을 보는 것을 말한다.
   不記人(불기인) - 부인을 기억하지 않는다는 뜻이다.
10) 雲雨絶(운우절) - 구름과 비가 흩어져 버리듯이 영원히 이별하게 되는 것을 의미한다.
11) 玉筯(옥저) - 옥 젓가락 같은 눈물 줄기.
12) 金閨(금규) - 여인이 거처하는 방.

切(절) - 절실하다. 애절하다.
13) 織錦(직금) 두 구 - 진천秦川의 여인인 소혜蘇蕙는 진주자사秦州刺史인 두도竇滔의 처인데, 두도가 서역변방으로 간 뒤 소씨가 그를 그리워하며 비단에 회문선도시(廻文旋圖詩, 처음과 끝이 분명한 시가 아니라, 빙빙 돌려가며 어디서 시작해 읽어도 뜻이 통하는 시이다)를 수놓아 부쳤는데, 그 내용이 매우 처량하였다.(≪진서·열녀전(列女傳)≫ 참조)
14) 焚之(분지) - 편지를 불사르다.
15) 手跡(수적) - 손수 쓴 편지를 가리킨다.

943. 陌上贈美人

거리에서 미인에게 주다

駿馬驕行踏落花　　垂鞭直拂五雲車[1]
美人一笑褰珠箔[2]　　遙指紅樓是妾家

준마가 뻐기면서 떨어진 꽃잎을 밟고 지나가다가
채찍을 늘어뜨려 바로 오운거를 건드리네.
미인이 한번 웃으며 주렴을 걷어 올리고는
멀리 붉은 누대를 가리키며 자기 집이라고 하네.

【해제】

제목 아래에 "〈소방가행〉이라고도 한다. 한 수는 제3권에 있고 이것은 제2편이다.(一云小放歌行, 一首在第三, 此是第二篇)"라는 주석이 있다. 〈소년행 2수(少年行二首)〉 중 제2수에 대해 〈소방가행〉이라고도 한다는 주석이 있고 형식도 칠언절구로 동일하며 내용도 비슷한 것으로 보아 〈소년행 2수〉 중 제2수가 〈소방가행〉 제1수이고 이 시가 〈소방가행〉 제2수인 것으로 간주한 판본이 있었던 것 같다. 그리고 '一首在第三'이 무엇을 뜻하는지 명확하지는 않지만 '第三'이 〈소년행 2수〉 중 제2수가 수록된 권수를 가리키는데 탈자가 있는 것으로 추정된다. 이 시는 한량이 멋진 모습으로 봄놀이를 하다가 미인이 탄 수레를 보고 수작을 거니 여인이 자기 집에서 밀회를 하자고 말하는 내용을 담았다.

【주석】

1) 五雲車(오운거) - 원래 신선들이 타는 수레인데, 여기서는 여인이 탄 수레를 가리킨다.
2) 褰(건) - 걷어 올리다.
   珠箔(주박) - 주렴. 수레의 조그만 주렴이다.

944. 閨情

규방의 정

流水去絶國[1]　浮雲辭故關
水或戀前浦　雲猶歸舊山
恨君流沙去[2]　棄妾漁陽間[3]
玉筋夜垂流[4]　雙雙落朱顔[5]
黃鳥坐相悲[6]　綠楊誰更攀[7]
織錦心草草[8]　挑燈淚斑斑[9]
窺鏡不自識[10]　況乃狂夫還[11]

흐르는 물은 머나먼 나라로 떠나고
뜬구름은 옛 관문을 떠났지만,
물은 간혹 예전의 포구를 그리워하고
구름은 여전히 옛 산으로 돌아온다네.
한스럽게도 그대는 사막으로 떠나서
첩을 어양에 버려두었으니,
옥 같은 눈물 줄기는 밤에 흘러내리며
두 줄기로 붉은 얼굴에 떨어지네.
노란 꾀꼬리는 이 때문에 나를 슬퍼하는데
푸른 버들은 누가 다시 꺾을까?

비단을 짜노라니 마음이 어수선하여
등불을 밝혀보니 눈물자국이 얼룩졌네.
거울에 비친 얼굴 내 스스로도 못 알아보겠으니
하물며 남편이 돌아온들 날 알아보실까?

【해제】
이 시는 멀리 떠나간 남편을 그리워하는 여인의 마음을 읊었다. 앞부분에서 물도 떠난 뒤에 원래 있던 곳을 그리워하고 구름도 원래 있던 곳으로 돌아오는 법이라고 하여 시상을 일으킨 뒤, 이어서 떠나간 남편을 그리워하며 애달파하는 여인의 심사와 모습을 묘사하였고 마지막 두 구절에서는 상심하여 얼굴이 상해 남편도 못 알아보리라고 걱정하는 마음을 표현하였다.

【주석】
1) 絶國(절국) - 머나먼 곳.
   이하 네 구절은 물이나 구름도 자신이 떠나온 곳을 그리워하거나 다시 돌아오는 법이라고 말한 것으로, 이러한 이치와는 달리 떠나간 남편이 돌아오지 않는 상황을 한스러워하는 마음이 내포되어 있다.
2) 流沙(유사) - 변방의 사막지역.
3) 漁陽(어양) - 지금의 북경.
4) 玉筯(옥저) - 옥 젓가락 같은 눈물 줄기.
5) 雙雙(쌍쌍) - 두 줄기 눈물을 가리킨다.
   朱顔(주안) - 여인의 젊은 얼굴.
6) 坐(좌) - 때문에. '매우'로 풀이하기도 한다.
7) 綠楊(녹양) 구 - 옛날에는 버들을 꺾어 멀리 있는 이에게 보내어 마음을 전하는 풍습도 있었고, 버들을 꺾어 떠나는 이에게 주는 풍습도 있었다. 따라서 이 구는 버들을 꺾어 나에게 보내주는 사람이

없음을 말한 것으로 볼 수도 있고, 이별이 힘드니 다시는 버들을 꺾어주며 송별하지 않을 것임을 말하는 것으로 볼 수도 있다.
8) 織錦(직금) - 비단을 짜다. 여기서는 소혜蘇蕙의 고사를 암용하여 여인이 남편을 그리는 편지를 쓰기 위해 비단을 짜는 것을 말한다. 진천秦川의 여인인 소혜는 진주자사秦州刺史인 두도竇滔의 처인데, 두도가 서역변방으로 간 뒤 소씨가 그를 그리워하며 비단에 회문선도시(廻文旋圖詩, 처음과 끝이 분명한 시가 아니라, 빙빙 돌려가며 어디서 시작해 읽어도 뜻이 통하는 시이다)를 수놓아 부쳤는데, 그 내용이 매우 처량하였다고 한다.(≪진서·열녀전(列女傳)≫ 참조)
草草(초초) - 마음이 심란하고 불안한 모양.
9) 挑燈(도등) - 등을 켜다. 등불의 심지를 돋우다.
斑斑(반반) - 얼룩이 많은 모습.
이상 두 구절은 남편에게 편지를 쓰기 위해 비단을 짜지만 마음이 근심스러워 눈물이 나서 비단이 얼룩졌다는 뜻이다.
10) 窺鏡(규경) 구 - 남편을 애타게 기다리다 상심으로 얼굴이 상해서 자신의 얼굴을 거울로 봐도 알아보지 못하겠다는 뜻이다.
11) 狂夫(광부) - 자신의 남편을 가리키는 겸칭이다.

945. 代別情人

대신하여 연인과 이별하는 시를 쓰다

淸水本不動　桃花發岸旁
桃花弄水色　波蕩搖春光
我悅子容豔　子傾我文章
風吹綠琴去¹　曲度紫鴛鴦²
昔作一水魚　今成兩枝鳥³
哀哀長雞鳴⁴　夜夜達五曉⁵
起折相思樹⁶　歸贈知寸心⁷
覆水不可收　行雲難重尋⁸
天涯有度鳥⁹　莫絶瑤華音¹⁰

맑은 물은 본래 움직이지 않았는데
복숭아꽃이 강 언덕 옆에 피어서는,
복숭아꽃이 물빛을 희롱하니
물결이 요동쳐 봄빛을 흔드네.
나는 그대의 아름다운 미모를 좋아하고
그대는 내 문장에 경도되었으니,
바람에 푸른 금 소리를 불어 보내며

〈자줏빛 원앙〉을 연주하네.
예전에는 같은 물에 사는 물고기였다가
지금은 다른 가지에 있는 새가 되었는데,
애달프게 닭이 길게 울어
밤마다 새벽까지 이르네.
일어나서 상사수를 꺾어
보내 주어 내 마음을 알리니,
엎질러진 물은 거둘 수 없고
지나간 구름은 다시 찾기 어렵지만,
하늘가에 지나는 새가 있으니
아름다운 소식 끊지 말아야지.

【해제】
이 시는 대작代作의 형식을 취하여 쓴 이별시로 사이좋게 잘 지내다가 헤어지게 되었지만 소식을 끊지 말기를 당부하는 마음을 표현하였다.

【주석】
1) 綠琴(녹금) - 사마상여司馬相如가 가지고 있었던 녹기금綠綺琴. 아주 좋은 금을 말한다.
2) 曲度(곡도) - 곡조. '도度'를 동사로 보아 '작곡하다' 또는 '곡에 따라 연주하다'의 뜻으로 풀이할 수도 있다.
   紫鴛鴦(자원앙) - 아마 금의 곡명일 것이다. 원앙은 금슬이 좋다고 한다.
3) 昔作(작작) 두 구 - 예전에는 같이 지냈는데 이제는 헤어지게 되었다는 뜻이다.
4) 長雞鳴(장계명) - 닭이 오랫동안 울다.

5) 五曉(오효) - 오경五更으로 새벽을 의미한다.
이 구절은 밤마다 닭이 우는 새벽까지 그리움에 잠 못 이룬다는 뜻이다. 한나라 악부 〈공작이 동남쪽으로 날다(孔雀東南飛)〉에 보이는 "그 가운데 쌍으로 나는 새가 있어 절로 이름을 원앙이라 하였네. 머리 들고 서로를 향해 우는데 밤마다 새벽까지 이르네.(中有雙飛鳥, 自名爲鴛鴦, 仰頭相向鳴, 夜夜達五更.)"의 표현을 빌려온 것으로 보인다.

6) 相思樹(상사수) - 전국시대 송나라 강왕康王이 신하인 한붕韓朋(또는 한빙韓憑이라고도 한다)의 아내가 아름다워 그녀를 빼앗으려고, 한붕에게 청릉대靑陵臺를 쌓게 한 뒤 그를 죽였다. 한붕의 처가 장례 행렬을 내려다보겠다고 하면서 청릉대에 올라가서는 몸을 던져 자살하였다. 강왕이 두 사람을 합장하지 못하게 하여 청릉대의 양쪽으로 따로 매장하였다. 다음날 아침에 각자의 무덤에서 가래나무가 한 그루씩 자라났는데, 위아래로 뿌리와 나뭇가지가 서로 얽혀 있었다. 그리고 그 나무에 새 한 쌍이 날아와 살았는데 사람들은 한붕 부부의 혼령이라고 여기고는 그 나무를 상사수相思樹라고 불렀다.(≪수신기(搜神記)≫ 참조)

7) 寸心(촌심) - 마음.

8) 覆水(복수) 두 구 - 두 사람이 이별하게 된 상황은 돌이킬 수 없다는 뜻이다.

9) 度鳥(도조) - 지나가는 새. 여기서는 소식을 전해주는 매개물이다.

10) 瑤華音(요화음) - 소식을 미화한 말이다. ≪초사·구가(九歌)·대사명(大司命)≫에서 "신비로운 마를 꺾으니 옥 꽃인데, 장차 이를 떨어져 있는 임에게 드리리라.(折疏麻兮瑤華, 將以遺兮離居)"라 하였다.
이상 두 구절은 아무리 멀리 있어도 소식을 전해달라는 뜻이다.

946. 代秋情

대신하여 가을의 감정을 읊다

幾日相別離　　門前生穭葵[1]
寒蟬聒梧桐[2]　日夕長鳴悲
白露濕螢火　　清霜零兔絲[3]
空掩紫羅袂[4]　長啼無盡時

이별한지 며칠이 되었나?
문 앞에 야생 아욱이 자랐네.
가을 매미가 오동나무에서 시끄럽게
밤낮으로 길게 울며 슬퍼하고,
흰 이슬이 반디를 적시며
맑은 서리가 토사를 시들게 하네.
괜스레 자줏빛 비단 소매로 얼굴을 가리고
끝없이 오래도록 우네.

【해제】
이 시는 대작代作의 형식을 취하여 쓴 시로, 정인과 이별한 뒤 가을날 느낀 서글픈 심정을 표현하였다.

【주석】

1) 蘆葵(여규) - 야생 아욱.

2) 寒蟬(한선) - 가을 매미.
   聒(괄) - 요란하다.

3) 零(령) - 시들게 하다.
   兎絲(토사) - 새삼. 초목에 기생하는 식물인데, 초목과 얽혀있는 것으로 남녀가 함께 지내는 것을 의미한다.

4) 掩(엄) - 여기서는 얼굴을 가리는 것을 뜻한다.
   羅袂(나몌) - 비단 옷소매.

947. 對酒

술을 마주하다

蒲萄酒
金叵羅[1]
吳姬十五細馬馱[2]
靑黛畵眉紅錦靴[3]
道字不正嬌唱歌[4]
玳瑁筵中懷裏醉[5]
芙蓉帳裏奈君何[6]

포도주
금술잔.
십오 세 오 땅 여인이 준마를 타고 왔네.
푸른 먹으로 눈썹 그리고 붉은 비단신 신고
발음도 정확치 않은데 교태부리며 노래를 부르네.
화려한 연회에서 품에 안겨 취했으니
부용 장막 안에서는 그대를 어찌하랴?

【해제】

≪악부시집(樂府詩集)≫의 상화곡相和曲에 있는 〈술을 마주하다(對酒)〉라는 제목의 악부시는 대체로 세상이 평안함을 노래하였다. 이백의 이 시는 그와는 다른 내용을 적었는데, 술을 마시며 본 어린 오 땅 여인의 아름다움과 교태를 묘사하였다.

【주석】

1) 叵羅(파라) - 서역말로 술잔이란 뜻이다.
2) 細馬(세마) - 준마. 작은 말로 풀이하기도 한다.
   馱(타) - 태우다.
3) 靑黛(청대) - 눈썹 화장하는 먹.
4) 道字不正(도자부정) - 발음이 정확하지 않다. 여인이 교태를 부리며 말하는 모습이다.
5) 玳瑁筵(대모연) - 대모로 장식한 자리. 화려한 연회를 의미한다.
6) 芙蓉帳(부용장) - 연꽃을 수놓은 장막.

948. 怨情

원망

新人如花雖可寵[1]　　故人似玉猶來重[2]
花性飄揚不自持[3]　　玉心皎潔終不移[4]
故人昔新今尚故　　　還見新人有故時[5]
請看陳后黃金屋[6]　　寂寂珠簾生網絲

새사람이 꽃과 같아 비록 총애 받을 수 있지만
옛사람은 옥과 같아 애초부터 귀중하다네.
꽃의 성질은 휘날리며 스스로 지탱하지 못하지만
옥의 마음은 맑고 깨끗해서 끝내 변하지 않네.
옛사람도 예전에는 새로웠다가 지금은 오히려 늙었으니
새사람도 늙을 때를 또 보게 되리라.
진황후의 황금 집을 한 번 보라
적막한 주렴에 거미줄이 생겼네.

【해제】
이 시는 남편이 아내를 버리고 새 여인을 좋아하자 아내가 남편을 원망하는 마음을 표현한 것이다.

【주석】
1) 新人(신인) - 새로 온 여인을 가리킨다.
2) 故人(고인) - 원래의 아내를 가리킨다.
   猶來(유래) - 애초부터. '由來'와 같다.
3) 花性(화성) - 꽃의 성질. 새로 온 여인을 가리킨다.
4) 玉心(옥심) - 옥의 마음. 원래의 아내를 가리킨다.
   皎潔(교결) - 맑고 깨끗하다.
   不移(불이) - 마음이 변하지 않다.
   이상 두 구절은 새로 온 여인은 바람에 날리는 꽃처럼 자신의 마음을 오롯이 유지하지 못하지만 원래의 아내는 옥처럼 고결하게 일편단심을 지킨다는 뜻이다.
5) 故人(고인) 두 구 - 원래의 아내도 예전에는 젊고 아름다웠으며 새로 온 여인도 언젠가는 늙을 것이라는 뜻이다.
6) 陳后(진후) - 한나라 무제의 진황후陳皇后. 한 무제가 어렸을 때 고모가 그를 무릎에 앉혀놓고 어떤 아이를 아내로 맞이하고 싶냐고 물으니, 무제는 고모의 딸인 아교阿嬌를 부인으로 맞이하면 황금 집을 만들어 그 안에 살게 하겠다고 말했다.(≪한무고사(漢武故事)≫ 참조) 아교는 진황후의 어릴 적 이름이다. 한 무제가 즉위한 후 진황후는 십여 년간 총애를 받았으나 무제가 위자부衛子夫를 좋아하자 장문궁長門宮으로 쫓겨났다. 그녀는 성도成都의 사마상여司馬相如에게 자신의 원망이 담긴 글을 써달라고 하였다.(〈장문부(長門賦)〉 서문 참조)
   이하 두 구절은 새사람에게 총애를 빼앗기고 적막하게 사는 모습을 표현하였다.

949. 湖邊採蓮婦

호숫가의 연 따는 여인

小姑織白紵[1]　　未解將人語[2]
大嫂採芙蓉[3]　　溪湖千萬重[4]
長兄行不在[5]　　莫使外人逢
願學秋胡婦[6]　　貞心比古松[7]

시누이는 하얀 모시를 짜면서
아직 사람과 말을 할 줄도 모르네.
큰 올케는 연을 따는데
시내와 호수가 수없이 이어졌네.
큰 오빠가 떠나서 안 계시니
낯선 사람을 만나지 마세요.
추호의 부인을 본받아서
곧은 마음이 오래된 소나무 같기를 바라고 있어요.

【해제】
이 시는 호수에서 연을 따고 있는 여인을 읊은 것으로, 이백이 새로 지은 악부시인데 ≪악부시집(樂府詩集)≫의 청상곡사清商曲辭에 실려 있다. 시누이와 올케의 문답을 빌려 남편이 멀리가 있는 동안 여인이 정절을 지키며 조신하게 지내야 한다는 것을 말하였다.

【주석】

1) 小姑(소고) - 시누이.
   白紵(백저) - 하얀 모시.
2) 未解(미해) - 할 줄 모르다.
   將(장) - ~와.
   이상 두 구절은 시누이가 집에 있으면서 다른 사람과 어울리지 않는 상황을 말한다.
3) 大嫂(대수) - 큰 올케. 위 구절에 나오는 시누이의 올케다.
4) 千萬重(천만중) - 천만 겹으로 거듭되다. 시내와 호수가 수없이 이어졌음을 뜻한다.
   이상 두 구절은 큰 올케가 밖에서 활동하는 모습인데, 여러 사람과 만날 수 있는 상황임을 암시한다.
5) 長兄(장형) - 시누이의 큰 오빠이며 올케의 남편이다.
   이하 두 구절은 시누이가 큰 올케에게 당부한 말이다.
6) 秋胡婦(추호부) - 추호의 부인. 추호는 춘추시대 노魯나라 사람인데, 결혼하자마자 부인을 두고 집을 나가 벼슬살이를 하였다. 몇 년 후 고향으로 돌아오다가 교외에서 뽕을 따는 아름다운 여인을 만나서는 황금을 주면서 유혹하였지만 그 여인은 거절하였다. 집에 와서 그의 부인을 만나니 방금 전에 만난 그 여인이었다. 부인은 그런 남편을 부끄럽게 생각하고 강에 몸을 던져 자살하였다.(유향劉向의 ≪고열녀전(古列女傳)≫ 참조)
7) 古松(고송) - 절개를 상징한다.
   이상 두 구절은 큰 올케가 시누이에게 답한 말이다.

950. 怨情

원망

美人卷珠簾[1]　深坐顰蛾眉[2]
但見淚痕濕　不知心恨誰

미인이 주렴을 걷고
고운 눈썹을 찌푸리고 오래도록 앉아있네.
단지 촉촉한 눈물 자국만 보이고
누구를 원망하는지는 모르겠네.

【해제】
이 시는 누군가를 원망하는 여인의 모습을 그렸다.

【주석】
 1) 珠簾(주렴) - 구슬로 만든 발.
 2) 深坐(심좌) - 오랫동안 앉아있다. 또는 규방 깊숙이 앉아있는 것으로 볼 수도 있다.
    顰(빈) - 찡그리다.

951. 代寄情楚辭體

대신하여 초사체로 정을 부치다

君不來兮[1]　　　　徒蓄怨積思而孤吟[2]
雲陽一去[3]　　　　以遠隔巫山綠水之沈沈[4]
留餘香兮染繡被　　夜欲寢兮愁人心
朝馳余馬於靑樓[5]　　怳若空而夷猶[6]
浮雲深兮不得語　　卻惆悵而懷憂[7]
使靑鳥兮銜書[8]　　恨獨宿兮傷離居[9]
何無情而雨絶[10]　　夢雖往而交疏
橫流涕而長嗟[11]　　折芳洲之瑤花[12]
送飛鳥以極目[13]　　怨夕陽之西斜
願爲連根同死之秋草　不作飛空之落花

그대 오지 않아
괜스레 원망과 그리움을 쌓으며 홀로 신음하네.
양대를 한번 떠나
무산의 푸른 물 깊은 곳과 멀리 떨어져 있네.
남은 향기가 수놓은 이불에 배여 있어
밤에 자려고 하니 사람마음을 근심스럽게 하네.

아침에 내 말을 청루로 달렸지만
비어있는 것 같아 머뭇거리네.
뜬구름이 짙게 깔려 말을 나누지 못하고
도리어 슬프게도 시름을 품었네.
청조로 하여금 편지를 물게 하리니
홀로 자는 것을 원망하고 떨어져 사는 것을 슬퍼해서라네.
어찌하여 무정하게도 비처럼 사라졌나?
꿈에서 가보지만 사귐이 소원하네.
눈물을 줄줄 흘리고 길게 탄식하며
향기로운 물가 섬의 요화를 꺾네.
눈 닿는 먼 곳까지 날아가는 새를 보내고
석양이 서쪽으로 기우는 것을 원망하네.
뿌리를 같이하여 죽음을 함께하는 가을 풀이 되어야지
공중에 날리며 떨어지는 꽃잎이 되지는 말아야지.

【해제】
제목이 〈대신하여 초사체로 정인에게 부치다(代寄情人楚辭體)〉로 된 판본도 있다. 이 시는 대작代作의 형식을 취하고 초사체楚辭體를 써서 정인에게 부친 것이다. 여인과 헤어진 남자의 고독한 정황을 표현하였으며, 만나고 싶어도 그러지 못하고 그리운 마음을 삭히는 심정을 묘사하였다.

【주석】
1) 君不來(군불래) - ≪초사·구가(九歌)·상군(湘君)≫에서 "임을 기다리지만 오지 않네.(望夫君兮未來.)"라고 하였다.
2) 蓄怨積思(축원적사) - 원망과 그리움을 쌓다. ≪초사·구변(九辯)≫에서 "원망을 쌓고 그리움을 쌓네, 마음이 번거롭고 초조하여 식사

를 잊었네.(蓄怨兮積思, 心煩憺兮忘食事.)"라고 하였다.

3) 雲陽(운양) - '양운陽雲'의 잘못으로 누대 이름이다. 사마상여司馬相如의 〈자허부子虛賦〉에 "이에 초나라 왕은 양운의 대에 올랐다.(於是楚王乃登陽雲之臺)"는 구절이 있는데, 이에 대해 맹강孟康은 "운몽雲夢 가운데 있는 고당高唐의 누대로, 송옥宋玉이 부로 읊었던 것인데, 구름 밖으로 높이 솟았음을 말한다."고 하였다. 송옥의 〈고당부高唐賦〉에 나오는 무산巫山 신녀가 머무는 누대인 양대陽臺와 같은 곳이다. 여기서는 이를 빌어 남녀가 사랑을 나눈 뒤 남은 남자가 머문 곳을 가리킨다.

4) 沈沈(침침) - 깊은 모습.
이상 두 구절은 여인이 남자와 사랑을 나누던 곳을 떠나 멀리 있다는 뜻이다.

5) 朝馳余馬(조치여마) - 아침에 내 말을 달리다. ≪초사·구가·상부인湘夫人≫에서 "아침에 내 말을 강 언덕으로 달려, 저녁에 서쪽 물가를 건너네.(朝馳余馬兮江皐, 夕濟兮西澨.)"라고 하였다.
靑樓(청루) - 부귀한 집. 여인이 있던 곳을 가리킬 것이다.

6) 怳若(황약) - 마치 ~인 것 같다. 또는 아득한 모습.
夷猶(이유) - 머뭇거리다. ≪초사·구가·상군≫에서 "그대 가지 않고 머뭇거리네.(君不行兮夷猶)"라고 하였다.

7) 惆悵(추창) - 슬퍼하다.

8) 靑鳥(청조) - 서왕모西王母의 편지를 전달해주는 새. 소식을 전해주는 매개물이다.
銜書(함서) - 편지를 물고 가서 전하는 것을 뜻한다.

9) 離居(이거) - 헤어져 지내다. ≪초사·구가·대사명大司命≫에서 "장차 헤어져 있는 이에게 주리라.(將以遺兮離居)"라고 하였다.

10) 雨絶(우절) - 비가 끊기다. 비가 땅에 떨어져 다시는 하늘로 돌아가지 못하다. 여기서는 헤어져 다시 만나지 못하는 것을 비유한다.

11) 橫流涕(횡류체) - ≪초사·구가·상군≫에서 "눈물이 줄줄 흐르네.(橫流涕兮潺湲)"라고 하였다.

12) 芳洲(방주) - 꽃이 만발한 물가 섬. ≪초사·구가·상군≫에서 "향기로운 물가 섬에서 두약을 캐네.(采芳洲兮杜若)"라고 하였다.
    瑤花(요화) - 옥 같이 흰 꽃. ≪초사·구가·대사명≫에서 "신비로운 마를 꺾으니 옥 꽃이라네.(折疏麻兮瑤華)"라고 하였다.

13) 極目(극목) - 눈길 닿는 곳까지 멀리 보다. ≪초사·초혼(招魂)≫에서 "천 리 눈 닿는 곳까지 바라보니 봄 마음이 애달프네.(目極千里兮傷春心)"라고 하였다.

952. 學古思邊

변방을 그리워하는 옛 시를 본뜨다

銜悲上隴首[1]　　腸斷不見君
流水若有情　　幽哀從此分
蒼茫愁邊色[2]　　惆悵落日曛[3]
山外接遠天　　天際復有雲
白雁從中來[4]　　飛鳴苦難聞
足繫一書札　　寄言歎離群
離群心斷絶　　十見花成雪[5]
胡地無春暉　　征人行不歸
相思杳如夢　　珠淚濕羅衣

슬픔을 머금고 농수산에 오르니
애 끊어져도 그대는 보이지 않고,
흐르는 물도 정이 있는 듯
애달프게 여기서 갈라지네.
아득한 변방의 빛을 근심스러워하노라니
슬프게 석양이 지고,
산 바깥은 먼 하늘과 이어져

하늘가에는 또 구름이 있네.
흰 기러기가 그 속에서 오니
날며 우는 소리 정말로 듣기 괴로운데,
발에 편지 한 통 묶어
무리와 헤어져 한탄하는 말을 전하기를,
무리와 헤어져 마음이 끊어지는데
열 번이나 꽃이 눈이 되는 것을 보았다 하네.
오랑캐 땅에는 봄 햇살이 없는데
떠나간 이는 가서 돌아오지 않으니,
그리움이 아득히 꿈만 같아서
구슬 같은 눈물이 비단 옷을 적시네.

【해제】

'사변思邊'은 변방에 간 임을 그리워한다는 뜻이다. 이 시는 옛 시의 풍격을 흉내 내어 변방으로 떠난 남자를 그리워하는 마음을 표현하였다. 농수산隴首山에 올라 저녁이 되도록 남자를 기다리는 여인의 안타까운 마음을 경물 묘사를 통해 표현하였다.

【주석】

1) 隴首(농수) - 농수산隴首山. 농두隴頭라고도 한다. 지금의 섬서성과 감숙성의 경계에 있는 농현隴縣 북서쪽에 있다. ≪태평어람(太平御覽)≫에 따르면 농우隴右의 서쪽 관문은 매우 높아서 일주일은 걸려야 넘을 수 있으며 위에서 맑은 물이 사방으로 흘러내린다고 하였다. 또한 민간에 전해지는 노래에서 "농두에서 흐르는 물 우는 소리 흐느끼고, 멀리 진천을 바라보니 애간장이 끊어지네.(隴頭流水, 鳴聲幽咽, 遙望秦川, 肝腸斷絶.)"라고 하여 멀리 떠나있는 안타까움을 표현하였다.

2) 蒼茫(창망) - 아득한 모습.
   邊色(변색) - 변방의 경치.
3) 曛(훈) - 날이 어두워지다.
4) 白雁(백안) - 흰 기러기. 소식을 전해주는 매개물이다.
   中(중) - 구름 속을 뜻한다.
5) 花成雪(화성설) - 꽃이 눈처럼 떨어지는 것을 뜻한다. 또는 "꽃이 눈으로 바뀌다"라고 풀이할 수도 있다.
   이상 두 구절은 헤어진 지 십년이 지났다는 뜻인데, 떠나간 남자가 보내온 편지의 내용으로 보는 것이 좋다.

953. 思邊

변방을 그리워하다

去年何時君別妾　　南園綠草飛蝴蝶
今歲何時妾憶君　　西山白雪暗秦雲[1]
玉關去此三千里[2]　欲寄音書那可聞

지난해 언제쯤 그대가 첩과 헤어졌는가?
남쪽 정원의 푸른 풀에 나비가 날아다닐 때였지.
올해 언제쯤 첩이 그대를 그리워하는가?
서산의 흰 눈에 진 땅의 구름이 어둑할 때라네.
옥문관은 여기서 삼천 리나 되니
소식을 전하려고 해도 어찌 들을 수 있겠나?

【해제】
시의 제목이 〈봄날의 원망(春怨)〉으로 된 판본도 있다. 이 시는 변방에 있는 남자를 그리워하는 여인의 서글픔을 노래한 것으로 소식을 보내고자 하지만 멀어서 불가능한 안타까움을 표현하였다. 천보 2년(743)에 지은 것이라는 설이 있지만 확실치 않다.

【주석】
1) 秦(진) - 장안을 가리킨다.
2) 玉關(옥관) - 서쪽 변방에 있는 옥문관.

954. 口號吳王美人半醉

오왕의 미인이 반쯤 취한 것을 즉석에서 노래하다

風動荷花水殿香[1]　　姑蘇臺上見吳王[2]
西施醉舞嬌無力[3]　　笑倚東窗白玉床

바람이 연꽃을 흔들어 물가 전각이 향기로운데
고소대 위에서 오왕을 뵙네.
서시가 취해 춤을 추다 힘겨운 듯
웃으며 동쪽 창의 백옥 침상에 기대어 있네.

【해설】

태종太宗의 셋째 아들인 이각李恪이 '오왕吳王'에 봉해졌는데, 여기서는 오왕의 봉호를 물려받은 그의 손자 이지李祗를 가리킨다. 그는 여강태수廬江太守를 지냈다. '구호口號'는 즉석에서 시를 짓는 것이다. 이 시는 오왕의 연회에서 술에 취해 춤추는 미인의 모습을 노래한 것으로, 그녀를 고소대姑蘇臺에서 부차夫差와 노닐던 서시西施에 비유하여 묘사하였다. 천보 7재(748)에 지은 것으로 보인다.

【주석】

1) 水殿(수전) - 물가에 세워진 전각.
2) 姑蘇臺(고소대) - 현재 강소성 소주蘇州 남서쪽 고소산 위에 그 옛터

가 남아있다. 오나라 왕 부차夫差가 삼년 만에 고소대를 완성하였는데, 궁녀는 수천 명이었고 위쪽에는 별도로 춘소궁春宵宮을 세우고는 밤을 새워 노래를 부르고 천석의 술을 담을 술잔을 만들었다. 또 부차는 큰 연못을 만들고 청룡선을 띄우고는, 배에 기녀악사를 가득 태우고 서시와 함께 물놀이를 하였다.(≪술이기(述異記)≫ 참조)

3) 嬌無力(교무력) - 지쳐서 힘이 빠진 듯 교태부리는 것을 뜻한다.

955. 折荷有贈

연꽃을 꺾어 주다

涉江翫秋水　　愛此紅蕖鮮[1]
攀荷弄其珠[2]　蕩漾不成圓[3]
佳人綵雲裏[4]　欲贈隔遠天
相思無因見[5]　悵望涼風前

강을 건너며 가을 물을 즐기니
이 붉은 연꽃의 아름다움을 좋아해서라네.
연꽃을 꺾어 그 위의 이슬을 희롱하는데
흔들려서 동그랗게 되지를 않네.
아름다운 이가 오색구름 속에 있는데
주고 싶어도 먼 하늘 너머라네.
그리워하지만 만날 수가 없어서
서늘한 바람 앞에서 애달피 바라보네.

【해제】

이 시는 〈고시를 본뜨다 12수(擬古十二首)〉 중 제11수와 비교해보면 몇 글자만 다를 뿐이어서 동일한 시로 보인다. 가을 물가에서 연꽃을 따다가 좋아하는 여인에게 주려고 하지만 멀리 떨어져 있어 줄 수가 없기에 아쉬워하는 심사를 표현하였다. 재능 있는 자가 참소를 받아 임금에게 충정을 다하지 못하는 심정을 비유한다는 설이 있다.

【주석】
1) 紅蕖(홍거) - 붉은 연꽃.
2) 攀荷(반하) - 연꽃을 따다.
   珠(주) - 이슬을 비유한다.
3) 蕩漾(탕양) - 흔들리다.
   不成圓(불성원) - 이슬이 동그랗게 되지 않고 이지러지다. 재능 있는 자가 소인으로 인해 일이 원만하게 되지 못하는 것을 비유하는 것으로 볼 수 있다.
4) 佳人(가인) - 아름다운 이. 군주를 비유하는 것으로 볼 수 있다.
   綵雲(채운) - 연꽃을 주려하는 것을 방해하는 장애물이다. 충언을 하지 못하게 방해하는 간신배들을 비유하는 것으로 볼 수 있다.
5) 無因(무인) - 방도가 없다.

956. 代美人愁鏡二首 其一
미인을 대신하여 거울을 근심하다 2수 제1수

明明金鵲鏡¹　　了了玉臺前²
拂拭皎冰月³　　光輝何淸圓
紅顔老昨日　　白髮多去年
鉛粉坐相誤⁴　　照來空凄然

밝고 밝은 까치 거울이
옥 화장대 앞에서 또렷하네.
문지르고 닦으니 얼음과 달처럼 깨끗해져
광채가 얼마나 맑고 둥근지.
붉은 얼굴이 어제보다 늙었고
흰 머리칼이 지난해보다 많아졌는데,
흰 분이 아주 그르쳤으니
비춰보다가 공연히 처량해졌네.

【해제】
이 시는 미인을 대신하여 거울을 비춰보다 생긴 마음을 읊는 형식을 취하고 있다.
제1수는 밝은 거울을 묘사한 뒤에, 날이 갈수록 늙어가는 얼굴을 어찌

할 수 없는 여인의 안타까운 마음을 표현하였다.

【주석】

1) 金鵲鏡(금작경) - 까치가 뒤에 새겨진 구리 거울. 옛날에 어떤 부부가 헤어지게 되자 거울을 쪼개 각자 하나씩 가져 신표로 삼았다. 그 부인이 다른 사람과 사통하자 거울이 까치로 변하여 남편에게 날아갔는데, 이에 남편은 그 사정을 알게 되었다. 이로부터 후인들은 거울을 주조할 때 까치를 뒷면에 새겨 넣었다고 한다.(≪태평어람(太平御覽)≫에 인용된 ≪신이경(神異經)≫ 참조)
2) 了了(요료) - 밝은 모습. 또렷한 모습.
   玉臺(옥대) - 옥으로 장식한 화장대.
   이상 두 구절은 옥 화장대 앞의 까치 거울이 사람을 또렷이 비춘다는 뜻이다.
3) 皎(교) - 깨끗하다.
4) 鉛粉(연분) - 흰 분가루. 예전에는 납가루로 분을 만들었다.
   이 구절은 화장만 하다가 늙어버렸다는 뜻이다.

957. 代美人愁鏡二首 其二
미인을 대신하여 거울을 근심하다 2수 제2수

美人贈此盤龍之寶鏡[1]　　燭我金縷之羅衣[2]
時將紅袖拂明月[3]　　　　爲惜普照之餘輝
影中金鵲飛不滅[4]　　　　臺下青鸞思獨絶[5]
藁砧一別若箭弦[6]　　　　去有日　來無年
狂風吹卻妾心斷　　　　　玉筯並墮菱花前[7]

사랑하는 사람이 용이 서린 이 귀한 거울을 주었는데
금실로 만든 내 비단 옷을 비추네.
때때로 붉은 소매로 밝은 달을 닦았으니
널리 비추는 넘치는 빛을 아껴서라네.
거울 속의 까치는 날아가 버리지 못하고
경대 아래의 푸른 난새는 그리움이 홀로 지극하네.
활을 떠난 화살처럼 지아비와 한번 이별한 뒤
간 날만 있고
언제 올지는 기약이 없네.
거센 바람이 불어 첩의 마음을 끊어
옥 같은 눈물 줄기가 마름꽃 앞에 나란히 떨어지네.

【해제】
제2수는 남편이 떠나간 뒤 그가 준 거울을 보면서 그리워하는 여인의 마음을 그렸다.

【주석】
1) 美人(미인) - 고귀한 인품을 가진 사람. 여기서는 남편을 가리키며, 제목의 '미인'과는 다른 사람으로 보아야 한다.
   盤龍(반룡) - 용이 서려있다. 거울 뒤에 새겨진 용 문양을 말한다.
2) 燭(촉) - 비추다.
   金縷(금루) - 금실.
3) 明月(명월) - 거울을 가리킨다.
4) 金鵲(금작) - 거울 뒷면에 새겨진 까치를 말한다.
5) 臺(대) - 경대.
   靑鸞(청란) - 푸른 난새. 남조 송宋나라 범태范泰의 〈난조시鸞鳥詩〉 서문에 따르면, 계빈왕罽賓王이 준묘지산峻卯之山에서 난새를 한 마리 잡았는데 금으로 만든 새장에서 키우고 진귀한 먹이를 줘도 삼년동안 울지 않았지만 거울을 보여주니 같은 무리를 본 듯 슬피 울고는 한 번 날아오른 뒤 죽었다絶고 한다.
   思獨絶(사독절) - 그리움이 홀로 지극하다. 〈난조시〉 서문에서 '절'이 죽었다는 뜻으로 쓰였는데, 이를 따라 그리움에 홀로 죽었다라고 풀이할 수도 있다.
   이상 두 구절은 여인이 몹시 그리워함을 표현하였다.
6) 藁砧(고침) - 짚자리 위의 모탕. 고대에는 사람을 사형에 처할 때 죄인을 짚을 깐 판(모탕) 위에 엎드리게 하고 작두로 목이나 허리를 잘랐다. 작두는 '鈇'인데 '夫'와 음이 같아서 '고침'은 남편을 가리키는 은어隱語로 사용되었다.
   箭絃(전현) - 활을 떠난 화살. 이별을 비유한다.

7) 玉筯(옥저) - 옥 젓가락 같은 눈물 줄기.
   菱花(능화) - 마름꽃. 거울 중에 육각형이거나 뒷면에 마름꽃을 새긴 것을 능화경菱花鏡이라고 불렀는데, 후인들이 '능화'로써 거울을 가리켰다.`

958. 贈段七娘

단씨 아가씨에게 주다

羅襪凌波生網塵[1]　那能得計訪情親[2]
千杯綠酒何辭醉[3]　一面紅妝惱殺人[4]

비단 버선이 파도를 넘는 듯 사뿐 걸으니 먼지 가득 이는데
어찌하면 방법을 얻어 친해질 수 있을까?
천 잔의 녹주로 취하는 것을 어찌 사양하리오.
붉게 화장한 그녀의 얼굴이 사람을 몹시도 심란하게 하는데.

【해제】
'단칠랑段七娘'에 대해서는 알려진 것이 없다. 이 시는 단칠랑에게 주는 것으로, 그녀를 만나고 싶지만 방도가 없어 안타까워하는 마음을 표현하였다.

【주석】
1) 羅襪(나말) 구 - 조식曹植의 〈낙신부(洛神賦)〉에서 "파도를 넘으며 사뿐히 걸으니, 비단 버선에 먼지가 이네.(陵波微步, 羅襪生塵.)"라고 하여 미인의 걸음걸이를 묘사하였다.
   網塵(망진) - 먼지가 가득한 것을 뜻한다.
2) 訪情親(방정친) - 마음이 친해지기를 구하다. 정인情人을 찾다라고

풀이할 수도 있다.
3) 綠酒(녹주) - 잘 익은 술.
4) 紅妝(홍장) - 붉게 화장하다. 단씨의 모습을 가리킨다.
   惱殺(뇌살) - 아주 심란하게 하다.

959. 別內赴徵三首 其一
아내와 작별하고 초빙에 응해 가다 3수 제1수

王命三徵去未還[1]　明朝離別出吳關[2]
白玉高樓看不見　相思須上望夫山[3]

왕의 명령이 세 번이나 불렀으니 떠나면 돌아오지 못할 텐데
내일 아침 작별하고 오 땅의 관문을 나서리.
흰 옥으로 장식된 높은 누대에서는 내가 보이지 않으리니
그리울 때 망부산에 올라야 하리.

【해제】
'별내別內'는 아내와 작별한다는 뜻으로, 여기서는 종씨宗氏 부인과의 작별을 말한다. '부징赴徵'은 왕의 부름을 받아 간다는 뜻이다. 이 시는 안녹산의 난을 피해 여산廬山에 숨어 있다가 강릉江陵에 있는 영왕永王의 부름을 받고는 아내 종씨와 작별하면서 지은 것이다. 지덕 원재(756)에 지은 것이다.
제1수는 언제 돌아올지 모르는 상황에서 지금 내가 떠나고 난 뒤에 아내가 그리워하여 망부산에 오를 것이라는 내용을 표현하였다.

【주석】
1) 王命(왕명) - 영왕의 명령을 가리킨다.

2) 吳關(오관) - 오 땅의 관문. 여기서는 여산 일대를 가리킨다.
3) 望夫山(망부산) - 남편을 그리워하며 오르는 산.
   이상 두 구절은 높은 누각에 올라도 멀리 있는 내 모습이 보이지 않을 것이니 다시 산에 올라서 봐야만 한다는 뜻이다.

960. 別內赴徵三首 其二

아내와 작별하고 초빙에 응해 가다 3수 제2수

出門妻子强牽衣　問我西行幾日歸[1]
歸時儻佩黃金印[2]　莫見蘇秦不下機[3]

문을 나서는데 아내가 옷을 세게 잡아당기며
서쪽으로 가면 언제 돌아오냐고 내게 물어보네.
돌아올 때 요행히도 황금인장을 차게 되면
소진을 보고도 베틀에서 내려오지 않는 짓은 하지 말게나.

【해제】
제2수는 이별하는 장면을 묘사한 것으로 언제 돌아 오냐는 부인의 물음에 자기가 출세하여 돌아올 수 있으니 그 때는 자신을 외면하지 말라는 당부로 답하였다.

【주석】
1) 西行(서행) - 서쪽으로 가다. 영왕이 있는 강릉이 심양의 서쪽에 있다.
2) 儻(당) - 요행히. 만약.
　 黃金印(황금인) - 황금 인장. 고급관원이 차는 인장이다.
3) 蘇秦(소진) - 전국시대의 소진은 진秦나라 왕에게 유세를 했지만 성

공하지 못했다. 검은 담비 갖옷도 해졌으며 가지고 있던 돈도 다 쓰고는 집으로 돌아왔는데, 처는 베틀에서 내려오지도 않았고 형수는 그에게 밥도 해주지 않았다.(≪전국책·진책(秦策)≫ 참조)
이상 두 구절은 소진의 고사를 반용한 것으로, 자신은 출세하여 돌아올 것이니 박대하지 말라는 뜻을 해학적으로 표현하였다.

961. 別內赴徵三首 其三
아내와 작별하고 초빙에 응해 가다 3수 제3수

翡翠爲樓金作梯[1]　　誰人獨宿倚門啼[2]
夜坐寒燈連曉月　　　行行淚盡楚關西[3]

비취로 만든 누대와 금으로 만든 사다리가 있는 집에서
누가 홀로 머물며 문에 기대 울 것인가?
밤에 찬 등불 아래 앉았다 새벽달이 뜰 때까지 잠 못 들며
초 땅 관문 서쪽을 그리며 줄기줄기 눈물이 다하겠지.

【해제】
제3수는 홀로 남은 아내의 모습을 상상한 것으로 홀로 문에 기대어 울거나 등불 아래 외로이 눈물 흘리는 아내의 모습을 묘사하였다.

【주석】
1) 翡翠(비취) 구 - 화려한 누대를 표현한 것으로, 이백의 아내가 있는 곳을 가리킨다.
2) 誰人(수인) 구 - "주렴을 걷고 근심스레 앉아 닭이 울기를 기다리네.(卷簾愁坐待鳴雞)"로 된 판본도 있다.
3) 楚關西(초관서) - 초 땅 관문의 서쪽. 영왕이 있는 강릉을 가리킨다. 강릉은 초 땅의 서쪽에 해당한다.

962. 秋浦寄內

추포에서 아내에게 부치다

我今尋陽去[1]　辭家千里餘
結荷見水宿[2]　卻寄大雷書[3]
雖不同辛苦　愴離各自居[4]
我自入秋浦　三年北信疏[5]
紅顏愁落盡　白髮不能除
有客自梁苑[6]　手攜五色魚[7]
開魚得錦字[8]　歸問我何如
江山雖道阻　意合不爲殊[9]

내가 지금 심양으로 떠나니
집에서 천 여리 떨어진 곳.
연잎으로 지붕을 엮어 물가에서 자다가
객고를 쓴 편지를 부치니,
비록 어려움과 고난을 같이하지는 않지만
각자 따로 살면서 이별을 마음 아파하네.
내가 추포로 들어온 뒤
삼년동안 북쪽 집에서 온 편지가 드물어서,

붉은 얼굴은 다 시들어 시름겨운데
흰 머리칼은 없앨 수가 없었네.
양원에서 온 나그네가 있어
오색 물고기를 들고 왔는데,
배를 갈라 비단 편지를 얻어 보니
돌아올 일이 어떠냐고 내게 물어보네.
강과 산으로 비록 길은 막혀있어도
마음이 합치되니 떨어진 게 아니라네.

【해제】

'추포秋浦'는 지금의 안휘성 지주시池州市이고 '내內'는 아내로 여기서는 종씨宗氏 부인을 가리킨다. 이 시는 추포에 있으면서 부인에게 보내는 편지이다. 서로 헤어져 힘들게 지내면서 소식이 없어 안타깝던 차에 부인의 안부편지를 받아보고는 그리운 정을 표현하였다. 대체로 천보 말년 추포를 떠돌 때 지은 것으로 추정된다.

【주석】

1) 尋陽(심양) - 지금의 강서성 구강시九江市.
2) 結荷(결하) - 연잎으로 지붕을 엮는 것을 뜻한다. 포조鮑照의 〈대뢰의 강둑에 올라 누이에게 보내는 편지(登大雷岸與妹書)〉에 "돌을 깔고 별을 보며 밥을 먹고 연잎을 엮어 물가에서 자네.(棧石星飯, 結荷水宿.)"라는 말이 있다.
3) 大雷書(대뢰서) - 위 주석에 나오는 포조의 편지를 가리키는데, 대체로 객지생활의 고달픈 모습을 묘사하였다. 여기서는 이백이 아내에게 보내는 이 편지를 말한다. '대뢰'는 지금의 안휘성 망강현望江縣이다.

4) 雖不(수불) 두 구 - 비록 삶의 고달픔이 다르지만, 따로 떨어져 살면서 애달파하는 마음은 같다는 뜻이다.
5) 北信(북신) - 북쪽에서 온 편지. 집에서 보낸 편지를 말한다.
6) 梁苑(양원) - 당시 부인 종씨가 있던 송성현宋城縣(지금의 하남성 상구현商丘縣)을 가리킨다.
7) 五色魚(오색어) - 오색 빛깔의 물고기. 옛날 사람들은 편지를 쓴 비단을 묶어서 잉어 모양으로 만들었는데, 이로 인해 오색어는 편지를 비유한다. 한나라 악부인 〈장성의 굴에서 말에게 물을 먹이다(飮馬長城窟行)〉에서 "나그네가 먼 곳에서 왔는데 내게 두 마리의 잉어를 주었네. 아이를 불러 잉어를 삶으니 뱃속에서 편지가 나왔네.(客從遠方來, 遺我雙鯉魚. 呼兒烹鯉魚, 中有尺素書.)"라고 하였다.
8) 錦字(금자) - 아내가 보낸 편지를 가리킨다.
9) 殊(수) - 떨어져 있다. '다르다'의 뜻으로 보아 이 구절을 마음이 합치되니 다르지 않다로 풀이할 수도 있다.

963. 自代內贈

아내를 대신하여 나에게 주다

寶刀裁流水　　無有斷絕時
妾意逐君行　　纏綿亦如之[1]
別來門前草　　秋黃春轉碧[2]
掃盡更還生　　萋萋滿行跡[3]
鳴鳳始相得[4]　雄驚雌各飛
遊雲落何山　　一往不見歸
估客發大樓[5]　知君在秋浦[6]
梁苑空錦衾[7]　陽臺夢行雨[8]
妾家三作相[9]　失勢去西秦[10]
猶有舊歌管[11]　淒清聞四鄰[12]
曲度入紫雲[13]　啼無眼中人[14]
妾似井底桃[15]　開花向誰笑
君如天上月　　不肯一回照
窺鏡不自識　　別多憔悴深[16]
安得秦吉了[17]　爲人道寸心[18]

보배로운 칼로 흐르는 물을 잘라도
끊어지는 때가 없는 법,
첩의 마음은 그대를 따라 가니
얽힌 것이 또한 그와 같을 것이어요.
이별 후에 문 앞의 풀은
가을에 누렇다가 봄에는 다시 푸르니,
말끔히 없애도 또다시 돋아나
빽빽이 가는 곳마다 가득하네요.
봉황소리로 비로소 같이 살게 되었는데
수컷이 놀라 암컷이 따로 날게 되었으니,
떠도는 구름은 어느 산에 떨어져 있나요?
한번 가서는 돌아오질 않네요.
대루산을 떠나온 상인이
그대가 추포에 있다고 하는데,
양원의 비단 이불은 텅 비어
양대에 내리는 비를 꿈에 보았지요.
첩의 집안은 세 번 재상을 지냈는데
세력을 잃고 서쪽 장안을 떠났지만,
아직도 옛날의 노래와 악기가 남아있어
처량한 소리 사방에 들리는데,
곡조가 자줏빛 구름에 들어가
마음에 둔 사람이 보이지 않아 우는 듯하네요.
첩은 우물 아래의 복숭아와 같아서
꽃이 피어도 누굴 향해 웃을까요?
그대는 하늘에 뜬 달과 같지만

한 번 비추려고 하질 않네요.
거울을 봐도 나인줄 모르겠으니
이별한 날이 많아 초췌함이 깊어져서인데,
어찌하면 구관조를 얻어서
날 대신해 내 마음을 말하게 할까요?

【해제】

'대내代內'는 아내를 대신하다는 뜻으로, 여기서 아내는 종씨宗氏 부인을 가리킨다. 이 시는 아내를 대신하여 이백 자신에게 써주는 형식을 취하여, 추포를 떠돌고 있을 때 집에서 자신을 그리워하는 아내의 마음을 추측하여 묘사하였다. 대체로 앞의 시와 같은 시기에 지은 것으로 보인다.

【주석】

1) 纏綿(전면) - 서로 얽힌 모습. 정이 얽힌 것을 뜻한다.
   如之(여지) - 그와 같다. 흐르는 물이 끊어지지 않는 것과 같다.
2) 黃(황) - 왕기본王琦本에는 '항巷'으로 되어있으며 주석에 '黃자의 잘못이다라고 하였는데, 이를 따라 수정하였다.
3) 萋萋(처처) - 풀이 무성한 모습.
4) 鳴鳳(명봉) 구 - 진목공秦穆公의 딸인 농옥弄玉이 소簫를 잘 불던 소사簫史라는 사람과 결혼하여 소 부는 법을 배웠는데 봉황소리가 났다.(≪열선전列仙傳≫ 참조) 여기서는 종씨 부인이 이백과 결혼한 것을 말한다.
5) 估客(고객) - 상인.
   大樓(대루) - 추포의 남쪽에 있는 산.
6) 秋浦(추포) - 지금의 안휘성 지주시池州市.
7) 梁苑(양원) - 지금의 하남성 상구시商丘市 남쪽. 지금 종씨 부인이

있는 곳이다.

錦衾(금금) - 비단 이불.

8) 陽臺(양대) - 송옥宋玉의 〈고당부(高唐賦)〉에 나오는 무산巫山 신녀가 머무는 곳. 그는 초왕에게 아침에는 구름이 되고 저녁에는 지나가는 비가 되겠다고 하였다.

이상 두 구절은 양원에서 종씨 부인이 이백을 그리워하는 모습을 표현하였다.

9) 妾家(첩가) 구 - 이백의 부인인 종씨의 할아버지 종초객宗楚客은 세 번 재상을 지냈다.

10) 西秦(서진) - 장안을 가리킨다.

11) 歌管(가관) - 노래와 악기.

12) 凄淸(처청) - 처량한 모습.

四鄰(사린) - 사방의 이웃.

13) 曲度(곡도) - 곡조.

入紫雲(입자운) - 음악이 하늘 높이 울려 퍼지는 것을 말한다.

14) 眼中人(안중인) - 마음에 두고 있는 사람. 여기서는 이백을 가리킨다. 이 구절 다음에 "여동생들이 다투어 웃으며 놀리는데, 슬픔과 부끄러움에 눈물이 수건에 가득하네요.(女弟爭笑弄, 悲羞淚盈巾)"가 더 있는 판본도 있다.

15) 井底桃(정저도) - 우물 아래의 복숭아나무. 아무도 알아주지 않는 존재를 비유한다.

16) 窺鏡(규경) 두 구 - 남편을 그리는 마음에 모습이 초췌해져서 거울을 봐도 자신을 몰라볼 정도라는 뜻이다.

17) 秦吉了(진길료) - 구관조. 사람의 말을 흉내 낼 수 있다.

18) 寸心(촌심) - 마음. 여기서는 이백을 그리워하는 아내의 마음을 가리킨다.

964. 秋浦感主人歸燕寄內

추포에서 주인집의 돌아가는 제비를 보고 느낌이 일어 아내에게 부치다

霜凋楚關木[1]　始知殺氣嚴[2]
寥寥金天廓[3]　婉婉綠紅潛[4]
胡燕別主人[5]　雙雙語前簷
三飛四迴顧[6]　欲去復相瞻
豈不戀華屋[7]　終然謝珠簾[8]
我不及此鳥[9]　遠行歲已淹[10]
寄書道中嘆[11]　淚下不能緘[12]

초 땅 관문의 나무가 서리에 시들자
차가운 기운이 삼엄함을 비로소 알겠으니,
휑하니 가을 하늘은 넓고
어여쁜 푸른 잎과 붉은 꽃은 숨었네.
북방의 제비가 주인과 작별하느라
쌍쌍으로 앞 처마에서 지저귀고는,
날아가면서 계속 뒤돌아보고
가려다가 또 바라보는데,
어찌 이 화려한 집에 미련이 없으랴만

끝내는 주렴을 떠나네.
나는 이 새보다도 못하니
멀리 떠나와서 세월이 벌써 오래되었는데,
편지를 부치려다 길에서 탄식하니
눈물이 떨어져 봉함하지도 못하겠네.

【해제】
'추포秋浦'는 지금의 안휘성 지주시池州市이고, '내內'는 아내로 여기서는 종씨宗氏 부인을 가리킨다. 이 시는 추포를 떠돌다가 가을에 돌아가는 주인집의 제비를 보고 느낀 생각을 적어 아내에게 부친 것으로, 미련을 버리고 마침내 고향으로 돌아가는 제비처럼 자신도 돌아가고 싶지만 그러지 못하여 애달파하는 모습을 표현하였다. 대체로 앞의 시와 비슷한 시기에 지은 것으로 보인다.

【주석】
1) 楚關(초관) - 초 땅의 관문. 추포는 초 땅에 속한다.
2) 殺氣(살기) - 차가운 기운.
3) 寥寥(요료) - 텅 빈 모습.
   金天(금천) - 가을 하늘. 오행에서 '금'은 서쪽과 가을에 해당한다.
   廓(곽) - 넓다.
4) 婉婉(완완) - 아름다운 모습.
   綠紅(녹홍) - 푸른 잎과 붉은 꽃.
   潛(잠) - 숨다. 사라지다. 시든 것을 뜻한다.
5) 胡燕(호연) - 제비의 일종.
6) 三飛(삼비) 구 - 세 번 날갯짓하고 네 번 되돌아보다. 날아가면서 계속 뒤돌아보는 것을 말한다.

7) 華屋(화옥) - 화려한 집. 제비가 살던 주인집을 가리킨다.
8) 珠簾(주렴) - 제비가 살던 주인집을 가리킨다.
9) 不及(불급) - ~에 미치지 못하다.
10) 淹(엄) - 오래 되다.
11) 道中(도중) - 길 가운데. 나그네 신세임을 뜻한다.
12) 緘(함) - 눈물을 거둔다는 뜻으로 볼 수도 있다.

965. 送內尋廬山女道士李騰空二首 其一
여산의 여도사 이등공을 찾아가는 아내를 보내다 2수 제1수

君尋騰空子　　應到碧山家[1]
水舂雲母碓[2]　風掃石楠花[3]
若戀幽居好[4]　相邀弄紫霞[5]

그대가 이등공을 찾아간다니
응당 푸른 산의 집에 닿겠지.
물이 운모 방아를 찧고
바람이 녹나무 꽃을 쓸텐데,
만약 은거지의 아름다움을 사랑한다면
나를 불러 자줏빛 노을을 즐기시게.

【해제】
'내內'는 아내로 여기서는 종씨宗氏 부인을 가리킨다. '여산廬山'은 지금의 강서성 구강시九江市 근처에 있다. '이등공李騰空'은 당시 재상이던 이임보李林甫의 딸로서 도사가 되어 여산에서 살았다. 이 시는 여산의 이등공을 찾아가는 부인을 보내며 지은 것이다. 상원 2년(761)에 지은 것이라는 설이 있지만 확실치 않다.
제1수는 이등공이 사는 곳의 분위기를 묘사하면서 그곳의 풍취를 즐기라는 당부를 하였다.

【주석】
1) 碧山家(벽산가) - 푸른 산 속의 집. 이등공이 여산 병풍첩屛風疊 북쪽에 거주하였다. 후에 그곳을 소덕관昭德觀이라고 하였다.
2) 舂(용) - 찧다.
雲母(운모) - 광물의 일종으로 이것을 오래 복용하면 몸이 가벼워지고 오래 살 수 있다고 한다.
碓(대) - 방아.
이 구절은 운모를 물방아로 찧어 선약仙藥을 만든다는 뜻이다.
3) 石楠(석남) - 녹나무. ≪본초연의(本草衍義)≫에 의하면, 잎이 비파의 잎사귀 중 작은 것과 비슷하게 생겼으며 1월과 2월 사이에 꽃이 핀다고 한다.
4) 幽居(유거) - 이등공의 은거지를 가리킨다.
5) 紫霞(자하) - 자줏빛 노을. 신선을 상징한다.

966. 送內尋廬山女道士李騰空二首 其二
여산의 여도사 이등공을 찾아가는 부인을 보내다 2수 제2수

多君相門女[1]　學道愛神仙
素手掬青靄　羅衣曳紫煙
一往屛風疊[2]　乘鸞著玉鞭

그대 재상 가문의 딸이
도를 배우고 신선을 사랑한 것을 찬미하나니,
흰 손은 푸른 구름을 쥐고
비단 옷은 자줏빛 안개를 끌었네.
병풍첩에 이제 한번 가면
옥 채찍을 쥐고 난새를 타시게.

【해제】
제2수는 부인이 재상 집안의 출신이지만 부귀영화를 버리고 도를 배워 신선다운 풍취가 있음을 찬미하고는 여산에서 제대로 신선 같은 삶을 즐기라는 당부를 하였다.

【주석】
1) 多(다) - 찬미하다.

相門女(상문녀) - 재상 가문의 딸. 종씨의 할아버지 종초객宗楚客은 세 번 재상을 지냈다.

2) 屛風疊(병풍첩) - 여산에 있는 산봉우리로 마치 병풍처럼 둘러싸고 있다.

967. 贈內

아내에게 주다

三百六十日　　日日醉如泥[1]
雖爲李白婦　　何異太常妻[2]

일 년 삼백육십일
날마다 곤드레만드레 취했네.
비록 이백의 부인이 되었지만
태상의 처와 무엇이 다르리.

【해제】
'내內'는 아내를 의미한다. 이 시는 아내에게 써 준 것으로 매일같이 술만 마시는 자신의 처가 된 그녀의 딱한 신세를 해학적으로 표현하였다. 개원 15년(727) 안륙安陸에 살 때 허씨許氏 부인에게 써 준 것이라는 설이 있다.

【주석】
1) 醉如泥(취여니) - 곤죽이 되도록 취하다.
2) 太常妻(태상처) - 태상의 처. '태상'은 제사와 예악을 주관하는 관리인데 여기서는 후한의 주택周澤을 가리킨다. 그는 공경스럽게 종묘를 보살폈는데, 어느 날 재궁齋宮에 병들어 눕게 되었다. 그의 처가

주택이 노쇠하고 병든 것을 슬퍼하여 그를 찾아왔더니 주택은 재궁의 금기를 범했다고 하며 크게 화를 내고는 그녀를 감옥에 가두었다. 당시 사람들은 그의 행동이 괴팍하다고 생각하고는 "세상에 잘못 태어나 태상의 처가 되었다네. 일 년 360일 중에 359일은 재계하고, 하루 재계하지 않을 때면 곤죽이 되도록 취하네.(生世不諧, 作太常妻, 一歲三百六十日, 三百五十九日齋, 一日不齋醉如泥)"라고 하였다.(≪후한서·주택전≫ 및 주석 참조)

968. 在尋陽非所寄內

심양 감옥에서 아내에게 부치다

聞難知慟哭　　行啼入府中
多君同蔡琰[1]　流淚請曹公[2]
知登吳章嶺[3]　昔與死無分[4]
崎嶇行石道[5]　外折入靑雲
相見若悲嘆　　哀聲那可聞

내 어려운 일 듣고 통곡을 하고는
울면서 관아로 갔음을 알았으니,
그대가 채염이
눈물을 흘리며 조조에게 청한 것 같이 했음을 칭찬하네.
오장령에 오른 것을 알았으니
어제는 죽은 것과 다를 바 없었겠지.
험난하게 돌길을 걷다가
바깥쪽으로 꺾여 푸른 구름 속으로 들어갔으리.
만났을 때 만일 슬프게 탄식하면
애달픈 소리를 어찌 들을 수 있으랴?

【해제】

'심양尋陽'은 지금의 강서성 구강시九江市이며 '비소非所'는 사람이 살아서는 안되는 곳으로 여기서는 감옥을 뜻한다. '내內'는 아내로 여기서는 종씨宗氏 부인을 가리킨다. 이 시는 영왕永王의 일로 인해 심양 감옥에 갇혀있을 때 아내에게 부친 것이다. 자신을 구하기 위해 관아를 찾아간 사실과 여산廬山에서 심양으로 오기 위해 험한 오장령吳章嶺을 넘어온 사실을 적은 뒤 애달프게 슬퍼하는 부인의 마음을 표현하였다. 지덕 2재(757)에 지은 것이다.

【주석】

1) 多(다) - 찬미하다. 감탄하다.
    蔡琰(채염) - 동한 시기 저명한 문학가인 채옹蔡邕의 딸로서 박학하고 언변이 있었으며 음률에도 능했다. 그의 남편인 동사董祀가 둔전도위屯田都尉로 있을 때 죽을죄를 짓자 그녀는 조조曹操에게 가서 구원을 요청했다. 당시 유명 인사와 여러 관리들이 당에 가득했는데 조조는 "채옹의 딸이 밖에 있는데 그대들에게 보여드리겠오"라고 하였다. 그녀는 봉두난발을 하고 맨발로 들어와 머리를 조아리며 죄를 청하였는데, 말이 조리가 있었으며 그 뜻이 매우 애달파 모두 안색이 바뀌었다. 조조가 "그대 사정은 딱하지만 이미 보고서가 떠났으니 어떻게 하겠는가?"라고 하니 채염이 "공에게는 말이 만 필이고 호랑이 같은 군사가 숲을 이루는데 어찌 발 빠른 말 한 필을 아껴서 사지에 처한 목숨을 구하지 않으려고 합니까?"라고 하였다. 조조는 그의 말에 감복하여 이미 내린 명을 철회하고 동사의 죄를 사면하였다.(≪후한서·열녀전列女傳≫ 참조) 여기서는 이백의 부인인 종씨를 비유한다.
2) 曹公(조공) - 조조.
3) 吳章嶺(오장령) - 여산과 이어져 있으며 고갯길이 험하고 좁다.

4) 昔(석) - 종씨가 오장령을 넘었을 때를 말한다.
   與死無分(여사무분) - 죽음과 구분이 없다. 이곳을 지나는 것은 거의 죽은 것과 마찬가지일 정도로 산길이 험하다는 뜻이다.
5) 崎嶇(기구) - 길이 험난한 모습.
   이하 두 구절은 오장령을 넘는 길이 험하고 높은 것을 표현하였다.

969. 南流夜郎寄內

남쪽 야랑으로 유배 가다가 아내에게 부치다

夜郎天外怨離居[1]　明月樓中音信疏
北雁春歸看欲盡　南來不得豫章書[2]

야랑은 하늘 밖에 있어 떨어져 살게 된 것이 원망스러운데
밝은 달이 뜬 누대에 소식은 드무네.
북쪽 기러기가 봄에 돌아가는 것을 거의 다 보았는데
남쪽으로 올 때 예장에서 오는 편지는 얻을 수 없었네.

【해제】
'야랑夜郎'은 지금의 귀주성 정안현正安縣 북서쪽으로 이백의 유배지이며, '내內'는 아내로 여기서는 종씨宗氏 부인을 가리킨다. 이 시는 야랑으로 유배 가다가 아내에게 부친 것으로, 아내로부터 편지가 없어 슬퍼하는 마음을 표현하였다. 건원 2년(759)에 지은 것으로 보인다.

【주석】
1) 天外(천외) - 하늘 바깥. 아주 먼 곳을 가리킨다.
2) 南來(남래) - 남쪽 야랑으로 유배 가는 것을 가리킨다.
   豫章(예장) - 지금의 강서성 남창시南昌市. 이백의 부인인 종씨가 사는 곳을 가리킨다.

970. 越女詞五首 其一

월 땅의 여인 5수 제1수

長干吳兒女[1]   眉目豔星月
屐上足如霜[2]   不着鴉頭襪[3]

장간의 오 땅 여인은
눈썹과 눈이 달과 별처럼 예쁘네.
나막신 신은 발은 서리 같은데
까치 머리 버선은 신지 않았네.

【해제】
이 시는 월 지역을 노닐면서 그곳 여인을 보고 그 아름다운 모습을 표현한 것이다. 개원 14년(726)에 지었다는 설과 천보 6재(747)에 지었다는 설이 있지만 확실치 않다.
제1수는 여인의 예쁜 눈과 하얀 발을 묘사하였다.

【주석】
1) 長干(장간) - 지금의 강소성 남경시 남쪽.
2) 屐(극) - 나막신.
3) 鴉頭襪(아두말) - 엄지발가락과 나머지 네 발가락을 분리시킨 버선으로 나막신을 신을 때 편리하다.

971. 越女詞五首 其二

월 땅의 여인 5수 제2수

吳兒多白皙[1]　好爲蕩舟劇[2]
賣眼擲春心[3]　折花調行客[4]

오 땅의 여인은 대부분 피부가 하얗고
배를 흔들며 장난치는 것을 좋아하네.
눈짓을 하여 춘심을 던지고
꽃을 꺾어 지나가는 나그네를 희롱하네.

【해제】

제2수는 오 땅 여인이 피부가 하얗고 뱃놀이를 좋아한다는 내용을 쓴 뒤, 지나가는 나그네에게 추파를 던지며 놀리는 상황을 묘사하였다.

【주석】

1) 白皙(백석) - 피부가 하얗고 깨끗하다.
2) 蕩舟(탕주) - 배를 흔들다. 배를 젓다.
　 劇(극) - 놀다. 유희하다.
3) 賣眼(매안) - 눈짓을 하다.
4) 調(조) - 희롱하다.

972. 越女詞五首 其三

월 땅의 여인 5수 제3수

耶溪採蓮女[1]　　見客棹歌回[2]
笑入荷花去　　佯羞不出來[3]

약야계에서 연을 따는 여인이
나그네를 보고는 뱃노래를 부르며 돌아가네.
웃으면서 연꽃사이로 들어가서는
부끄러운 척하며 나오지를 않네.

【해제】
제3수는 연을 따는 오 땅의 여인이 나그네를 보고는 부끄러운 척하며 숨어 있는 장면을 묘사하였다.

【주석】
1) 耶溪(야계) - 지금의 절강성 소흥紹興 남쪽에 있는 약야계若耶溪.
2) 棹歌(도가) - 노를 저으면서 부르는 노래.
3) 佯羞(양수) - 부끄러운 척하다.

973. 越女詞五首 其四

월 땅의 여인 5수 제4수

東陽素足女[1]　會稽素舸郞[2]
相看月未墮　白地斷肝腸[3]

발이 하얀 동양의 여인
소박한 배를 탄 회계의 청년,
서로 보는데 달이 떨어지지 않아서
공연히 애간장만 끊어지네.

【해제】

제4수는 남녀가 만나서 애정을 나누고 싶지만 그러지 못해 노심초사하는 모습을 묘사하였다.

【주석】

1) 東陽(동양) - 지금의 절강성 금화시金華市.
2) 素舸(소가) - 아무런 장식을 하지 않은 목선木船.
3) 白地(백지) - 공연히. 아무 성과도 없이.
　이상 네 구절은 사영운의 〈동양의 시내에서 주고 답하다(東陽溪中贈答)〉두 수를 활용하였다. 한 수에서는 "아름답구나, 어느 집안의 여인인지 시냇물에서 하얀 발을 씻고 있네. 밝은 달이 구름에 있지만 아득하여 얻을 수 없구나.(可憐誰家婦, 緣流洗素足. 明月在雲間, 迢迢不可得.)"라고 하였고, 다른 한 수에서는 "아름답구나, 어느 집안의 사내인지 시냇물에서 소박한 배를 타고 있네. 그 마음이 어떤가 물어보기만 했는데, 달이 구름 속에서 떨어지네.(可憐誰家郞, 緣流乘素舸. 但問情若何, 月就雲中墮.)"라고 하였다.

974. 越女詞五首 其五

월 땅의 여인 5수 제5수

鏡湖水如月[1]　耶溪女似雪[2]
新妝蕩新波[3]　光景兩奇絶[4]

경호의 물은 달빛과 같고
약야계의 여인은 눈과 같네.
새로 단장한 모습이 새 물결에 흔들리니
그 모습이 둘 다 아름답구나.

【해제】
제5수는 경호의 물빛과 여인의 모습이 잘 어울려서 둘 다 매우 아름답다고 칭송하였다.

【주석】
1) 鏡湖(경호) - 지금의 절강성 소흥紹興 회계산會稽山 북쪽에 있는 호수.
2) 耶溪(야계) - 지금의 절강성 소흥 남쪽에 있는 약야계若耶溪.
3) 蕩(탕) - 흔들리다.
4) 兩(량) - 경호의 물빛과 약야계의 여인의 모습을 가리킨다.
　 奇絶(기절) - 빼어나게 아름답다.

975. 浣紗石上女

완사석의 여인

玉面耶溪女[1]　　青蛾紅粉妝
一雙金齒屐[2]　　兩足白如霜

옥 같은 얼굴의 약야계 여인
검푸른 눈썹과 붉은 분으로 화장했네.
한 쌍의 쇠굽 나막신에
두 발이 서리처럼 희네.

【해제】
'완사석浣紗石'은 지금의 절강성 소흥紹興 남쪽 약야계若耶溪에 있는 빨래 하던 곳으로 옛날 서시西施가 이곳에서 빨래를 하였다고 한다. 이 시는 완사석에 있는 여인의 아름다운 모습을 읊었다. 개원 14년(726)에 지었다는 설과 천보 6재(747)에 지었다는 설이 있지만 확실치 않다.

【주석】
1) 玉面(옥면) - 옥 같이 하얀 얼굴.
   耶溪(야계) - 약야계.
2) 金齒屐(금치극) - 굽을 금속으로 만든 나막신.

976. 示金陵子

금릉자에게 보여주다

金陵城東誰家子[1]　竊聽琴聲碧窓裏[2]
落花一片天上來　隨人直渡西江水[3]
楚歌吳語嬌不成　似能未能最有情[4]
謝公正要東山妓[5]　攜手林泉處處行

금릉 성 동쪽 누구 집의 딸인가?
푸른 창 안에서 금 연주를 몰래 듣고 있는데,
떨어진 꽃잎 한 조각이 하늘에서 내려와
사람을 따라 곧장 서쪽 강을 건너가네.
초 땅의 노래를 오 땅의 말로 하니 아름답진 않지만
잘하는 듯 못하는 것이 아주 정취가 있으니,
사안은 바로 동산의 기녀를 불러서
손잡고 숲과 내 곳곳을 다니려 하네.

【해제】
이 시의 제목이 〈금릉자사(金陵子詞)〉로 된 판본도 있다. '금릉金陵'은 지금의 강소성 남경시이고, '금릉자'는 금릉의 기녀로 보인다. 이 시는 금릉자라는 기녀에게 준 것으로, 옛날에 기녀를 데리고 놀았던 사안謝安처럼 그녀를 데리고 경치 좋은 곳을 다니고 싶다는 바람을 표현하였다. 개원 14년(726)에 지었다는 설과 천보 7재(748)에 지었다는 설이 있지만 확실치 않다.

【주석】
1) 誰家子(수가자) - '金陵子'로 된 판본도 있다.
2) 竊聽(절청) 구 - 사마상여司馬相如가 탁왕손卓王孫의 초대를 받아 그의 집에 가서 금을 연주하였는데, 그의 딸인 탁문군卓文君이 그것을 몰래 듣고는 사마상여를 좋아하여 그를 따라 도망쳤다.(≪사기·사마상여열전≫ 참조) 이 구절은 이러한 고사를 암용하여 금릉자가 금의 소리를 듣고 남자에게 심취했음을 뜻하는 것으로 보인다. 이와 달리 이백이 금릉자의 금 연주 소리를 듣는 것으로 보는 설도 있다.
3) 西江(서강) - 지금의 강서성 구강시九江市에서 남경시 사이를 북동쪽으로 흐르는 장강의 일부.
   이상 두 구설은 여인이 정인에게 마음을 빼앗긴 상황을 비유한 것으로 보인다.
4) 楚歌(초가) 두 구 - 여인이 초나라 노래를 오나라 방언으로 불러 아름답지는 않지만, 잘하는 듯하면서도 실제로는 못하는 점이 도리어 정감을 느끼게 한다는 뜻이다.
5) 謝公(사공) - 동진東晉의 사안謝安. 그는 은거할 때 동산에서 기녀들과 노닐었다.(≪진서·사안전≫ 참조) 여기서는 이백 자신을 비유한다.
   要(요) - 부르다. 초청하다. '요邀'와 같다.
   東山妓(동산기) - 여기서는 금릉자를 가리킨다.
   이하 두 구절은 이백이 그녀를 불러 함께 산수 속을 유람하고자 한다는 뜻이다.

977. 出妓金陵子呈盧六 四首 其一
금릉자를 내보이고 노씨에게 주다 4수 제1수

安石東山三十春[1]　　傲然攜妓出風塵[2]
樓中見我金陵子　　何似陽臺雲雨人[3]

사안이 동산에서 삼십 년 동안
오만하게 기녀를 데리고 세속을 벗어났지.
누대에 있는 나의 금릉자를 보게나
양대의 무산신녀에 비해 누가 더 예쁜가?

【해제】
'금릉자金陵子'는 금릉(지금의 강소성 남경시)의 기녀이다. '노盧'씨에 대해서는 알려진 것이 없으며 '육六'은 형제 중의 순서이다. 이 시는 금릉자를 연회석에 나가게 하고는 노씨에게 지어 준 것이다. 개원 14년(726)에 지었다는 설과 천보 7새(748)에 지었다는 설이 있지만 확실치 않다. 제1수는 사안謝安이 세속을 벗어나 동산에서 노닌 것처럼 지금 자신도 그렇게 노닐고 있으며 금릉자는 무산巫山 신녀보다 아름답다고 하였다.

【주석】
1) 安石(안석) - 동진東晉의 사안謝安. 그는 동산에서 은거하며 기녀들을 데리고 노닐었다.(《진서·사안전》 참조)

三十春(삼십춘) - 삼십년. 사안이 은거한 기간은 사십년인데 여기서는 오랜 기간이란 것을 의미한다.
2) 傲然(오연) - 뻐기는 모습.
出風塵(출풍진) - 세속을 벗어나다.
이상 두 구절은 사안이 동산에서 기녀들과 노닐었던 것처럼 지금 자신도 그렇게 노닐고 있다는 뜻이다.
3) 何似(하사) - 비교하여 어떠한가? 더 낫다는 뜻이다.
陽臺雲雨人(양대운우인) - 무산의 신녀를 가리킨다. 옛날 초나라 양왕襄王이 송옥宋玉과 함께 운몽雲夢의 누대에서 노닐다가 고당高唐의 누대를 바라보니 그 위로 구름기운이 있었다. 양왕이 그것을 보고 송옥에게 "저게 무슨 기운인가?"라고 물으니, "옛날 선왕께서 일찍이 고당에서 노닐 때, 곤해서 낮잠을 주무시는데 꿈에 한 부인이 나타나더니 '저는 무산의 신녀로 고당에 머물고 있는데 임금께서 고당에 놀러 오셨단 말을 듣고는, 잠자리를 시중들까 합니다.'고 하였습니다. 그래서 왕은 그녀를 사랑하셨으며 그녀가 떠날 때 말하기를 '저는 무산 남쪽 고구의 험한 곳에 사는데, 아침에는 구름이 되고 저녁에는 비가 되어 아침저녁마다 양대 아래에 있겠습니다.'고 하였는데, 아침에 바라보니 과연 여자의 말과 같았습니다."라고 하였다.(〈고당부高唐賦〉 참조)

978. 出妓金陵子呈盧六 四首 其二
금릉자를 내보이고 노씨에게 주다 4수 제2수

南國新豊酒[1]　　東山小妓歌[2]
對君君不樂　　花月奈愁何[3]

남쪽 나라의 신풍주와
동산의 귀여운 기녀의 노래로
그대를 대하여도 그대 즐거워하지 않으니
꽃과 달은 또 그 근심을 어찌하리오.

【해제】
제2수는 맛있는 술과 기녀의 노래가 있지만 노씨가 즐거워하지 않는 것을 타박하였다.

【주식】
1) 新豊(신풍) - 지금의 강소성 단양시丹陽市 신풍현. 술로 유명하다.
2) 東山小妓(동산소기) - 동산의 어린 기녀. 금릉자를 가리킨다.
3) 奈何(내하) - 어찌할까?
　　이상 두 구절은 신풍의 좋은 술과 금릉자의 좋은 노래가 있어도 잔치자리가 즐겁지 않으니 꽃과 달도 시름겨워한다는 뜻이다.

979. 出妓金陵子呈盧六 四首 其三
금릉자를 내보이고 노씨에게 주다 4수 제3수

東道煙霞主[1]　　西江詩酒筵[2]
相逢不覺醉　　日墮歷陽川[3]

안개와 노을 속에 사는 주인이
서쪽 강에서 시와 술의 연회를 벌였네.
서로 만나 어느새 취해버렸는데
태양은 역양의 강으로 떨어져버렸네.

【해제】
제3수는 자연에 은거한 사람이 손님을 위해 연회를 베풀어 술을 마시고 시를 지으며 놀다보니 어느새 해가 졌다는 사실을 표현하였다.

【주석】
1) 東道主(동도주) - 동쪽 길을 주관하다. 춘추 시대 때 진晉나라가 진秦나라와 협력하여 정鄭나라를 포위하자 정문공鄭文公이 촉지무燭之武로 하여금 진秦 목공穆公에게 유세하게 하였는데, 그는 "만일 정나라를 그대로 놔두고서 동쪽 길을 주관하도록 하여 후에 사신이 왕래할 때 관사나 물자를 부족하지 않게 공급한다면 그대들에게도 해가 되는 바가 없을 것입니다."라고 하였다고 한다.(≪좌전·희공(僖

公) 30년≫ 참조) 이로부터 '동도주'는 손님을 접대하는 주인이라는
   뜻으로 사용되었다. 여기서는 이백 자신을 가리킨다. 노씨를 가리
   킨다는 설이 있지만 옳지 않다.
   煙霞(연하) - 안개와 노을. 신선다운 풍취를 가지고 있음을 나타낸다.
2) 西江(서강) - 지금의 강서성 구강시九江市에서 남경시 사이를 북동쪽
   으로 흐르는 장강의 일부.
3) 歷陽(역양) - 지금의 안휘성 화현和縣으로 금릉의 남서쪽에 있다.

980. 出妓金陵子呈盧六 四首 其四
금릉자를 내보이고 노씨에게 주다 4수 제4수

小妓金陵歌楚聲　　家僮丹砂學鳳鳴[1]
我亦爲君飮淸酒　　君心不肯向人傾

귀여운 기녀 금릉자가 초 땅의 노래를 부르고
집안 하인 단사는 봉황 울음소리를 흉내 내네.
나 역시 그대 위해 맑은 술을 마시는데
그대 마음은 사람에게 기울려 하지 않네.

【해제】
제4수는 금릉자는 노래를 부르고 하인은 생을 부는 가운데 술을 마시며 흥취가 나지만 노씨는 마음을 열어주어 즐기지 않는 모습을 표현하였다.

【주석】
1) 家僮(가동) - 집안의 하인.
   丹砂(단사) - 하인의 이름.
   學鳳鳴(학봉명) - 봉황 울음소리를 흉내 내다. 생笙을 불어 봉황 울음소리를 낸다는 뜻이다.

981. 巴女詞

파 땅의 여인

巴水急如箭[1]　巴船去若飛
十月三千里[2]　郞行幾歲歸

파 땅의 물이 화살처럼 급하니
파 땅의 배는 나는 듯이 떠나가네.
열 달 동안 삼천리를 갔으니
낭군은 어느 해에 돌아오려나?

【해제】
'파巴'는 지금의 중경시와 호북성 경계 부근을 가리킨다. 이 시는 파 땅의 여인에 관해 쓴 것으로, 떠나간 남자를 그리워하는 마음을 표현하였다. 개원 13년(725)에 지은 것이라는 설이 있다.

【주석】
1) 巴水(파수) - 지금의 중경에서 삼협에 이르는 장강 구간.
2) 十月(십월) 구 - 남자가 오랫동안 멀리 떠나가 있음을 말한다.

17

애상 哀傷

982. 哭晁卿衡

조형을 곡하다

日本晁卿辭帝都[1]　征帆一片繞蓬壺[2]
明月不歸沈碧海[3]　白雲愁色滿蒼梧[4]

일본의 조형이 황제의 도읍을 떠나서
한 조각 배를 타고 봉래산을 휘돌아갔네.
밝은 달이 돌아가지 못하고 푸른 바다에 빠지니
흰 구름이 근심스레 창오산에 가득하네.

【해제】
'경卿'은 상대방에 대한 존칭이며, '조형晁衡'은 일본에서 중국으로 유학 온 아베노 나카마로(阿倍仲麻呂)로 조형朝衡이라고도 한다. 그는 천보 12재(753) 12월에 일본으로 배를 타고 돌아가던 중 풍랑을 만나 베트남에 표류되었다. 이후 다시 장안으로 돌아와서 관직생활을 하다가 중국에서 생을 마쳤다. 당시 그가 타고 가던 배가 난파되어 그가 죽은 것으로 소문이 났는데, 이백 역시 그가 죽은 줄 알고 이 시를 지어 애도하였다. 천보 13재(754)에 지은 것으로 보인다.

【주석】
  1) 帝都(제도) - 황제의 도읍. 장안을 가리킨다.

2) 蓬壺(봉호) - 동해에 신선이 산다는 봉래산蓬萊山.
  이 구절은 조형이 동해를 거쳐 일본으로 돌아가는 것을 말한다.
3) 明月(명월) 구 - 조형이 바다에 빠져 죽은 것을 표현하였다.
4) 蒼梧(창오) - ≪일통지(一統志)≫에 따르면 회안부淮安府 해주海州 구산朐山 북동쪽 바다에 울주鬱洲가 있는데 창오산이라고도 한다고 되어있다. 원래 창오산은 지금의 호남성 영원현寧遠縣 남쪽에 있는 구의산九疑山인데, 전설에 따르면 울주가 창오에서 옮겨왔다고 한다. 여기서는 조형이 죽은 동해를 가리킨다.
  이 구절은 이백이 조형의 죽음을 기리는 마음을 표현하였다.

983. 自溧水道哭王炎三首 其一

율수의 길에서 왕염을 곡하다 3수 제1수

白楊雙行行¹　白馬悲路傍
晨興見曉月　更似發雲陽²
溧水通吳關　逝川去未央³
故人萬化盡⁴　閉骨茅山岡⁵
天上墜玉棺⁶　泉中掩龍章⁷
名飛日月上　義與風雲翔
逸氣竟莫展　英圖俄天傷⁸
楚國一老人　來嗟龔勝亡⁹
有言不可道　雪泣憶蘭芳¹⁰

백양나무 쌍쌍이 줄지어 선 곳
백마는 길가에서 슬퍼하는데,
새벽에 일어나 새벽달을 보았으니
또 운양을 떠나는 것 같네.
율수는 오 땅의 관문과 통하는데
흘러가는 강물은 가도 가도 끝이 없네.
오랜 친구가 죽어

모산 언덕에 뼈를 묻게 되니,
하늘 위에서 옥 관이 떨어져
황천 속에 곤룡포가 덮여버렸네.
이름은 해와 달 위를 날고
의리는 바람과 구름과 함께 날았는데,
빼어난 기상은 끝내 펴지 못하고
영명한 계책은 문득 일찍 꺾였네.
초 땅의 한 노인이
와서 공승의 죽음을 안타까워하노니,
할 말은 있지만 말할 수가 없어서
눈물을 닦으며 난초 향기를 추억하네.

【해제】

'율수溧水'는 지금의 강소성 율양현溧陽縣을 지나는 강이다. '왕염王炎'은 이백의 친구인데, 〈검각부(劍閣賦)〉의 자주自注에서 "친구인 왕염이 촉으로 들어가는 것을 보내다(送友人王炎入蜀)"라고 하였다. 이 시는 그가 젊은 나이에 뜻을 제대로 펴보지도 못하고 세상을 뜬 것을 슬퍼하며 지은 것이다. 천보 14재(755)에 지은 것이라는 설이 있지만 확실치 않다.
제1수는 그가 호방한 기운과 빼어난 계책을 가지고 있었지만 이를 펴지 못하고 젊은 나이에 죽은 것을 애도하였다.

【주석】

1) 白楊(백양) - 옛날에 묘지에 백양나무를 많이 심었다. 〈고시십구수(古詩十九首)〉 중 〈상동문으로 수레를 몰다(驅車上東門)〉에서 "상동문으로 수레를 몰아 성곽 북쪽의 묘지를 멀리 바라보니, 백양나무 얼마나 쓸쓸한가? 소나무와 측백나무가 너른 길을 끼고 있네.(驅車上東

門, 遙望郭北墓. 白楊何蕭蕭, 松柏夾廣路.)"라고 하였다.

2) 發雲陽(발운양) - 사영운謝靈運의 〈노릉왕의 묘 아래에서 짓다(盧陵王墓下作)〉에서 "새벽달에 운양을 떠나 석양에 주방에 머물렀네.(曉月發雲陽, 落日次朱方)"라고 하였다. 운양은 지금의 강소성 단양시丹陽市이고, 주방은 지금의 강소성 단도현丹徒縣 남동쪽이다.

3) 逝川(서천) - 흘러가는 물.
    未央(미앙) - 끝이 없다.

4) 萬化盡(만화진) - 죽었다는 뜻이다.

5) 閉骨(폐골) - 뼈를 묻다.
    茅山(모산) - 율수현 동쪽에 있는 산.

6) 天上(천상) 구 - 한나라 때 왕교王喬가 섭현령葉縣令이었는데, 하늘에서 옥으로 만든 관이 떨어졌다. 관리가 이를 움직이려 해도 꼼짝도 하지 않았다. 왕교는 "하늘이 나를 부르고자 하는 것일 따름이리라."라고 하고는 목욕재계하고 옷을 갈아입고는 관 속에 들어가서 누우니 덮개가 곧 덮였다. 성 동쪽에 매장하니 흙이 절로 무덤을 이루었다.(≪후한서·방술전(方術傳)·왕교전≫ 참조) 여기서는 왕염이 죽은 것을 의미한다.

7) 泉中(천중) - 황천.
    龍章(용장) - 곤룡포袞龍袍와 장보관章甫冠. 또는 용의 무늬. 대체로 재능이나 풍채가 아름다운 것을 비유한다.
    이 구절은 왕염이 죽어 훌륭한 재능이 묻혔다는 뜻이다.

8) 英圖(영도) - 빼어난 계책.
    夭傷(요상) - 요절夭折과 같은 뜻이다.

9) 楚國(초국) 두 구 - 한나라 왕망王莽이 정권을 찬탈하고 공승龔勝을 태자사우太子師友 및 좨주祭酒에 임명하여 부르자 이를 거절하고 굶어죽었다. 그가 죽고 나자 어떤 노인이 매우 슬프게 통곡하면서 "아아, 향초는 향 때문에 자신을 태우고 기름은 밝음 때문에 자신을

녹인다. 공생은 결국 하늘이 준 수명을 빨리 끝내버렸으니 나의 무리는 아니로다.(嗟虖, 薰以香自燒, 膏以明自銷. 龔生竟夭天年, 非吾徒也.)"라고 하고는 떠났다.(≪한서·공승전≫ 참조) 여기서는 이백이 요절한 왕염을 조문하는 것을 비유한다.

10) 雪泣(설읍) - 눈물을 닦다.
  蘭芳(난방) - 난초 향기. 왕염의 고아한 기품을 비유한다.

984. 自溧水道哭王炎三首 其二

율수의 길에서 왕염을 곡하다 3수 제2수

王公希代寶[1]　　棄世一何早[2]
吊死不及哀[3]　　殯宮已秋草[4]
悲來欲脫劍[5]　　挂向何枝好
哭向茅山雖未摧　一生淚盡丹陽道[6]

왕공은 세상에 희귀한 보물인데
세상을 뜬 것이 어찌 이리 이른가?
죽음을 조문하나 애도기간에 도착하지 못했으니
무덤에는 이미 가을 풀이네.
슬퍼하며 검을 풀어주고자 하니
걸어놓으려면 어느 가지가 좋은가?
모산을 향해 곡을 하니 아직 무너지진 않았지만
일생의 눈물을 단양의 길에 다 뿌리네.

【해제】

제2수는 왕염이 매장된 후 이백이 뒤늦게 조문을 와서 애통해하는 마음을 표현하였다.

【주석】
1) 希代寶(희대보) - 세상에 희귀한 보물. 여기서는 세상에 드문 인재라는 뜻이다.
2) 棄世(기세) - 세상을 버리다. 죽다.
3) 吊死(조사) 구 - ≪좌전·은공(隱公) 원년≫에서 "죽은 자에게 보내는 물건이 입관하기 전에 이르지 않는 것, 살아 있는 유족을 위로하는 것이 애도기간에 이르지 않는 것, 흉사가 있기도 전에 장례용품을 보내는 것, 이는 모두 예가 아니다.(贈死不及屍, 吊生不及哀, 豫凶事, 非禮也.)"라고 하였다. 이 구절은 이백이 왕염을 조문함에 있어서 매장하기 전에 이르지 못했다는 뜻이다. 즉 그가 매장한 이후에 그를 조문하러 왔다는 뜻이다. '애哀'는 상을 치를 때의 애도기간을 뜻하는데 대체로 매장하기 전까지를 뜻한다.
4) 殯宮(빈궁) - 무덤.
5) 脫劍(탈검) - 춘추시대 오나라의 계찰季札이 진晉나라로 가던 도중에 서徐나라에 들렀는데, 서나라 임금이 계찰이 차고 있는 검을 탐냈지만 차마 입 밖으로 내지 못했다. 계찰은 그의 마음을 알았지만 사신으로 가는 신분이라 의전용으로 필요한 검을 줄 수 없었다. 계찰이 진나라에 갔다가 돌아오면서 서나라에 다시 들렀는데 서나라 임금은 죽고 없었다. 계찰은 자신의 검을 풀어서 서나라 임금의 무덤가 나무에 묶어놓고 떠났는데, 이는 자신의 검을 그에게 주기로 이미 마음먹었던 바를 그대로 행한 것이라고 하였다.(≪사기·오태백세가(吳太伯世家)≫ 참조) 여기서는 죽은 이를 추모한다는 뜻으로 사용하였다.
6) 丹陽(단양) - 한나라 때 율수는 단양군에 있었다.
이상 두 구절은 모산이 통곡 소리에 무너지지는 않았을지라도 평생의 눈물을 다 뿌렸다는 뜻이다.

985. 自溧水道哭王炎三首 其三
율수의 길에서 왕염을 곡하다 3수 제3수

王家碧瑤樹[1]　一樹忽先摧
海內故人泣[2]　天涯弔鶴來[3]
未成霖雨用　先失濟川材[4]
一罷廣陵散　鳴琴更不開[5]

왕씨 집안의 푸른 옥 나무
그 중 한 그루가 홀연 먼저 꺾였으니,
천하의 옛 친구들이 눈물 흘리고
하늘가에서 학이 조문하러 왔네.
단비와 같은 쓰임을 이루지 못하고
강을 건널 재목을 먼저 잃어버렸으니,
〈광릉산〉을 한번 마치면
금을 다시는 연주하지 못하겠구나.

【해제】
제3수는 뛰어난 재주를 사용하지도 못하고 일찍 죽은 왕염을 애도하는 마음을 표현하였다.

【주석】
1) 碧瑤樹(벽요수) - 푸른 옥 나무. 재능이 뛰어난 사람을 비유한다.
2) 海內(해내) - 천하.
3) 弔鶴(조학) - 진晉나라 도간陶侃이 어머니 상을 당해 묘 아래에 있을 때 홀연 두 나그네가 와서 조문하였는데 곡을 하지 않고 물러났다. 차림새가 매우 기이하여 보통 사람이 아닌 줄 알고는 그들을 살펴보게 했더니 단지 두 마리 학이 하늘로 솟아가는 것만 보였다.(≪태평어람(太平御覽)≫ 권916에 인용된 ≪도간별전≫ 참조)
4) 未成(미성) 두 구 - 세상을 구제할 큰 능력을 발휘하지 못하고 요절한 것을 한탄한 것이다. 은殷 고종高宗이 재상인 부열傅說에게 "만약 큰 내를 건넌다면 너를 기용하여 배로 삼고, 만약 큰 가뭄이 들면 너를 기용하여 장마비로 삼겠다.(若濟巨川, 用汝作舟楫, 若歲大旱, 用汝作霖雨.)"라고 하였다.(≪서경·열명(說命)≫ 참조)
3) 一罷(일파) 두 구 - 혜강嵇康이 동시東市에서 형을 받게 되었는데 그의 신색神色은 변하지 않았다. 금을 달라고 하여 튕기는데 〈광릉산(廣陵散)〉을 연주하였다. 곡을 마치고는 말하기를 "원효니袁孝尼가 일찍이 이 곡을 배우고자 하였는데, 내가 아까워서 가르쳐주지 않았으니, 〈광릉산〉이 이제 끊어지게 되었구나."라고 하였다.(≪세설신어(世說新語)·아량(雅量)≫ 참조) 여기서는 왕염이 죽어서 그의 재주가 더 이상 쓰이지 않게 된 것을 안타까워한 것이다.

986. 哭宣城善釀紀叟

선성의 술 잘 빚는 기 노인을 곡하다

紀叟黃泉裏　　還應釀老春[1]
夜臺無曉日[2]　沽酒與何人[3]

기 노인은 황천에서도
여전히 노춘주를 빚고 있겠지.
무덤에는 새벽 태양이 없으니
누구에게 술을 팔겠는가?

【해제】
'선성宣城'은 지금의 안휘성 선성이며 '기紀'씨에 대해서는 알려진 것이 없다. 이 시는 〈대 노인의 주점에 쓰다(題戴老酒店)〉라는 제목으로 "대 노인은 황천아래에서 여전히 대춘주를 빚고 있겠지. 무덤에는 이백이 없으니 누구에게 술을 팔까?(戴老黃泉下, 還應釀大春. 夜臺無李白, 沽酒與何人)"라고 된 판본도 있다. 이 시는 술을 빚어 파는 노인의 죽음을 슬퍼하는 것으로, 저승에서도 여전히 술을 빚고 있겠지만 그 술을 마셔줄 이백이 없으니 어떡하냐는 근심과 걱정을 통해 애달픈 마음을 표현하였다. 상원 2년(761)에 지은 것이라는 설이 있지만 확실치 않다.

【주석】
1) 老春(노춘) - 좋은 술을 가리킨다.
2) 夜臺(야대) - 무덤. 무덤은 항상 밤이라는 것에서 연유하였다.
   曉日(효일) - 양신楊慎 등의 설에 의하면 고본古本에는 '이백李白'으로 되어있는데 고본이 옳다고 하였다.
3) 沽酒(고주) - 술을 팔다.

987. 宣城哭蔣徵君華

선성에서 징군 장화를 곡하다

敬亭埋玉樹[1]　知是蔣徵君
安得相如草[2]　空餘封禪文[3]
池臺空有月　詞賦舊凌雲[4]
獨挂延陵劍　千秋在古墳[5]

경정산에 옥 나무가 묻혔으니
그것이 장 징군임을 알겠네.
어찌하면 사마상여의 글을 얻을까?
봉선문만 헛되이 남겼네.
연못 누대에는 괜스레 달이 떠있는데
그대의 문장은 오래전에 구름을 넘어갔지.
홀로 연릉의 검을 걸어놓으니
천년토록 옛 무덤에 있으리.

【해제】

'선성宣城'은 지금의 안휘성 선성이다. '징군徵君'은 조정의 부름을 받았지만 나아가지 않은 사람을 뜻한다. '장화蔣華'는 이백의 친구인데 그 행적은 자세히 알려져 있지 않다. 이 시는 장화가 죽은 것을 애도하면서 지은 것으로 그가 사마상여司馬相如와 같은 재능을 가지고 있었던 사실을 애달파하였다. 상원 연간에 지은 것이라는 설이 있지만 확실치 않다.

【주석】
1) 敬亭(경정) - 선성에 있는 산의 이름.
   玉樹(옥수) - 장화를 비유한다. 동진東晉의 유양庾亮이 죽었을 때 하충何充이 무덤에 와서는 "옥 나무를 땅에 묻었으니 사람 마음이 어찌 다하겠는가?"라고 하였다.(≪세설신어(世說新語)·상서(傷逝)≫ 참조)
2) 相如草(상여초) - 사마상여의 원고.
3) 封禪文(봉선문) - 사마상여가 병이 들어 무릉武陵의 집에 머물고 있을 때 천자가 그가 죽기 전에 그의 글을 모아놓아야지 그렇지 않으면 잃어버릴 것이다라고 하면서 사람을 사마상여에게 보냈다. 사자가 가보니 이미 사마상여는 죽었으며 글은 남아있는 것이 없었다. 그의 부인이 말하기를 사마상여가 글을 쓰면 사람들이 다 가져갔기 때문에 달리 남은 것은 없고, 죽기 전에 글을 한 권 써놓고는 만일 사자가 와서 글을 구하면 주라고 한 것이 있을 뿐이라고 하였다. 그것이 봉선에 관해 말한 글이었는데 이를 천자에게 바치니 천자가 기이하게 여겼다.(≪사기·사마상여열전≫ 참조) '봉선'은 황제가 태산에 가서 하늘에 제사를 지내는 것이다.
   이상 두 구절은 장화가 사마상여와 같은 재주를 가지고 있었지만 더 이상 그 재주를 볼 수 없다는 뜻이다.
4) 舊(구) - 오래전에.
   凌雲(능운) - 문장의 기운이 구름을 넘어갈 정도라는 뜻이다.
5) 獨挂(독괘) 두 구 - 춘추시대 오나라의 계찰季札이 진晉나라로 가던 도중에 서徐나라에 들렀는데, 서나라 임금이 계찰이 차고 있는 검을 탐냈지만 차마 입 밖으로 내지 못했다. 계찰은 그의 마음을 알았지만 사신으로 가는 신분이라 의전용으로 필요한 검을 줄 수 없

었다. 계찰이 진나라에 갔다가 돌아오면서 서나라에 다시 들렀는데 서나라 임금은 죽고 없었다. 계찰은 자신의 검을 풀어서 서나라 임금의 무덤가 나무에 묶어놓고 떠났는데, 이는 자신의 검을 그에게 주기로 이미 마음먹었던 바를 그대로 행한 것이라고 하였다.(≪사기·오태백세가(吳太伯世家)≫ 참조) 여기서는 죽은 이를 추모한다는 뜻으로 사용하였다. '연릉'은 계찰이 봉해진 곳이다.

18 습유 拾遺

988. 雜言用投丹陽知己兼奉宣慰判官
잡언으로 써서 단양의 친구에게 주고 겸하여 선위판관께 드리다

客從崑崙來[1]
遺我雙玉璞
云是古之得道者西王母食之餘
食之可以凌太虛[2]
愛之頗謂絕今昔[3]
求識江淮人猶乎比石[4]
如今雖在卞和手[5]
□□正憔悴
了了知之亦何益[6]
恭聞士有調相如[7]
始從鎬京還[8]
復欲鎬京去
能上秦王殿[9]
何時迴光一相盼[10]
欲投君
保君年

幸君持取無棄捐[11]
無棄捐
服之與君俱神仙」[12]

나그네가 곤륜산에서 와서
내게 박옥 두개를 주면서,
이것은 옛날에 도를 얻은 자인 서왕모가 먹고 남은 것인데
이것을 먹으면 높은 하늘에 오를 수 있다하였네.
내가 그것을 아껴 고금에 없는 것이라 생각하고,
강회 사람에게 감정을 하였더니 오히려 돌에 견주고 마네.
지금 비록 변화의 손에 있더라도
마침 꼴이 초췌하니
분명히 안다고 한들 무슨 득이 있으리오.
공경히 듣자니 인상여 같은 선비를 뽑았다는데,
막 호경에서 돌아왔다가
다시 호경으로 가고자 하네.
진나라 궁궐에 오를 수 있으리니
언제나 은총을 돌려 한번 봐 주실까?
그대에게 주어
그대의 수명을 보전하려 하니
모쪼록 그대는 가지고서 버리지 말게.
버리지 않으면
이를 복용하여 그대와 함께 신선이 되리라.

【해제】

이 시는 다른 판본에는 대부분 수록되어있지 않은데, 왕기王琦는 목본繆本에서 찾아 시문습유詩文拾遺에 수록하면서, 결문缺文과 와자訛字가 많다고 하였다. '잡언雜言'은 한 구의 글자 수가 일정하지 않은 시 형식이다. '단양丹陽'은 군의 이름으로 윤주潤州이며, 지금의 강소성 진강시鎭江市이다. '지기知己'가 누구인지는 자세하게 알려져 있지 않다. '봉奉'은 바친다는 뜻이다. '선위宣慰'는 대신이 황제를 대신하여 지역을 시찰하면서 정령政令을 펴고 백성을 안위하는 사람인데, 지덕 원재(756) 11월에 강남선위선보사江南宣慰選補使가 된 최환崔渙을 가리키는 것으로 보인다. '판관判官'은 관직명으로, 당대에 절도사, 관찰사, 방어사가 모두 판관을 두어 정무를 보좌하게 하였는데, 여기서는 최환의 막료로 보인다. 이 시는 단양의 친구에게 보여주면서 아울러 선위판관에게 바친 것으로, 자신의 재능을 박옥에 비유하여 자신이 인정받아 뜻을 펼칠 수 있기를 바라는 마음을 표현하였다. 지덕 2재(757)에 지은 것으로 추정된다.

【주석】

1) 崑崙(곤륜) - 신선이 사는 산.
2) 太虛(태허) - 하늘.
3) 絶今昔(절금석) - 고금에 없다. 아주 진귀하다는 뜻이다.
4) 比石(비석) - 돌과 비기다. 돌과 같은 것으로 여기다.
   이상 두 구절은 이백 자신에게 박옥과 같은 재능이 있지만 일반인들은 인정해주지 않는다는 뜻이다.
5) 卞和(변화) - 전국시대 초나라 사람. 그가 형산荊山에서 박옥을 캐서 초나라 왕인 여왕厲王에게 바쳤지만 돌이라고 판정받아 거짓말을 했다는 죄목으로 왼쪽 발꿈치를 잘렸다. 여왕이 죽고 무왕武王이 즉위하자 또 그 박옥을 바쳤지만 역시 돌이라고 판정받아 오른쪽 발꿈치를 잘렸다. 문왕文王이 즉위했을 때 변화가 초산 아래에서 박옥

을 안고 삼일 밤낮을 울면서 피눈물을 흘리고 있었는데, 문왕이 그 내력을 파악하고는 박옥을 가공하게 하여 천하의 벽옥을 얻었다. (≪한비자(韓非子)·화씨(和氏)≫ 참조)

6) 了了(요료) - 분명한 모습.
이상 세 구절은 이백의 재능을 알아주는 사람이 있더라도 현재의 상황으로는 도움이 되지 않는다는 뜻이다.

7) 調(조) - 선발하다. 임용하다.
相如(상여) - 전국시대 조趙나라의 대신인 인상여藺相如. 조나라 혜문왕惠文王이 초楚나라의 화씨벽和氏璧을 얻었는데, 이 소식을 들은 진秦나라 소왕昭王은 열다섯 성과 바꾸자고 제의했다. 소왕이 화씨벽만 갖고 성은 주지 않을 것을 염려한 혜문왕은 인상여를 사신으로 보냈다. 인상여가 가보니 역시 소왕은 성을 줄 기미가 없고 화씨벽만 차지하려고 하였는데, 인상여는 시종을 통해 몰래 화씨벽을 조나라로 돌려보냈으며, 후에 인상여도 무사히 조나라로 돌아왔다. (≪사기·염파인상여열전(廉頗藺相如列傳)≫ 참조) 여기서는 선위판관을 가리키는 것으로 보인다.

8) 鎬京(호경) - 주나라의 수도. 진나라의 도성이 있던 곳이기도 하다. 여기서는 장안을 가리킨다.

9) 秦王殿(진왕전) - 진나라 왕의 궁전. 여기서는 당나라의 궁전을 가리킨다.

10) 迴光(회광) - 은총을 돌리다. '광'은 은혜의 빛을 뜻한다.
盼(반) - 돌아보다.
이상 다섯 구절은 선위판관이 이백의 재능을 알아봐주어 조정에 천거해주기를 바라는 마음을 표현하였다.

11) 幸(행) - ~하기를 바라다.

12) 俱(구) - 모두.
이 구절은 박옥 두 개를 나누어 먹고 함께 신선이 되자는 뜻이다.

989. 南陵五松山別荀七

남릉 오송산에서 순씨와 헤어지다

君卽潁水荀[1]　何慚許郡賓[2]
相逢太史奏　應是聚賢人[3]
玉隱且在石　蘭枯還見春[4]
俄成萬里別　立德貴淸眞

그대는 곧 영수의 순숙이라
허군의 빈객인 진식에 무어 부끄러운가?
서로 만나니 태사가 아뢰기를
응당 이는 어진 사람이 모인 것이라 하겠지.
옥은 숨어 있을 때 잠시 돌 속에 있게 되고
난초는 시들어도 또 봄이 되면 나타난다네.
갑자기 만 리 떨어지게 되었으니
덕을 세우고 맑고 참됨을 귀하게 여기게나.

【해제】

이 시는 다른 판본에는 대부분 수록되어있지 않은데, 왕기王琦는 목본繆本에서 찾아 시문습유詩文拾遺에 수록하였다. '남릉南陵'은 지금의 안휘성 남릉현이고 '오송산五松山'은 남릉에 있는 산이다. '순荀'씨에 대해서는 알려진 것이 없고 '칠七'은 형제 중의 순서이다. 이 시는 남릉에서 순씨와 이별하면서 지은 것으로, 그의 재능을 찬미하면서 언젠가는 그 진가를 드러낼 날이 올 것이라고 격려하고 그동안 덕을 쌓기를 바라는 마음을 전하였다. 천보 13재(754)와 14년(755) 즈음 지었다는 설과 상원 2년(761)에 지었다는 설이 있다.

【주석】

1) 君卽(군즉) - 왕기본에는 '육즉六卽'으로 되어있고, 그의 주석에 따르면, ≪당시류원(唐詩類苑)≫에는 '헌앙軒昻'으로 되어있으며, '六'자는 초서의 '군君'을 잘못 옮긴 것이라고 하였는데, 이에 따라 수정하였다. '헌앙'은 우뚝 솟은 모습이다.
   潁水(영수) - 숭산嵩山에서 발원하는 강의 이름.
   荀(순) - 동한의 영천潁川 영음潁陰 사람인 순숙荀淑. 그는 어려서부터 고아한 행실을 하였고, 널리 배웠지만 장구章句는 좋아하지 않았다. 안제安帝 때 낭중郞中에 배수되었다가 후에 당도當塗의 장관이 되었다. 이후 관직에서 물러나 고향으로 돌아왔는데, 당대의 현인인 이고李固, 이응李膺 등이 그를 스승으로 받들었다.(≪후한서·순숙전≫ 참조) 여기서는 성姓이 같은 순씨를 비유한다.

2) 許郡賓(허군빈) - 허군 출신의 빈객이란 뜻으로 영천 허 땅 사람인 진식陳寔을 가리킨다. 공부를 좋아하고 청렴하였는데, 양상군자梁上君子의 고사로도 유명하다.(≪후한서·진식전≫ 참조) 여기서는 이백 자신을 비유한다.

3) 相逢(상봉) 두 구 - 진식이 여러 아들 및 조카를 데리고 순숙 부자의 집으로 갔는데, 그날 하늘에 덕성德星이 모였다. 태사太史가 이를 보고 상주하기를 "오백 리 안에 있는 현인들이 다 모였다"라고 하였다.(유경숙劉敬叔의 ≪이원(異苑)≫ 참조)

4) 玉隱(옥은) 두 구 - 순씨가 비록 지금은 자신의 재능을 발휘하지 못하고 있지만 언젠가 이를 발휘할 날이 올 것이라는 뜻이다.

990. 觀魚潭

관어담

觀魚碧潭上　　木落潭水淸
日暮紫鱗躍¹　　圓波處處生
涼煙浮竹盡²　　秋月照沙明
何必滄浪去　　玆焉可濯纓³

푸른 못가에서 물고기를 구경하는데
맑은 못 물에 나뭇잎이 떨어지고,
해질녘에 자줏빛 물고기가 뛰어오르니
동그란 파문이 곳곳에 생겨나네.
서늘한 안개는 대나무에 떠있다 사라지고
가을 달은 모래톱을 밝게 비추니,
굳이 창랑으로 갈 필요가 있겠는가?
여기도 갓끈을 씻을 만하다네.

【해제】
이 시는 다른 판본에는 대부분 수록되어있지 않은데, 왕기王琦는 목본繆本에서 찾아 시문습유詩文拾遺에 수록하였다. '관어담觀魚潭'의 위치는 확실하지 않은데, 경현涇縣의 낙성담落星潭이라는 설이 있다. 이 시는 관어

담에 대해 쓴 것으로, 가을 저녁 못가의 풍경을 표현하고는 이곳 역시 세속을 벗어나 살 수 있는 곳이라고 하였다.

【주석】
1) 紫鱗(자린) - 자줏빛 물고기.
2) 涼煙(양연) 구 - 서늘한 가을 안개가 대나무 숲에 떠 있다가 걷히는 장면을 표현하였다.
3) 何必(하필) 두 구 - 초사楚辭〈어부(漁夫)〉에서 어부가 "창랑의 물이 맑으면 내 갓끈을 씻을 수 있고, 창랑의 물이 탁하면 내 발을 씻을 수 있다.(滄浪之水淸兮, 可以濯吾纓, 滄浪之水濁兮, 可以濯吾足.)"라고 노래했는데, 이를 활용한 구절이다.

991. 自廣平乘醉走馬六十里, 至邯鄲, 登城樓, 覽古書懷

광평에서 취한 기운에 말을 타고 육십 리를 가서 한단에 도착해
성 누각에 올라 옛 사적을 둘러보고 느낀 바를 적다

醉騎白花駱[1]　西走邯鄲城
揚鞭動柳色　寫鞍春風生[2]
入郭登高樓　山川與雲平
深宮翳綠草[3]　萬事傷人情[4]
相如章臺巔[5]　猛氣折秦嬴[6]
兩虎不可鬪　廉公終負荊[7]
提攜袴中兒[8]　杵臼及程嬰[9]
立孤就白刃[10]　必死耀丹誠
平原三千客[11]　談笑盡豪英
毛君能穎脫[12]　二國且同盟[13]
皆爲黃泉土[14]　使我涕縱橫
磊磊石子崗[15]　蕭蕭白楊聲[16]
諸賢沒此地　碑版有殘銘
太古共今時　由來互衰榮[17]

傷哉何足道　　感激仰空名[18]
趙俗愛長劍[19]　文儒少逢迎[20]
閑從博徒遊[21]　帳飲雪朝醒[22]
歌酣易水動[23]　鼓震叢臺傾[24]
日落把燭歸　　凌晨向燕京[25]
方陳五餌策[26]　一使胡塵清[27]

취해서 백마를 타고
서쪽으로 한단성으로 달려가는데,
채찍 휘두르니 버들 색이 움직이고
굴레를 풀고 마음껏 달리니 봄바람이 생기네.
성안으로 들어가 높은 누대에 오르니
산과 물은 광활하여 구름과 닿았는데,
깊은 궁궐은 푸른 풀로 뒤덮여
만사가 사람의 마음을 아프게 하네.
인상여는 장대 꼭대기에서
맹렬한 기세로 진나라 영씨 왕을 꺾었는데,
두 마리 호랑이가 서로 싸울 수 없었으니
염파가 마침내 가시나무를 짊어지고 용서를 구했지.
바짓가랑이에 숨긴 아이를 돌보던
공손저구와 정영은,
고아를 옹립하다 흰 칼날을 맞았으니
목숨 걸어 붉은 성심을 빛냈지.
평원군의 삼천 빈객은

담소하면서 모두 호탕하고 빼어난 기상을 보였는데,
모수는 능히 재능을 드러낼 수 있어서
초나라와 조나라 또한 동맹 맺게 되었지.
이들이 모두 황천의 흙이 되었으니
나로 하여금 눈물을 하염없이 흘리게 하네.
돌무더기 석자강에는
쓸쓸히 백양나무 소리만 나는데,
여러 현인들은 이 땅에 매몰되고
비석에 명문銘文만 남았으니,
태고부터 지금까지
언제나 쇠락함과 영화로움이 교체해 왔던 것.
안타깝도다, 어찌 말할 게 있으랴
공허한 명성만 우러러보며 탄식할 뿐이네.
조나라의 풍습은 장검을 사랑하여
유생을 별로 환영하지 않으니,
한가로이 도박꾼들 따라 노닐며
장막에서 밤새 마시다 눈 내린 아침에 술병이 났고,
즐겁게 노래 부르니 역수가 움직일 듯하고
북소리가 진동해서 총대가 기울 듯하였지.
날이 저물어 촛불을 들고 돌아가니
새벽에는 연경으로 가서,
가의의 오이책 같이 훌륭한 정책을 펼쳐
오랑캐 먼지를 한 번에 씻어버리리라.

【해제】

이 시는 다른 판본에는 대부분 수록되어있지 않은데, 왕기王琦는 목본繆本에서 찾아 시문습유詩文拾遺에 수록하였다. '광평廣平'은 지금의 하북성 영년현永年縣에 있었고 '한단邯鄲'은 지금의 하북성 한단시로 옛날 조나라의 수도였다. 이 시는 한단의 옛 고적들을 돌아보며 느낀 감회를 쓴 것이다. 옛날 이름을 떨쳤던 이들이 지금은 다 사라지고 비석의 이름만 남아있으니 세월의 무상함을 느낀다고 한 뒤에, 조땅에서 협객의 무리와 어울려 호기롭게 먹고 노닐던 일을 회상하면서 가의賈誼처럼 훌륭한 계책을 사용하여 나라를 구하고자 하는 바람을 표현하였다. 천보 11재(752)에 지은 것으로 보인다.

【주석】

1) 白花駱(백화락) - 하얀 말. '락'은 갈기가 검은 흰 말.
2) 寫鞚(사공) - 굴레를 풀다. 말이 마음껏 달릴 수 있도록 한 것이다.
3) 翳(예) - 덮이다.
   조나라의 수도였던 한단의 궁이 지금은 황폐해져 잡초만 무성하다는 뜻이다.
4) 萬事(만사) - 한단에서 옛 유적을 보면서 든 생각으로 아래 구절에 나오는 여러 역사적 인물의 이야기를 가리킨다.
5) 相如(상여) - 조나라의 인상여藺相如. 진秦나라 왕이 조나라에 화씨벽이 있다는 말을 듣고는 성 15개와 바꾸자고 하면서 그것을 뺏으려고 하였다. 이에 인상여가 화씨 벽을 들고 진나라로 가서 장대章臺에서 왕을 보았는데 성을 주려고 하는 의도가 없었다. 인상여는 계책을 꾸며 결국 화씨 벽을 조나라로 무사히 다시 가지고 돌아왔다.(≪사기·염파인상여열전(廉頗藺相如列傳)≫ 참조)
   章臺(장대) - 왕기본王琦本에는 '장화章華'로 되어있지만, 왕기의 주석을 따라 수정하였다. 진秦나라 궁중에 있었다.

6) 秦嬴(진영) - 진나라 왕. '영'은 진나라의 성씨이다.
7) 兩虎(양호) 두 구 - 인상여가 벽옥을 무사히 가지고 온 공로로 상경上卿에 봉해졌다. 당시 대장군이었던 염파廉頗는 그가 자신보다 작위가 높은 것에 불복하고 그를 모욕주기 위해 벼르고 있었다. 이에 인상여는 "만일 지금 두 호랑이가 다투게 된다면 오히려 조나라를 위태롭게 할 뿐이니 개인적인 원한은 뒤로 하겠다"고 하면서 염파를 피해 다녔다. 이 말을 들은 염파는 옷을 벗고 가시나무를 등에 지고 인상여 집에 찾아와 사죄하였다.(≪사기·염파인상여열전≫ 참조)
8) 提攜(제휴) - 돌보다.
   袴(고) - 바짓가랑이.
9) 杵臼(저구) 구 - 공손저구公孫杵臼와 정영程嬰. 진晉 경공景公 3년(기원전 597)에 대부大夫 도안고屠岸賈가 조나라의 조삭趙朔을 죽이고 그 종족을 멸하였다. 그때 조삭의 부인은 갓 낳은 아들인 조무趙武를 바짓가랑이에 숨겨서 지켰으며, 조삭의 문객이던 공손저구는 정영과 함께 조무를 지키고자 상의하였다. 공손저구가 정영에게 고아를 옹립하는 일[立孤]과 죽는 일 중 어느 것이 어렵냐고 묻자, 정영은 죽는 일은 쉽고 고아를 옹립하는 일이 어렵다고 답하였다. 공손저구는 정영에게 어려운 일을 맡아달라고 하고는 다른 사람이 갓 낳은 아이를 구하여 산속에 숨었다. 이에 정영이 도안고에게 밀고하여 공손저구와 그 아이가 살해되었고, 정영은 조무를 데려다가 키웠다. 조무가 자라서 도안고를 죽이자 정영은 자신의 임무를 다했다고 하면서 자살하였다.(≪사기·조세가(趙世家)≫ 참조)
10) 立孤(입고) 구 - 왕기본王琦本에는 '공고헌백인空孤獻白刃'이라고 되어 있으며, '입고취백인立孤就白刃'으로 된 판본도 있다고 하였는데, 이것이 옳은 것으로 보고 수정하였다.
11) 平原(평원) - 조나라의 공자인 평원군.

12) 毛君(모군) - 평원군의 빈객이었던 모수毛遂. 진秦나라가 한단을 포위하고 있을 때, 평원군은 초나라로 가서 구원요청을 하였는데, 이에 식객으로 있던 모수가 자청하여 따라갔다. 회담이 오래도록 결론에 도달하지 않자 모수는 검을 어루만지며 앞으로 나아가 초왕을 협박하여 피로써 동맹을 맺게 하였다.(≪사기·평원군열전≫ 참조)
穎脫(영탈) - 뾰족한 부분이 뚫고 나오다. 모수가 평원군에게 초나라로 갈 것을 자청하면서 "모수가 일찍이 주머니 속에 있도록 하였다면 결국 그 끄트머리가 주머니를 뚫고 나왔을 것이니 다만 끝만 조금 보이고 말 뿐이지는 않을 것입니다"라고 하였다.
13) 二國(이국) 구 - 초나라와 조나라가 동맹을 맺은 것을 말한다.
14) 黃泉土(황천토) - 황천의 흙. 죽었다는 뜻이다.
15) 磊磊(뇌뢰) - 돌이 어지럽게 쌓여있는 모습.
石子崗(석자강) - 옛 유적지가 한단 서쪽에 있으며 그 위에 조간자趙簡子의 묘가 있었다.
16) 蕭蕭(소소) - 바람 부는 소리.
이 구절은 무덤의 스산한 분위기를 표현하였다.
17) 由來(유래) - 지금까지.
互哀榮(호애영) - 애달픔과 영화로움이 번갈아 나타나다.
18) 感激(감격) - 분통해하다.
19) 趙俗(조속) 구 - 예로부터 조 땅은 오랑캐와 인접해 있었는데, 싸움을 좋아하고 협객의 기질이 있었으며 농사나 상업에는 종사하지 않았다.(≪사기·화식열전(貨殖列傳)≫ 참조)
20) 逢迎(봉영) - 접대하다. 또는 만나다.
이 구절은 선비를 만나는 일이 드물다라고 풀이할 수도 있다.
21) 博徒(박도) - 도박꾼. 당시 조나라 지역에서 이백과 함께 놀던 사람을 가리킨다.
22) 帳飮(장음) - 교외의 장막에서 술을 마시는 것.

醒(정) - 술병.

이상 두 구절은 위나라 신릉군信陵君이 조나라의 처사處士인 모공毛公과 설공薛公을 방문한 이야기를 인용하였다. 신릉군이 조나라의 수도인 한단에 머물 때, 모공이 도박꾼 무리에 숨어 있고 설공이 술집에 은거해 있다는 소문을 듣고는 직접 찾아가 두 사람과 함께 즐겁게 노닐었다. 후에 진秦나라 병사가 위나라를 침공했을 때 신릉군은 두 사람의 말을 따라 위나라로 돌아가 진나라를 패배시켰다.(≪사기·위공자열전(魏公子列傳)≫ 참조)

23) 易水(역수) - 지금의 하북성을 지나는 강으로 한단과는 멀다. 아마도 앞으로 연경으로 갈 계획이 있었기 때문에 역수를 연상하였을 것이다. 또는 형가荊軻가 진시황을 암살하러 가면서 이곳에서 이별하며 비장한 각오를 하였는데, 그러한 기운을 표현한 것일 수도 있다.

24) 鼓震(고진) - 북소리가 진동하다.

叢臺(총대) - 조나라의 무령왕武靈王이 지었다고 하며 한단성 북서쪽에 있다.

이상 여섯 구절은 이백이 조나라 땅에서 겪은 일을 회고한 것이다.

25) 凌晨(능신) - 새벽.

燕京(연경) - 전국시대 연나라의 수도로 지금의 북경을 가리킨다.

26) 五餌策(오이책) - 한나라의 가의賈誼가 흉노족을 회유하기 위해 내놓은 방책이다. 그는 다섯 가지의 미끼로 흉노족 우두머리인 선우單于를 묶어놓을 수 있다고 하였는데, 좋은 옷과 수레를 내려 그들의 눈을 망치게 하고, 맛있는 음식을 내려 그들의 입을 망치게 하며, 음악과 여인을 내려 그들의 귀를 망치게 하고, 높고 넓은 집과 창고와 노비를 내려 그들의 뱃속을 망치게 하고, 항복하는 자는 주상이 불러들여 아껴주어 서로 즐기며 직접 술을 따르고 손수 음식을 먹여 그들의 마음을 망치게 하는 것이 그 다섯 가지 미끼라고 하였다.(≪한서·가의전≫ 참조)

27) 胡塵(호진) - 오랑캐의 먼지. 당시 북쪽에 횡행하던 오랑캐의 난리를 말한다.

이상 두 구절은 당시 이백이 한단에서 북쪽인 연주燕州로 가서 오랑캐의 난리를 평정하고자 하는 의지를 드러내었다.

992. 月夜金陵懷古

달밤 금릉에서 옛 일을 생각하다

蒼蒼金陵月¹　空懸帝王州²
天文列宿在³　霸業大江流⁴
淥水絶馳道⁵　青松摧古丘⁶
臺傾鳷鵲觀⁷　宮沒鳳凰樓⁸
別殿悲淸暑⁹　芳園罷樂遊¹⁰
一聞歌玉樹　蕭瑟後庭秋¹¹

희뿌연 금릉의 달이
제왕의 도읍지에 괜스레 걸려있으니,
하늘의 여러 별자리는 그대로지만
패업은 큰 강물과 함께 흘러갔구나.
맑은 물이 천자가 다니던 길을 끊어 놓았고
푸른 소나무가 옛 능묘陵墓에서 꺾여있으며,
누대로는 지작관이 기울어져있고
궁궐로는 봉황루가 사라졌네.
별전의 맑은 여름기운을 생각하며 슬퍼하고
향기로운 정원에는 즐겁게 노니는 일 끝났으니,
옥 나무 노래를 한번 듣자

뒤뜰의 가을이 쓸쓸하구나.

【해제】

이 시는 다른 판본에는 대부분 수록되어있지 않은데, 왕기王琦는 목본繆本에서 찾아 시문습유詩文拾遺에 수록하였다. '금릉金陵'은 지금의 강소성 남경시이며 남조시대 여섯 왕조의 수도였다. 이 시는 화려했던 지난날의 자취가 사라진 금릉을 바라보면서 세월의 무상함을 표현하였다. 개원 14년(726)에 지었다는 설과 천보 6재(747)에 지었다는 설이 있지만 확실치 않다.

【주석】

1) 蒼蒼(창창) - 희뿌연 모습.
2) 帝王州(제왕주) - 제왕의 도읍지로 금릉을 가리킨다. 제갈양이 금릉을 돌아보고 "말릉秣陵(금릉)의 지형을 보면 종산鍾山은 용이 서려있고 석성石城은 호랑이가 웅크리고 있는 형세이니 진정으로 제왕이 도읍으로 삼을만한 곳이다."라고 감탄하였다.(≪태평어람太平御覽≫ 권156에 인용된 ≪오록吳錄≫ 참조)
3) 天文列宿(천문열수) - 하늘에 늘어선 별자리. 하늘에는 황제와 여러 관리를 상징하는 별자리가 있다. 그리고 여러 별자리가 지상의 각 지역과 대응한다.
4) 霸業(패업) 구 - 옛날 황제의 패업이 이제는 사라져버렸다는 뜻이다.
5) 馳道(치도) - 천자가 다니는 큰 길.
6) 古丘(고구) - 육조六朝시대의 능묘陵墓를 뜻한다.
7) 鳷鵲觀(지작관) - 육조시대 금릉에 있었던 누관의 이름.
8) 鳳凰樓(봉황루) - 금릉의 봉대산鳳臺山 위에 있던 누대로 남조 송나라 때 건립되었다.
9) 別殿(별전) - 정전 이외의 궁궐.

淸暑(청서) - 맑은 여름 기운. 진晉 무제武帝가 대성臺城 안에 청서전 淸暑殿을 지었는데 여름에도 늘 맑은 바람이 불었다고 한다.
이 구절은 별전인 청서전이 없어져서 슬프다는 뜻이다.

10) 樂遊(낙유) - 즐겁게 노닐다. 육조시대 때 복주산覆舟山에 낙유원樂遊苑이 있었다.
이 구절은 낙유원이 없어져 버렸음을 말한다.

11) 一聞(일문) 구 - 금릉을 수도로 삼은 마지막 왕조인 진陳의 마지막 임금 후주後主가 지은 노래 〈옥수후정화(玉樹後庭花)〉를 연상하면서 당시 향락에 빠져 정사를 돌보지 않아 나라가 쇠망하게 되었음을 탄식하였다.

993. 金陵新亭

금릉의 신정

金陵風景好　豪士集新亭
擧目山河異¹　偏傷周顗情²
四坐楚囚悲³　不憂社稷傾
王公何慷慨⁴　千載仰雄名

금릉의 풍경이 좋아서
호걸들이 신정에 모였는데,
눈을 들어 보니 산하가 달라져
주의의 마음을 아주 슬프게 하였지.
자리의 모든 이들은 초나라 죄수처럼 슬퍼하기만 하고
사직이 기울어진 것은 근심하지 않았으니,
왕도가 얼마나 분개했던가?
천년동안 그 웅대한 명성을 우러러보네.

【해제】
이 시는 다른 판본에는 대부분 수록되어있지 않은데, 왕기王琦는 목본繆本에서 찾아 시문습유詩文拾遺에 수록하였다. '금릉金陵'은 지금의 강소성 남경시이고, '신정新亭'은 금릉 노로산勞勞山 위에 있는 정자로 오나라 때

세운 것이다. 특히 동진 때 주의周顗와 왕도王導 등의 명신이 이곳에서 노닐어 그 이름이 크게 드러났다. 진晉나라가 난리를 피해 수도를 금릉으로 옮겼을 때 여러 인사가 좋은 날만 되면 신정에서 연회를 베풀었다. 주의가 "풍경은 다르지 않은데 산하가 달라졌구나."라고 탄식하니 모두들 서로 바라보며 눈물을 흘렸다. 오직 승상丞相 왕도만이 안색을 바꾸고 말하기를 "마땅히 모두가 왕실을 힘껏 도와 중원을 회복해야 할 텐데 어찌 초나라 죄수처럼 서로를 마주하고 있단 말인가"라고 하였다. (≪세설신어世說新語·언어言語≫ 참조) 이 시는 금릉의 신정에서 느낀 감회를 읊은 것으로, 개원 14년(726)에 지었다는 설이 있지만 확실치 않다.

【주석】

1) 擧目(거목) - 눈을 들어 사방을 보다.
   山河異(산하이) - 풍경은 비슷하지만 이곳에는 황하 대신 장강이 보인다는 뜻이다.
2) 周顗(주의) - 동진의 명사名士. 원제元帝 때 관직이 상서좌복야尚書左僕射까지 올랐다.
3) 四坐(사좌) - 주위에 둘러앉은 사람들.
   楚囚悲(초수비) - 춘추시대 초나라의 악관이었던 종의鍾儀가 진晉나라에 포로가 되었는데도 여전히 고국인 초나라의 관을 쓰고 초나라 음악을 연주했다.(≪좌전·성공成公 9년≫ 참조) 여기서는 나라를 잃고 수도를 옮긴 동진의 여러 인사들이 무기력하게 자신의 처지를 슬퍼한 것을 말한다.
4) 王公(왕공) - 왕도王導를 가리킨다.

994. 庭前晩開花

정원 앞에 꽃이 늦게 피다

西王母桃種我家[1]　三千陽春始一花[2]
結實苦遲爲人笑　攀折喞喞長咨嗟[3]

서왕모의 복숭아를 우리 집에 심었더니
삼천 봄이 지나서 비로소 한 번 꽃을 피웠네.
열매 맺기가 너무 늦다고 사람들이 비웃으니
꽃가지를 꺾으면서 쯧쯧 길게 탄식하네.

【해제】
이 시는 다른 판본에는 대부분 수록되어있지 않은데, 왕기王琦는 목본繆本에서 찾아 시문습유詩文拾遺에 수록하였다. 이 시는 정원에 꽃이 뒤늦게 핀 것을 보고 쓴 것이다. 자신이 심은 복숭아꽃이 너무 늦게 피어 사람들에게 비웃음을 사게 된 것을 말하여 늦도록 세상의 인정을 받지 못해 공을 세우지 못하는 자신을 자조하는 마음을 표현하였다.

【주석】
1) 西王母桃(서왕모도) - 서왕모의 복숭아. 칠석 날 서왕모가 한漢 무제武帝를 찾아왔다. 서왕모의 시녀가 선도仙桃 일곱 개를 옥쟁반에 담아 서왕모에게 드렸는데, 크기는 오리 알만 하였고 원형이며 푸

른색이었다. 서왕모는 네 개를 무제에게 주었고 세 개는 자신이 먹었다. 무제가 그것을 먹고는 씨앗을 챙기자 서왕모가 그 이유를 물으니 심으려고 한다고 하였다. 서왕모는 이 복숭아는 삼천년에 한 번 꽃을 피우고 삼천년에 한번 열매를 맺는데, 중하中夏의 땅은 척박하여 심어도 자라지 않는다고 하였다.(≪한무내전(漢武內傳)≫ 참조)

2) 三千(삼천) 구 - 꽃이 늦게 핀 것을 과장하여 말한 것이다.
3) 喞喞(즐즐) - 탄식하는 소리.
   咨嗟(자차) - 탄식하다.

995. 宣州長史弟昭贈余琴溪中雙舞鶴, 詩以見志

선주장사인 동생 이소가 내게 금계의 춤추는 한 쌍의
학을 주기에 시로써 뜻을 보여주다

令弟佐宣城　贈余琴溪鶴
謂言天涯雪¹　忽向窗前落
白玉爲毛衣²　黃金不肯博³
當風振六翮⁴　對舞臨山閣
顧我如有情　長鳴似相託⁵
何當駕此物　與爾騰寥廓⁶

훌륭한 동생이 선성을 보좌하는데
금계의 학을 내게 주니,
하늘가의 눈이
홀연 창 앞에 떨어졌나 생각되네.
흰 옥으로 깃털옷을 삼았으니
황금을 주어도 바꾸지 않을 터.
바람을 맞아 날개를 흔들며
산 누각 옆에서 마주보며 춤을 추는데,

나를 돌아보는 것이 마치 정감이 있는 듯
오래도록 우는 것이 흡사 기탁하고자 하는 듯.
언제나 이 학을 타고
그대와 함께 넓은 하늘을 오를까?

【해제】
이 시는 다른 판본에는 대부분 수록되어있지 않은데, 왕기王琦는 목본繆本에서 찾아 시문습유詩文拾遺에 수록하였다. '선주宣州'는 지금의 안휘성 선성宣城이다. '장사長史'는 지방의 중간관리로서 오육품五六品에 해당하며 '이소李昭'는 이백의 친척 동생으로 그에게 준 시가 몇 수 남아있다. '금계琴溪'는 지금의 안휘성 경현涇縣 북동쪽에 있다. 이 시는 이소가 선주장사로 있으면서 이백에게 두 마리 학을 보내오자 이에 답한 것이다. 하얀 두 학이 춤추는 모습을 묘사한 뒤 이를 타고 하늘로 오르고자하는 바람을 표현하였다. 천보 12재(753)에 지은 것으로 추정된다.

【주석】
1) 天涯雪(천애설) - 하늘가에 내리는 눈. 학의 모습을 비유한다.
2) 白玉(백옥) - 하얀 학의 깃털을 비유한다.
3) 博(박) - 바꾸다.
4) 當風(당풍) - 바람을 맞다.
   六翮(육핵) - 새의 날개.
5) 相託(상탁) - 이백에게 기탁하는 것을 뜻한다.
6) 寥廓(요곽) - 넓은 하늘.

996. 暖酒

술을 데우다

熱暖將來賓鐵文[1]　暫時不動聚白雲[2]
撥卻白雲見靑天[3]　掇頭裏許便乘仙[4]

뜨겁게 데워 가져온 무늬 있는 빈철 술그릇
잠시 가만있는 사이에 흰 구름이 모이네.
흰 구름을 걷어내자 푸른 하늘이 보이는데
그 속으로 머리를 옮기자 신선이 되어 오르네.

【해제】
이 시는 다른 판본에는 대부분 수록되어있지 않은데, 왕기王琦는 목본繆本에서 찾아 시문습유詩文拾遺에 수록하였다. 이 시는 술을 데워 마시는 장면을 그린 것으로, 술을 마셔 신선이 되는 기분을 묘사하였다.

【주석】
1) 賓鐵文(빈철문) - '빈철'은 페르시아에서 수입된 철로서 아주 단단하여 쇠나 옥을 자를 수 있다고 한다. 그 철의 표면에는 무늬가 있다. 여기서는 빈철로 만든 술그릇을 가리킨다.
2) 白雲(백운) - 술을 데울 때 생기는 하얀 거품이나 김을 비유한 것으로 보인다.

3) 撥卻(발각) - 없애다. 입김을 불어서 없애는 것을 뜻한다.
   靑天(청천) - 술의 푸른빛을 비유한다.
4) 掇頭(철두) - 정확한 뜻이 무엇인지 알 수 없지만, 머리를 옮기다 또는 머리를 떨어뜨린다는 뜻으로 짐작된다. 여기서는 술을 마시는 행위를 의미한다.
   裏許(이허) - 속. '허'는 뜻이 없는 허사虛詞이다.

997. 戲贈杜甫

두보에게 장난삼아 주다

飯顆山頭逢杜甫[1]　頭戴笠子日卓午[2]
借問別來太瘦生[3]　總爲從前作詩苦

반과산 꼭대기에서 두보를 만났는데
머리에 삿갓을 썼으니 해가 중천에 있어서라네.
헤어진 뒤로 몸이 너무 말랐네라고 물어보니
여태까지 시 짓느라 고생해서라고 하네.

【해제】

이 시는 맹계孟棨의 ≪본사시(本事詩)≫에 처음 보이며, 왕기王琦는 이를 보고 시문습유詩文拾遺에 수록하였다. 또한 ≪당척언(唐摭言)≫과 ≪당시기사(唐詩紀事)≫에도 수록되어 있는데 몇 글자가 다르다. 이 시는 시를 짓느라고 몸이 너무 말라버린 두보를 보고 그에게 장난스레 써준 것이다. 천보 3재(744) 또는 천보 4재(745)에 지은 것으로 보인다.

【주석】

1) 飯顆山(반과산) - 이 산의 위치에 대해서는 고찰할 수 없다. ≪당척언≫의 주석에 의하면 반과산이 장락파長樂坡로 된 판본도 있는데, 장락파는 장안 근처에 있다. 이백과 두보가 장안 근처에서 만난 적

이 없었음에도 시 속에 장락파라는 지명이 등장한다는 사실을 들어 이 시가 위작이라고 주장하는 설이 있지만, ≪본사시≫에는 반과산으로 되어있고 그 위치를 알 수 없기에 이 시의 진위에 대해서는 단정하기 어렵다.
2) 笠子(입자) - 삿갓.
   卓午(탁오) - 정오.
3) 生(생) - 허사虛詞로 뜻이 없다.

998. 寒女吟

가난한 여인의 노래

昔君布衣時[1]   與妾同辛苦
一拜五官郎[2]   便索邯鄲女[3]
妾欲辭君去   君心便相許
妾讀蘼蕪書[4]   悲歌淚如雨
憶昔嫁君時   曾無一夜樂
不是妾無堪[5]   君家婦難作
起來強歌舞   縱好君嫌惡[6]
下堂辭君去   去後悔遮莫[7]

예전에 그대가 포의였을 때
첩과 고생을 같이 했는데,
한번 오관랑에 제수되자
곧장 한단의 여인을 찾으셨죠.
첩이 그대를 떠나려고 하는데
그대의 마음은 곧장 허락하였으니,
첩은 궁궁이에 관한 글을 읽고서
슬피 노래하니 눈물이 비처럼 흐르네요.

옛날 그대에게 시집올 때를 생각하면
일찍이 즐거운 밤이 한 번도 없었는데,
첩이 마음에 들 만한 데가 없었던 것이 아니라
그대 집에서 아내 노릇이 어려웠던 것이니,
일어나서 억지로 노래하고 춤추지만
비록 잘했어도 그대는 싫어했죠.
마루를 내려와 그대를 떠나니
떠난 뒤에 뭘 후회하겠어요?

【해제】
이 시는 당나라 위곡韋縠이 편찬한 ≪재조집(才調集)≫에 실려 있고, 왕기王琦는 이를 보고 시문습유詩文拾遺에 수록하였지만, ≪재조집≫의 선시選詩가 정확하지 못하다는 것을 근거로 이백의 시가 아니라는 주장이 있다. 돈황잔권에 이 시의 후반부가 실려 있는데 제목이 〈고적이 가서 대부의 막부에서 물러나기를 청하면서 흥을 기탁하여 받드는 시(高適在哥舒大夫幕下請辭退, 託興奉詩)〉라고 되어있다. 하지만 시의 제목과 내용이 맞지 않아 고적의 작품은 아닌 것으로 추정된다. 이 시는 처음에는 같이 고생하며 살다가 지아비가 관직에 나아가면서 다른 여인을 좋아하게 되어 떠날 수밖에 없게 된 부인의 서글픈 마음을 노래하였다. 마지막 부분에는 더 이상 후회하지 않겠다는 다짐을 하였는데, 이를 통해 부인의 고통을 짐작할 수 있다.

【주석】
1) 布衣(포의) - 벼슬을 하지 않은 평민.
2) 五官郎(오관랑) - 한나라 때 오관중랑장五官中郎將의 수하에 오관중랑五官中郎, 오관시랑五官侍郎, 오관낭중五官郎中이 있었는데 이를 아울

러 오관랑이라 불렀다. 후에는 궁정의 시위관侍衛官을 널리 일컫게 되었다.

3) 邯鄲(한단) - 춘추시대 조나라의 수도였으며, 그곳에 아름다운 여인이 많았다고 한다.

4) 蘼蕪書(미무서) - ≪옥대신영(玉臺新咏)≫에 수록된 〈고시(古詩)〉에서 "산에 올라 궁궁이를 캐고 산을 내려오다 옛 남편을 만났네. 꿇어앉아 지아비에게 새 사람은 또 어떠한가 물어보네. '새 사람이 비록 이쁘다하나 옛 사람의 아름다움만 못하네. 얼굴은 비슷하나 솜씨는 다르다오.' '새 사람이 문으로 들어오니 옛 사람은 쪽문으로 나갔지요.' '새 사람은 비단을 잘 짜고 옛 사람은 무명을 잘 짜는데, 비단은 하루에 한 필만 짜지만 무명은 다섯 장 넘게 짜니, 비단을 무명과 비교해보면 새 사람이 옛 사람보다 못하다오.'(上山采蘼蕪, 下山逢故夫. 長跪問故夫, 新人復何如. 新人雖言好, 未若故人姝. 顔色類相似, 手爪不相如. 新人從門入, 故人從閤去. 新人工織縑, 故人工織素. 織縑日一匹, 織素五丈餘. 將縑來比素, 新人不如故.)"라고 하여 새로 온 여인보다 본처가 훨씬 낫다는 것을 말하였는데, 여기서는 이 시를 가리킨다. '미무'는 궁궁이라는 풀이다.

5) 無堪(무감) - 다른 사람의 마음에 들 만한 것이 없다.

6) 嫌惡(혐오·혐악) - 싫어하다.

7) 遮莫(차막) - 무엇.
이 구절은 절대 후회하지 않겠다는 뜻이다.

999. 會別離

헤어지다

結髮生別離[1]　　相思復相保[2]
如何日已遠　　五變庭中草
渺渺天海途[3]　　悠悠漢江島
但恐不出門　　出門無遠道[4]
道遠行旣難　　家貧衣復單
嚴風吹雨雪[5]　　晨起鼻何酸[6]
人生各有志　　豈不懷所安
分明天上日　　生死誓同歡

머리를 묶고는 생이별한 뒤
서로 그리워하면서 또 서로 살아가고 있는데,
어찌하리오, 날이 벌써 멀어졌으니
정원의 풀이 다섯 번이나 바뀌었네요.
막막한 하늘 바다의 길
아득한 한강의 섬.
다만 문을 나서지 못할까 두려움뿐
문 밖을 나서면 먼 길이란 없지요.

길이 멀어 길 가기 어려운데다
집이 가난해서 옷은 홑겹이니,
세찬 바람에 눈비가 불어
새벽에 일어나면 코가 얼마나 시리실지.
사람의 삶에 각자 뜻이 있다지만
어찌 편안하고 싶지 않겠어요?
또렷한 하늘 위의 해를 보고
죽으나 사나 즐거움을 같이하리라 맹세하네요.

【해제】
이 시는 당나라 위곡韋縠이 편찬한 ≪재조집(才調集)≫에 이백의 작품으로 실려 있고, 왕기王琦는 이를 보고 시문습유詩文拾遺에 수록하였지만, 원결元結이 엮은 ≪협중집(篋中集)≫에는 맹운경孟雲卿의 작품으로 되어 있고 제목은 〈지금 헤어지다(今別離)〉로 되어있다. ≪문원영화(文苑英華)≫와 ≪악부시집(樂府詩集)≫에도 모두 맹운경의 작품으로 수록되어있다. 원결이 건원 3년(760)에 ≪협중집≫을 편찬했는데, 당시 이백과 맹운경이 모두 생존해있었고 원결이 맹운경과 친한 사이였음을 감안하면 맹운경의 작품이 맞는 것으로 보인다. 이 시는 길 떠난 지아비가 오년 동안 객지를 떠돌아다니며 고생하는 것을 걱정하면서 생사고락을 같이하겠다고 다짐하는 부인의 지순한 애정을 표현하였다.

【주석】
1) 結髮(결발) - 결혼하여 부인이 되는 것을 뜻한다.
2) 保(보) - 몸을 보전하다.
3) 天海(천해) - 하늘과 바다. 아득한 하늘. 또는 아주 먼 곳을 뜻한다. 이상 두 구절은 남편이 현재 있는 곳을 말한 것이다.

4) 但恐(단공) 두 구 - 집을 나설 수 없어서 나서지 못하지 일단 집을 나서서 떠난다면 멀다고 여길 길은 없다는 뜻이다. 부인이 지아비를 찾아 길을 나서고 싶은 심사를 표현한 말이다.
5) 嚴風(엄풍) - 세찬 바람.
6) 酸(산) - 시리다.
   이상 네 구절은 객지 추운 데서 고생하고 있는 남편의 모습을 상상하여 묘사한 것이다. 이와 달리 남편을 찾으러 나간 여인이 추위에 고생하고 있는 모습을 묘사한 것으로 볼 수도 있다.

1000. 初月

초승달

玉蟾離海上[1]　白露濕花時
雲畔風生爪[2]　沙頭水浸眉[3]
樂哉絃管客[4]　愁殺戰征兒[5]
因絕西園賞[6]　臨風一詠詩

옥 두꺼비가 바다를 떠나 솟아오르니
흰 이슬이 꽃을 적실 때라네.
구름 가에선 바람이 손톱을 생기게 하고
모래사장에선 물이 눈썹을 적시네.
즐겁구나, 음악을 즐기는 나그네여
시름겹구나, 전쟁 나간 이는.
때문에 서원에서 감상하는 것을 끊고서
바람 맞으며 시를 한번 읊어보네.

【해제】
이 시는 ≪문원영화(文苑英華)≫에 처음 보이며, 왕기王琦는 이를 보고 시문습유詩文拾遺에 수록하였다. 이 시는 초승달을 보고 쓴 것으로, 앞부분에서는 초승달이 뜬 모습을 묘사하였으며, 뒷부분에서는 전쟁 나간 이를 근심하여 달을 즐기는 연회에 참석하지 않겠다는 뜻을 표현하였다.

【주석】
1) 玉蟾(옥섬) - 달 속에 산다는 전설상의 옥 두꺼비. 여기서는 달을 의미한다.
   이 구절은 달이 바다 위로 솟아올랐음을 말한다.
2) 雲畔(운반) 구 - 구름에 가려있던 달이 바람이 불자 나타난 것을 묘사한 것으로 '爪'는 손톱모양의 달을 가리킨다.
3) 沙頭(사두) 구 - 모래사장의 물에 비친 달을 묘사한 것으로 '眉'는 눈썹모양의 초승달을 가리킨다.
4) 絃管(현관) - 현악기와 관악기. 연회의 음악소리를 말한다.
5) 愁殺(수살) - 아주 시름겹다.
   이상 두 구절은 동일한 달을 보고도 잔치 자리의 나그네는 즐거워하지만 전쟁 나간 이는 시름을 느낀다는 뜻이다.
6) 絶(절) - 끊다. 그만두다.
   西園賞(서원상) - 아름다운 원림에서 연회를 하며 노니는 것을 말한다. 조식曹植의 〈공연(公宴)〉 시에서 "공자께서 빈객을 공경하고 사랑하시니 연회가 끝나도 피곤한 줄 모르네. 맑은 밤 서쪽 정원에서 노니는데 날듯한 수레들이 따르네.(公子敬愛客, 終宴不知疲. 清夜遊西園, 飛蓋相追隨.)"라고 하였는데, 여기서 서쪽 정원은 업성鄴城(지금의 하북성 임장현臨漳縣)의 동작원銅雀園을 가리킨다. 당시 조조 부자는 여러 문인을 이곳에 초청해서 연회를 베풀고 시를 지었다. 이로부터 '서원'은 아름다운 원림에서 연회를 하며 노니는 것을 가리키게 되었다.

1001. 雨後望月

비 갠 후 달을 바라보다

四郊陰靄散[1]　開戶半蟾生[2]
萬里舒霜合[3]　一條江練橫[4]
出時山眼白[5]　高後海心明[6]
爲惜如團扇[7]　長吟到五更[8]

사방 교외에 어두운 구름이 흩어져
문을 여니 달이 반쯤 나타나,
만 리에 펼쳐졌던 서리가 모이고
한 줄기 비단같은 강물이 가로질렀네.
솟아오를 때 산 동굴이 빛나고
높이 솟은 뒤에는 바다 속이 밝은데,
둥근 부채 신세를 애석해하여
새벽까지 길게 읊조리네.

【해제】

이 시는 ≪문원영화(文苑英華)≫에 처음 보이며, 왕기王琦는 이를 보고 시문습유詩文拾遺에 수록하였다. 이 시는 비가 온 후에 뜬 달을 바라보며 쓴 것으로, 달빛으로 산과 강에 환히 빛나는 모습을 묘사한 뒤에 반첩여班婕妤가 쓴 〈원가행(怨歌行)〉을 떠올리면서 사랑받지 못하는 때가 오게 될 것임을 아쉬워하였다.

【주석】

1) 四郊(사교) - 사방의 교외.
   陰靄(음애) - 어두운 구름. 비구름을 가리킨다.
2) 蟾(섬) - 달 속에 산다는 전설상의 두꺼비로, 달을 상징한다.
   이 구절은 달이 막 떠오르면서 반쯤 나온 모습을 표현하였다.
3) 霜(상) - 하얀 달빛을 서리에 비유하였다.
4) 江練(강련) - 비단 같은 강. 강이 달빛으로 빛나는 것을 비단에 비유하였다.
5) 山眼(산안) - 산속의 동굴이나 골짜기를 뜻하는 것으로 보인다.
6) 海心(해심) - 바다 속.
7) 團扇(단선) - 둥근 부채. 한나라 성제成帝가 조비연趙飛燕을 맞아들이자 반첩여班婕妤가 총애를 잃고 슬퍼하면서 〈원가행(怨歌行)〉을 불러, "제나라 하얀 비단 새로 찢으니 희고 깨끗하기가 눈과 서리 같구나. 마름하여 합환선을 만드니 둥글둥글 밝은 달과 같네. 그대의 품과 소매에서 나고 들며 흔들면 미풍을 일으키네. 항상 두렵기는 가을이 와서 서늘한 바람이 무더위를 쫓는 것이니, 상자 속에 내버려져 사랑이 중도에 끊어지겠지.(新裂齊紈素, 皎潔如霜雪. 裁爲合歡扇, 團團似明月. 出入君懷袖, 動搖微風發. 常恐秋節至, 涼風奪炎熱. 棄捐篋笥中, 恩情中道絶.)"라고 하였다.
8) 五更(오경) - 새벽 3시~5시로 대체로 동틀 무렵을 가리킨다.
   이상 두 구절은 둥근 부채가 가을이 되면 버림받듯이 둥근 달이 이지러지고 나면 감상하는 사람이 없어질 것을 아쉬워한 것으로, 그 속에는 총애를 잃게 된 시인의 심사가 기탁되었을 수도 있다.

1002. 對雨

비를 마주하다

卷簾聊擧目¹　露濕草綿綿²
古岫藏雲毳³　空庭織碎煙⁴
水紋愁不起⁵　風線重難牽⁶
盡日扶犂叟⁷　往來江樹前

주렴을 말고 잠시 눈을 들어 보니
이슬이 무성한 풀을 적셨네.
오래된 산 동굴은 솜구름을 감추고
텅 빈 정원은 조각난 안개를 짜네.
물은 파문을 시름겨워 일으키지 않고
바람은 실을 무거워서 끌지 못하는데,
하루 종일 쟁기 맨 노인이
강가 나무 앞을 오고가네.

【해제】
이 시는 ≪문원영화(文苑英華)≫에 처음 보이며, 왕기王琦는 이를 보고 시문습유詩文拾遺에 수록하였다. 비 내린 때의 여러 경물을 묘사하였다.

【주석】

1) 擧目(거목) - 눈을 들어 바라보다.
2) 綿綿(면면) - 연이어진 모습.
   이 구절은 비가 내려 풀에 물방울이 맺힌 것을 묘사하였다.
3) 雲毳(운취) - 부드러운 솜털 같은 구름.
   이 구절은 구름이 산 동굴에 있음을 말한다.
4) 織碎煙(직쇄연) - 부서진 안개를 짜다. 여기저기 연무가 생겨나는 것을 말한다.
5) 紋(문) - ≪문원영화(文苑英華)≫에는 '홍紅'으로 되어있으며, "아마도 '문'일 것이다"는 주석이 있다. 이에 의거해 수정하였다.
   이 구절은 물의 파문이 시름 때문에 일어나지 않는다는 뜻인데, 비가 내리면 파문이 크게 생긴다는 사실에 비추어 볼 때 잘 이해되지 않는다. '불不'자는 '이易'의 초서를 잘못 읽어서 전사과정에서 오류가 생긴 것으로 보인다.
6) 風線(풍선) - 바람을 실에 비유한 표현이다.
   이 구절은 비에 젖어 바람도 무겁게 느껴진다는 뜻이다.
7) 盡日(진일) - 하루 종일.
   犁(리) - 쟁기.

1003. 曉晴

새벽에 비가 개다

野涼疏雨歇[1]　春色偏萋萋[2]
魚躍靑池滿　鶯吟綠樹低
野花妝面濕[3]　山草紐斜齊[4]
零落殘雲片[5]　風吹挂竹溪[6]

성긴 비가 그치니 들판은 시원하고
봄빛은 매우 무성한데,
푸른 물 가득한 못에 물고기가 뛰고
푸른 나무 처진 곳에 꾀꼬리가 우네.
들꽃은 화사한 얼굴이 촉촉하고
산풀은 비스듬한 모습 가지런하며,
떠도는 남은 구름 조각은
바람에 날려 대나무 계곡에 걸려있네.

【해제】

이 시는 ≪문원영화(文苑英華)≫에 처음 보이며, 왕기王琦는 이를 보고 시문습유詩文拾遺에 수록하였다. 봄날 새벽에 비가 갠 후 경치를 보고 쓴 것으로, 연못과 정원 및 들과 산의 모습을 자세히 표현하였다.

【주석】

1) 疏雨(소우) - 성긴 비.
2) 萋萋(처처) - 무성한 모습. 봄비로 인해 봄풀이 무성해진 모습을 표현하였다.
3) 妝面(장면) - 화장한 얼굴. 꽃의 아름다움을 비유하였다.
4) 紐斜齊(뉴사제) - 비가 온 뒤에 풀이 가지런하게 기운 모습을 묘사하였다. '뉴'는 끈이라는 뜻으로 풀의 모습을 비유한 것이다.
5) 零落(영락) - 이리저리 떠돌다. 흩어지다.
6) 竹溪(죽계) - 대나무 계곡. 이백이 개원 연간에 지금의 산동성 태안시泰安市에 있는 조래산徂徠山의 죽계에 은거했었는데 이곳을 가리킬 수도 있다.

1004. 望夫石

망부석

  髣髴古容儀[1]   含愁帶曙輝[2]
  露如今日淚   苔似昔年衣
  有恨同湘女[3]   無言類楚妃[4]
  寂然芳靄內   猶若待夫歸

옛 모습과 방불한 채
새벽 빛 속에 근심을 머금고 있으니,
이슬은 오늘의 눈물인 듯하고
이끼는 예전의 옷인 듯하네.
한을 가진 건 상수의 여인과 같고
말이 없는 건 초나라 비와 비슷하니,
조용히 향기로운 안개 속에서
아직도 지아비가 돌아오길 기다리는 것 같네.

【해제】
이 시는 ≪문원영화(文苑英華)≫에 처음 보이며, 왕기王琦는 이를 보고 시문습유詩文拾遺에 수록하였다. 이 시는 망부석을 보고 느낀 감회를 쓴 것으로, 이슬이 맺히고 이끼가 낀 모습에서 지아비를 기다리며 눈물 흘리던 일을 상상하고 아직도 지아비를 기다리는 듯한 그 모습을 애달파 하였다.

【주석】
1) 髣髴(방불) - 비슷하다.
   古容儀(고용의) - 예전에 망부석이 되기 전 여인의 자태를 뜻한다.
2) 曙輝(서휘) - 새벽 빛.
3) 湘女(상녀) - 요임금의 두 딸인 아황娥皇과 여영女英. 이들은 순임금의 부인이었는데, 순임금이 죽자 상강湘江에 몸을 던져 따라 죽었다.(≪열녀전(列女傳)≫ 참조) 이들을 일러 상군湘君 또는 상부인湘夫人이라고 한다.
4) 楚妃(초비) - 초나라 문왕의 부인인 식규息嬀인데 원래 식후息侯의 부인이었다. 초 문왕이 식息나라를 멸망시키고 식규를 부인으로 맞이하였다. 그녀가 도오堵敖와 성왕成王을 낳았지만 말을 하지 않았다. 문왕이 그 이유를 묻자 "제가 한 사람의 부인으로서 두 지아비를 섬겼으니 비록 죽지못할망정 무슨 말을 하겠습니까?"라고 하였다.(≪좌전·장공(莊公) 14년≫ 참조)

1005. 冬日歸舊山

겨울날 옛 산으로 돌아오다

未洗染塵纓[1]　歸來芳草平[2]
一條藤徑綠　萬點雪峰晴
地冷葉先盡　谷寒雲不行
嫩篁侵舍密[3]　古樹倒江橫[4]
白犬離村吠[5]　蒼苔上壁生
穿廚孤雉過　臨屋舊猿鳴[6]
木落禽巢在　籬疏獸路成
拂床蒼鼠走[7]　倒篋素魚驚[8]
洗硯修良策[9]　敲松擬素貞[10]
此時重一去[11]　去合到三淸[12]

먼지 묻은 갓끈을 미처 씻지도 못한 채
향기로운 풀밭으로 돌아오니,
한 줄기 등나무 길은 푸르고
많은 눈 내린 봉우리는 맑게 개였네.
땅이 차가우니 잎이 먼저 다 떨어졌고
계곡이 추우니 구름이 지나가지 못하며,

어린 대가 집안으로 들어와 빽빽하고
오래된 나무는 강에 넘어져 가로놓였네.
흰 개는 마을을 나와 짖어대고
푸른 이끼는 벽을 올라와 자랐으며,
구멍 난 부엌에는 외로운 꿩이 지나가고
지붕 옆에는 낯익은 원숭이가 우네.
나무의 잎이 떨어져 새 둥지가 보이고
울타리 망가져 짐승 길이 났으며,
침상을 닦으니 흰 쥐가 달아나고
상자를 뒤집으니 좀이 놀라네.
벼루를 씻어 좋은 책략을 닦고
소나무 두드리며 맑은 정절을 본받을 것이니,
이 때 다시 한 번 떠나면
떠나서 응당 높은 하늘에 이르리라.

【해제】
이 시는 ≪문원영화文苑英華≫에 처음 보이며, 왕기王琦는 이를 보고 시문습유詩文拾遺에 수록하였다. 이 시는 예전에 은거했던 산으로 겨울에 다시 돌아온 뒤 쓴 것이다. 앞부분에서는 돌아오는 여정을 그렸으며 중간부분에서는 오랫동안 방치되어 엉망이 되어버린 집의 모습을 묘사하였고 뒷부분에서는 이곳에서 다시 재능과 마음을 수양하여 다시 한 번 명성을 떨치겠다는 포부를 적었다.

【주석】
1) 洗染塵纓(세염진영) - 먼지 낀 갓끈을 씻다. 초사楚辭 〈어부(漁夫)〉에서 어부가 "창랑의 물이 맑으면 내 갓끈을 씻을 수 있고, 창랑의 물

이 탁하면 내 발을 씻을 수 있다.(滄浪之水淸兮, 可以濯吾纓, 滄浪之水濁兮, 可以濯吾足.)"라고 노래했는데, 이를 활용하였다.

이 구절은 이백이 아직 세속의 명리를 추구하려는 마음을 버리지 못했다는 뜻이다.

2) 平(평) - '평坪'과 통하여 평원을 뜻한다. 풀이 무성하게 자란 것을 뜻하는 것으로 볼 수도 있다.

3) 嫩篁(눈황) - 어린 대나무.

이 구절은 택지를 돌보지 않아 대나무가 집안에까지 자라있다는 뜻이다.

4) 古樹(고수) 구 - 나무가 강가에 쓰러진 채 방치되어 있다는 뜻이다.

5) 白犬(백견) 구 - 마을에 있어야 할 개가 마을 밖에서 돌아다니고 있음을 말한다.

6) 舊猿(구원) - 옛 원숭이.

7) 蒼鼠(창서) - 회백색 쥐.

8) 倒篋(도협) - 상자를 뒤집다. '협'은 책 같은 것을 보관하는 상자를 말한다.

素魚(소어) - 좀. 책이나 옷 따위를 쏠아 먹는다.

9) 修良策(수양책) - 좋은 책략을 닦다. 세상을 구제할 책략을 닦는 것을 말한다.

10) 擬素貞(의소정) - 깨끗한 절조를 본받다. 소나무의 품성을 본받겠다는 뜻이다.

11) 此時(차시) - 위의 두 구절에 나온 수양을 통해서 자신의 재능을 세상에 알릴 준비가 되었을 때를 가리킨다.

重一去(중일거) - 다시 한 번 더 이곳을 떠나 세상으로 나가는 것을 말한다.

12) 合(합) - 응당.

三淸(삼청) - 도가에서 말하는 옥청玉淸, 상청上淸, 태청太淸을 가리키며 대체로 높은 하늘을 의미한다. 여기서는 조정의 높은 관직을 가리킨다.

1006. 鄒衍谷

추연곡

燕谷無暖氣　　窮巖閉嚴陰[1]
鄒子一吹律[2]　能迴天地心

연 땅의 골짜기에는 따뜻한 기운이 없어
높은 바위산이 음침한 기운으로 막혔는데,
추자가 한 번 율관을 불자
천지의 마음이 다시 돌 수 있었다네.

【해제】
이 시는 ≪문원영화(文苑英華)≫에 처음 보이며, 왕기王琦는 이를 보고 시문습유詩文拾遺에 수록하였다. '추연곡鄒衍谷'은 지금의 북경시 밀운현密雲縣 남서쪽에 있는 골짜기로 지세는 아름답지만 추워서 곡식이 자라지 않는다고 한다. 이 시는 전국시대 제나라의 추연鄒衍이 이곳에서 율관을 불자 온기가 생겨서 기장이 자라났다는 고사(≪예문유취(藝文類聚)≫ 권842에서 인용한 유향劉向의 ≪별록(別錄)≫ 참조)를 적었다. 천보 11재(752) 북방을 유람할 때 지은 것이라는 설이 있다.

【주석】
1) 窮巖(궁암) - 높은 산봉우리.

嚴陰(엄음) - 음침함.

2) 鄒子(추자) - 제나라 사람인 추연鄒衍으로 연 소왕召王의 부름을 받고 관직에 올랐다.(≪사기·연소공세가(燕召公世家)≫ 참조)

吹律(취율) - 율관을 불다. 율관은 특정한 음 높이를 내도록 만들어진 피리인데 악기를 조율할 때 사용한다. 율관은 양의 기운을 가지고 있어 이것을 불면 따뜻해진다고 한다.

1007. 入淸溪行山中

청계로 들어가 산속을 가다

輕舟去何疾　已到雲林境[1]
起坐魚鳥間[2]　動搖山水影[3]
巖中響自合[4]　溪裏言彌靜[5]
無事令人幽　停橈向餘景[6]

가벼운 배가 가는데 어찌나 빠른지
이미 구름 숲에 도착했네.
새와 물고기 사이에서 일어났다 앉으며
산과 물의 그림자를 흔드네.
바위 사이에는 메아리가 절로 모이고
계곡 안에는 말소리가 더욱 고요하네.
일이 없어 사람을 그윽하게 하니
노를 멈추고 석양을 바라보네.

【해제】
≪문원영화(文苑英華)≫에 이백의 〈청계에 들어가 산속을 거닐다(入淸溪行山中)〉 두 수가 수록되어 있는데, 제1수는 〈청계(淸溪行)〉이고 제2수가 이 시이다. 왕기王琦는 ≪문원영화≫를 보고 시문습유詩文拾遺에 이 시를 수

록하였지만, 최호崔顥의 문집에 〈약야계로 들어가다(入若耶溪)〉라는 제목으로 실려 있음을 지적하고는 최호가 지은 것이라고 하였다. '청계淸溪'는 지금의 안휘성 지주시池州市를 지나는 강이다. 이 시는 배를 타고 청계에 들어가 산속을 지나면서 본 경물과 느낀 흥취를 표현하였다.

【주석】
1) 雲林(운림) - 구름이 있는 숲.
2) 起坐(기좌) - 머물다. 휴식하다.
   이 구절은 현재 강과 숲에 들어와 있음을 뜻한다.
3) 動搖(동요) - 흔들다.
   이 구절은 배가 산수가 비치는 청계를 지나가고 있음을 뜻한다.
4) 響自合(향자합) - 메아리가 절로 합쳐지다. 메아리가 같이 울리는 것을 표현하였다. 《문원영화》의 주석에서는 '합'이 '답答'의 잘못인 듯하다고 하였다.
5) 彌靜(미정) - 더욱 조용하다. 매우 조용하다.
   이 구절은 청계가 고요한 것을 표현하였다.
6) 橈(요) - 삿대.
   餘景(여경) - 석양.

1008. 日出東南隅行

태양이 남동쪽에서 떠오르다

秦樓出佳麗[1]　　正值朝日光[2]
陌頭能駐馬[3]　　花處復添香

진씨의 누대에서 아름다운 여인이 나오니
마침 아침 햇살 비칠 때라.
길머리에서 사람의 말을 세우게 하니
꽃 핀 곳에 또 향기를 더하여서라네.

【해제】

이 시는 ≪문원영화(文苑英華)≫에 처음 보이며, 왕기王琦는 이를 보고 시문습유詩文拾遺에 수록하였다. 하지만 곽무천郭茂倩의 ≪악부시집(樂府詩集)≫ 상화가사相和歌辭에는 은모殷謀의 작품으로 되어있다. 이 제목은 원래 악부시 〈밭두둑의 뽕나무(陌上桑)〉의 첫 구절이다. 고악부인 〈밭두둑의 뽕나무〉는 진씨秦氏에게 매우 아름다운 딸인 나부羅敷가 있었는데, 그녀가 뽕잎을 딸 때 태수가 말을 타고 가다가 멈추고는 그녀를 데려가려고 하자 나부가 자기 남편을 자랑하면서 거절하는 내용이다. 이 시는 나부의 고사를 활용하여 아름다운 여인의 모습을 표현하였다.

【주석】

1) 秦樓(진루) - 고악부 〈밭두둑의 뽕나무〉에서 "태양이 남동쪽에서 떠올라, 우리 진씨의 누대를 비추네. 진씨에게 좋은 딸이 있으니 스스로 나부라 이름하였네.(日出東南隅, 照我秦氏樓. 秦氏有好女, 自名爲羅敷.)"라고 하였는데, 그 누대를 가리킨다.
   佳麗(가려) - 아름다운 여인.
2) 値(치) - ~한 때이다.
3) 陌頭(맥두) - 길가.
   能駐馬(능주마) - 말을 세우게 할 수 있다. 고악부 〈밭두둑의 뽕나무〉에서 "태수가 남쪽에서 와서 다섯 마리 말을 세우고 머뭇거리네. 태수가 관리를 보내어 누구 집 아가씨인가 물었네.(使君從南來, 五馬立踟躕. 使君遣吏往, 問是誰家姝.)"라고 하였다.

1009. 代佳人寄翁參樞先輩

미녀를 대신하여 옹참추 선배에게 부치다

等閒經夏復經寒[1]　　夢裏驚嗟豈暫安
南國風光當世少[2]　　西陵演浪過江難[3]
周旋小字挑燈讀[4]　　重疊遙山隔霧看
直是爲君飡不得　　書來莫說更加飡[5]

무심코 여름을 보내고 또 겨울을 보내어
꿈속에서도 놀라 탄식하니 어찌 잠시라도 편안할까요?
남국의 풍광은 세상에 드문데
서릉의 긴 물결에 강을 지나가기가 어려워서,
돌려 쓴 작은 글자를 심지 돋워 읽어보고
겹겹의 먼 산을 안개 너머 바라보네요.
바로 그대 때문에 밥을 못 먹고 있으니
편지를 보내더라도 식사 많이 하라고는 말하지 마세요.

【해제】

이 시는 ≪문원영화(文苑英華)≫에 처음 보이며, 왕기王琦는 이를 보고 시문습유詩文拾遺에 수록하였다. ≪문원영화≫에는 주제별로 시가 수록되어있으며 각 주제 내에서는 작자의 생년 순으로 나열되어있는데, 이 시는 만당 시기 작가들 사이에 수록되어있어 작자 이름이 이백으로 된 데에는 전사과정에서 오류가 있었던 것으로 추정된다. '선배先輩'는 당나라 때 진사에 급제한 사람 상호간에 상대방을 부를 때 쓰는 경칭인데, 이는 만당시기에 와서야 널리 쓰였다. 게다가 이백은 진사 시험에 응시한 적이 없으니, 이러한 정황을 봐서도 이 시가 이백의 작품이 아님이 분명하다. '옹참추翁參樞'에 대해서는 알려진 것이 없으나, 의종懿宗 함통咸通 원년(860)에 과거 급제한 옹언추翁彦樞의 잘못으로 추정하는 설이 있다. 이 시는 미녀를 대신하여 옹참추에게 시를 보내는 형식을 취하여, 시인의 근황과 상대방을 그리워하는 마음을 전달하였다.

【주석】

1) 等閑(등한) - 무심코. 신경을 쓰지 않는 차에.
2) 南國(남국) - 남쪽 지방. 옹참추가 있는 곳을 가리킨다.
   當世少(당세소) - 세상에 드물다.
3) 西陵(서릉) - 서릉이라는 지명이 여러 군데 있는데, 여기서는 지금의 중경시에 있는 삼협三陝의 하나인 서릉협을 가리키는 것으로 보인다. 여인이 있는 곳을 가리킨다.
   演浪(연랑) - 긴 물결.
4) 周旋小字(주선소자) - 돌고 도는 작은 글자. 진주자사秦州刺史 두도竇滔가 서역변방으로 간 뒤, 아내인 소혜蘇蕙가 그를 그리워하며 비단에 회문선도시(廻文旋圖詩, 처음과 끝이 정해진 시가 아니라, 빙빙 돌려가며 어디서 시작해 읽어도 뜻이 통하는 시이다)를 수놓아 두도에게 부쳤는데, 그 내용이 매우 애처로웠다.(≪진서・열녀전(列女傳)≫ 참조) 여기서는 이 고사를 활용한 것으로 임에게 보내는 글을 뜻한다.
   挑燈(도등) - 등불의 심지를 돋우다. 작은 글씨를 읽으려고 불을 밝히는 것이다.
5) 加湌(가찬) - 밥을 더 먹다. 〈고시십구수(古詩十九首)〉 제1수에 "식사를 많이 하도록 힘쓰다(努力加餐飯)"는 말이 있다.

1010. 送客歸吳

오 땅으로 돌아가는 손님을 보내다

江村秋雨歇　　酒盡一帆飛[1]
路歷波濤去　　家唯坐臥歸[2]
島花開灼灼[3]　汀柳細依依[4]
別後無餘事　　還應掃釣磯[5]

강촌에 가을비 그쳤을 때
술을 다 마신 뒤 돛이 날아가네.
떠나는 길 파도를 지나가리니
집에 기거起居하려고 돌아가는 것이라네.
섬 꽃은 불타는 듯 피었고
물가 버드나무는 가늘게 하늘거리겠지.
이별 후에는 별 다른 일이 없으니
다시 낚시터나 쓸어야겠지.

【해제】
이 시는 ≪문원영화(文苑英華)≫에 처음 보이며, 왕기王琦는 이를 보고 시문습유詩文拾遺에 수록하였다. 그러나 엄우嚴羽는 ≪창랑시화(滄浪詩話)≫에서 시의 기법을 보건대 이백 시가 아니라고 하였다. 이 시는 오 땅의 집으로 돌아가는 손님을 보내며 지은 것으로, 물길을 따라가는 그의 여정을 묘사한 뒤, 혼자 남은 자신은 낚시나 하며 소일하게 될 것임을 말하였다.

【주석】

1) 酒盡(주진) - 이별주를 다 마신 것을 말한다.
   一帆飛(일범비) - 손님이 타고 가는 배가 떠나는 것을 말한다.
2) 坐臥(좌와) - 기거하다. 일상생활을 하다.
3) 灼灼(작작) - 꽃이 붉게 핀 모습.
4) 汀(정) - 물가의 평지.
   依依(의의) - 가지가 하늘거리는 모습. 또는 무성한 모습.
5) 釣磯(조기) - 낚시할 때 앉는 바위.

1011. 送友生遊峽中

협중에 놀러가는 벗을 보내다

風靜楊柳垂　看花又別離
幾年同在此　今日各驅馳[1]
峽裏聞猿叫[2]　山頭見月時
殷勤一杯酒　珍重歲寒姿[3]

고요한 바람에 버들가지 드리운 때
꽃을 보며 또 작별하는구나.
몇 년 동안 여기서 같이 지냈는데
오늘 각자 제 갈 길로 가네.
그대가 협곡 안에서 원숭이 울음소리 들을 때
나는 산 위에서 달을 보겠지.
정성스레 한잔 술을 권하며
소나무 같은 그대의 자태를 중히 여기네.

【해제】

이 시는 ≪문원영화(文苑英華)≫에 처음 보이며, 왕기王琦는 이를 보고 시문습유詩文拾遺에 수록하였다. 그러나 ≪전당시≫에는 장적張籍의 작품으로 수록되어 있고 엄우嚴羽도 ≪창랑시화(滄浪詩話)≫에서 시의 기법을 보건대 이백 시가 아니라고 하였다. 이 시는 오랫동안 같이 지내던 친구가 협중으로 가게 되어 그를 전송하며 지은 것이다. '우생友生'는 친구를 뜻하는데, 누구인지는 알려져 있지 않다. '협중峽中'은 지금의 중경시에 있는 삼협 지역을 가리킨다.

【주석】
1) 驅馳(구치) - 말을 달리다. 길을 가는 것을 뜻한다.
2) 峽裏(협리) - 협중.
   이하 두 구절은 내가 산머리에서 달을 보며 그대를 생각할 때 그대는 협중에서 원숭이 울음소리를 듣고 있을 것이라는 뜻이다.
3) 珍重(진중) - 몸을 아끼라고 당부하는 말로 풀이할 수도 있다.
   歲寒姿(세한자) - 추운 날에도 시들지 않는 소나무처럼 고고한 자태를 뜻한다.

1012. 送袁明府任長江

장강으로 부임해 가는 원 현령을 보내다

別離楊柳靑　　樽酒表丹誠[1]
古道攜琴去[2]　深山見峽迎
暖風花繞樹　　秋雨草沿城[3]
自此長江內　　無因夜犬驚[4]

푸른 버들 아래서 이별하노니
술을 마시며 내 정성을 보여주네.
옛 길을 따라 금을 안고 가노라면
깊은 산에는 협곡이 맞이할 것이며,
지금 따뜻한 바람에 꽃이 나무를 두르고 있지만
그곳에는 가을비에 풀이 성을 따라 자라있겠지.
이제부터 장강 경내에는
밤 개가 놀라 짖을 일 없으리.

【해제】
이 시는 ≪문원영화(文苑英華)≫에 처음 보이며, 왕기王琦는 이를 보고 시문습유詩文拾遺에 수록하였다. 그러나 엄우嚴羽는 ≪창랑시화(滄浪詩話)≫에서 시의 기법을 보건대 이백 시가 아니라고 하였다. '장강長江'은 현의 이름으로 지금의 사천성 봉계현蓬溪縣 서쪽에 있었다. '명부明府'는 현령縣令의 별칭이고 '원袁'씨에 대해서는 알려진 것이 없다. 이 시는 장강으로 부임해가는 원씨를 송별하며 지은 것이다. 술을 마시며 이별하는 장면을 묘사한 뒤, 그가 장강으로 가는 여정과 장강을 잘 다스리는 모습을 상상하여 표현하였다.

【주석】

1) 表(표) - 드러내다.
   丹誠(단성) - 극진한 마음. 충성스런 마음.
2) 攜琴(휴금) - 금을 가지고 있다. 공자의 제자 복자천宓子賤이 선보單父를 다스리는데, 금琴만 타면서 관청에서 내려오지 않았는데도 고을이 잘 다스려졌다.(≪여씨춘추(呂氏春秋)≫ 참조)
3) 草沿城(초연성) - 풀이 성을 따라 자라다.
   이상 두 구절 중 위 구절은 현재 떠나는 곳에서 본 경물을 묘사하였고, 아래 구절은 그곳에 도착했을 때의 경물을 짐작하여 묘사하였다.
4) 無因(무인) - 이유가 없다. 그럴 일이 없다는 뜻이다.
   夜犬驚(야견경) - 후한의 유총劉寵이 회계태수會稽太守로 부임하였을 때, 당시 산 속의 백성들은 순박하여 늙도록 성내에 들어온 적이 없는 사람도 있었지만 관리들의 간섭을 많이 받았다. 그가 부임하여 번다하고 가혹한 율령을 간소화하거나 없애버리고 불법행위를 감찰하니 회계가 잘 다스려졌다. 그가 궁실이나 종묘의 토목공사를 관장하는 장작대장將作大匠이 되어 떠날 때, 산음현山陰縣의 노인 대여섯 명이 약야산若耶山 골짜기에서 나와 백 전의 여비를 주면서 유총을 전송하였다. 유총이 그 이유를 묻자, 그들이 대답하기를 "산골짝에 사는 사람이 비루하여 태수를 뵌 적이 없었습니다. 다른 태수가 다스릴 때는 관리들이 백성들 사이에서 징발하는 것이 밤까지 계속되어 개가 밤새도록 짖었고 백성들이 편안치 못했습니다. 하지만 그대가 부임한 이래로 개가 밤에 짖지 않고 백성들도 관리를 보지 못했습니다. 우리 노인들이 어진 태수를 만났었는데 지금 떠나신다는 소식을 듣고는 배웅하려고 왔습니다."라고 하였다.(≪후한서·유총전≫ 참조)
이상 두 구절은 원 장강현령이 고을을 잘 다스릴 것이라는 뜻이다.

1013. 送史司馬赴崔相公幕
최환 재상의 막부로 가는 사 사마를 보내다

崢嶸丞相府[1]　清切鳳凰池[2]
羨爾瑤臺鶴[3]　高棲瓊樹枝[4]
歸飛晴日暖　吟弄惠風吹[5]
正有乘軒樂[6]　初當學舞時[7]
珍禽在羅網[8]　微命苦猶絲[9]
願託周周羽[10]　相銜漢水湄[11]

높디높은 재상의 관부官府
황제와 가까운 봉황의 못.
그대 요대의 학이
높이 경수 가지에 깃들이게 된 것이 부럽네.
날아 돌아가니 맑은 날이 따뜻하고
지저귀노라니 은혜로운 바람이 불어,
바로 수레를 타는 즐거움을 가지게 되었으니
춤을 배우는 때가 비로소 되어서라네.
진귀한 새가 그물에 갇혀
미천한 목숨이 괴롭기가 실과 같아서,
원컨대 주주새의 깃털을 의탁하리니

한수의 물가에서 서로 물어주었으면.

【해제】

이 시는 ≪문원영화(文苑英華)≫에 처음 보이며, 왕기王琦는 이를 보고 시문습유詩文拾遺에 수록하였다. 잠참岑參의 문집에도 이 시가 수록되어있지만 시의 내용으로 보아 이백의 시로 판단된다. 제목 앞에 "학을 읊다"는 뜻인 '賦得鶴' 세 글자가 더 있는 판본도 있다. '사마司馬'는 지방의 중간관직으로 오육품五六品에 해당되며 '사史'씨에 대해서는 알려진 것이 없다. '상공相公'은 재상을 의미하며 '최崔'씨는 아마도 최환崔渙일 터인데 문하시랑동중서문하평장사門下侍郞同中書門下平章事를 지냈으며, 지덕 원재(756)에 강회선유선보사江淮宣諭選補使가 되었다. 이백은 영왕永王의 일로 심양尋陽의 감옥에 갇혀있을 때 최환에게 석방을 탄원하는 시를 올린 적이 있다. 이 시는 최환 재상의 막부로 가는 사씨를 송별하며 쓴 것인데, 사씨의 품격을 찬양하면서 그가 재상의 막부로 가게 된 것을 축하하고 이어서 감옥에 갇힌 자신을 도와주기를 바라는 마음을 전하였다. 대체로 지덕 2재(757)에 지은 것으로 보인다.

【주석】

1) 崢嶸(쟁영) - 높이 우뚝한 모습.
   丞相府(승상부) - 승상의 관부. 최환이 재상임을 말한다.
2) 淸切(청절) - 맑고 귀하여 가까이에서 모시다. 대체로 황제의 측근 관리를 가리킨다.
   鳳凰池(봉황지) - 중서성中書省을 가리킨다. 최환이 중서문하평장사로 있었던 것을 말한다.
3) 瑤臺(요대) - 곤륜산崑崙山에 있는 신선들의 누대.
4) 瓊樹(경수) - 요대에 있는 옥으로 된 나무.
   이상 두 구절은 사씨를 신선들의 세계에 있는 학에 비유한 것으로 그가 최환 막부로 가게 된 것을 부러워한다는 뜻이다.
5) 惠風(혜풍) - 온화한 바람. 은혜로운 바람.
이상 두 구절은 사씨가 최환의 관부로 귀속되어 가는데 좋은 날씨에 온화한 바람이 분다는 뜻이다. 최환의 은택을 입어 모든 것이 순조롭다는 뜻이다.
6) 乘軒(승헌) - 위衛나라 의공懿公은 학을 좋아하여 수레에 태우기도 하였다.(≪좌전·민공(閔公) 2년≫ 참조) 여기서는 사씨가 최환의 총애를 받는 것을 비유한다.
7) 學舞(학무) - 송나라 육전陸佃이 편찬한 ≪비아(埤雅)≫에 따르면, 학은 태어나서 2년이 되면 솜털이 빠지고 3년이 되면 새끼를 낳을 수 있게 되며 7년이 되면 은하수까지 날 수 있으며, 다시 7년이 지나면 춤을 배우고 다시 7년이 지나면 춤을 박자에 맞게 춘다고 하였다. 여기서는 사씨가 자신의 능력을 발휘할 준비가 되었다는 뜻이다.
8) 珍禽(진금) - 진귀한 새. 여기서는 이백 자신을 가리킨다.
在羅網(재나망) - 그물에 있다. 이백이 심양의 감옥에 갇힌 것을 의미한다.
9) 微命(미명) - 미천함 목숨. 이백의 목숨을 가리킨다.
苦猶絲(고유사) - 목숨이 실낱같이 위태롭다는 뜻이다. '고'를 '정말로'라고 풀이할 수도 있다.
10) 周周犭(주주우) - ≪한비자(韓非子)·설림하(說林下)≫에 나오는 주주翢翢라는 새를 가리킨다. 주주새는 머리가 무겁고 꼬리가 굽어서 황하에서 물을 마시려고 할 때마다 넘어졌다. 그래서 다른 새가 그 깃털을 물어줘야 비로소 물을 마실 수 있었다. 여기서는 이백 자신을 비유한다.
11) 漢水(한수) - 최환이 머물고 있는 지역을 가리킨다.
이상 두 구절은 사씨가 최환의 막부로 가서 주주새와 같은 이백을 도와주기를 바란다는 뜻이다.

1014. 戰城南

성 남쪽에서 전쟁하다

戰地何昏昏[1]　戰士如群蟻[2]
氣重日輪紅[3]　血染蓬蒿紫
烏鳥銜人肉　食悶飛不起[4]
昨日城上人　今日城下鬼
旗色如羅星　鼙聲殊未已[5]
妾家夫與兒　俱在鼙聲裏

전쟁터는 어찌나 음침한지
병사들은 개미떼와 같은데,
기운이 무거워 태양이 붉고
피가 물들어 쑥대가 붉네.
까마귀가 인육을 물어
먹고는 답답하여 날지도 못하니,
어제 성 위의 사람이
오늘은 성 아래의 귀신이 되었네.
깃발은 늘어선 별과 같고
북소리는 아직도 그치지 않았는데,
첩 집안의 남편과 자식이

모두 그 북소리 안에 있다네.

【해제】

이 시는 ≪문원영화(文苑英華)≫에 이백의 동일한 제목의 다른 악부시 아래에 수록되어있는데 작자의 이름을 밝히지 않았다. 왕기王琦는 ≪문원영화≫를 보고 이 시를 시문습유詩文拾遺에 수록하였는데, 후인이 이백의 이 시를 채집하여 ≪문원영화≫에 함께 실은 것이라 하였다. 곽무천郭茂倩의 ≪악부시집(樂府詩集)≫에는 이 시가 수록되어있지 않다. 이 시는 전쟁터에 나간 남편과 자식을 염려하는 마음을 적은 것으로, 전쟁터의 참혹한 모습을 그린 후 계속되는 전쟁에서 고생할 가족을 걱정하는 마음을 표현하였다.

【주석】

1) 昏昏(혼혼) - 어둑한 모습.
2) 群蟻(군의) - 개미 무리. 전사가 많은 것을 뜻한다.
3) 氣重(기중) - 전장의 기운이 무겁다. 또는 대기가 두텁다.
4) 食悶(식민) - 까마귀가 인육을 먹고 배불러서 답답해하는 것이다.
5) 鼙聲(비성) - 북소리. 전쟁을 지휘하는 소리이다.
   殊(수) - 아직도.

1015. 胡無人行

오랑캐 땅에 사람이 없어지다

十萬羽林兒[1]　臨洮破郅支[2]
殺添胡地骨　　降足漢營旗
塞闊牛羊散　　兵休帳幕移
空餘隴頭水[3]　嗚咽向人悲[4]

십만 우림군이
임조에서 흉노 선우를 격파하니,
죽은 자는 오랑캐 땅에 뼈를 더하고
항복한 자는 한나라 군영을 채웠네.
변새는 넓어 소와 양이 흩어져 있고
전쟁이 끝나 장막을 옮기는데,
농두의 물만 괜스레 남아있어
사람을 향해 애달프게 울어대네.

【해제】
이 시는 ≪문원영화(文苑英華)≫에 이백의 동일한 제목의 다른 악부시 아래에 수록되어있는데 작자의 이름을 밝히지 않았다. 곽무천郭茂倩의 ≪악부시집(樂府詩集)≫에는 이 시가 수록되어있지 않다. 또한 ≪전당시≫에

는 이백의 시와 진도陳陶(812?~885?)의 시로 두 군데 실려 있다. 왕기王琦
는 ≪문원영화≫를 보고 이 시를 시문습유詩文拾遺에 수록하였는데, 진
도의 문집에도 이 시가 실려 있다고 하면서 진도의 시라고 하였다. 이
시는 우림군羽林軍이 흉노족匈奴族을 물리친 전쟁을 묘사한 것으로, 전쟁
에 승리한 것을 묘사한 뒤 마지막에는 전쟁터로 나간 이가 고향을 그리
워하는 마음을 표현하였다.

【주석】
1) 羽林(우림) - 황제의 호위군으로 정예부대를 의미한다. 여기서는 한나라 선제宣帝 때 서역부교위西域副校尉 진탕陳湯이 이끄는 부대를 말하는데, 당시 반란을 일으킨 흉노족 질지골도후郅支骨都侯를 물리쳤다.
2) 臨洮(임조) - 지금의 감숙성 민현岷縣북쪽. 북서쪽 변경을 가리킨다.
   郅支(질지) - 흉노족 선우의 명호名號. 질지골도후를 가리킨다.
3) 隴頭水(농두수) - 북서쪽 변경인 농두에 흐르는 물. 고악부 중에 이별에 관한 곡인 〈농두가(隴頭歌)〉에서 "농두에서 흐르는 물 우는 소리 흐느끼고, 멀리 진천을 바라보니 애간장이 끊어지네.(隴頭流水, 鳴聲幽咽, 遙望秦川, 肝腸斷絶.)"라고 하여 전쟁에 나간 이가 고향을 그리워하는 마음을 표현하였다.
4) 鳴咽(명열) - 목이 메도록 울다.

1016. 鞠歌行

곤궁의 노래

麗莫似漢宮妃[1]　　　謙莫似黃家女[2]
黃女持謙齒髮高[3]　　漢妃恃麗天庭去[4]
人生容德不自保[5]　　聖人安用推天道
君不見
蔡澤嵌枯詭怪之形狀[6]　大言直取秦丞相
又不見
田千秋才智不出人[7]　　一朝富貴如有神[8]
二侯行事在方冊[9]　　泣麟老人終困厄[10]
夜光抱恨良嘆悲[11]　　日月逝矣吾何之

아름답기로는 한나라 궁비宮妃만한 이가 없고
겸손하기로는 황공 집안의 딸만한 이가 없었지만,
황씨의 딸은 겸손함을 믿다가 나이가 많아졌고
한나라 궁비는 아름다움을 믿다가 궁궐을 떠났네.
사람 사는데 용모와 덕으로 스스로를 보전하지 못하는 법이니
성인이 무엇으로 하늘의 도리를 헤아리리.
그대는 보지 못했는가?

채택이 험악하고 기괴한 외모를 가졌지만
대단한 언변으로 바로 진나라 승상 자리를 얻었던 것을.
또 보지 못했는가?
전천추의 재주와 지혜가 남보다 낫지 않으면서
하루아침에 신들린 듯 부귀해진 것을.
이 두 사람의 행적은 역사서에 남았지만
기린에 눈물 흘렸던 노인은 끝내 곤궁했다네.
야광주가 한을 품은 일을 진실로 탄식하며 슬퍼하니
세월은 흘러가는데 나는 어디로 가야하나?

【해제】

이 시는 ≪문원영화(文苑英華)≫에 이백의 동일한 제목의 다른 악부시 아래에 수록되어있으며, 왕기王琦의 주석에 따르면 작자의 이름을 밝히지 않았다고 하였는데, 현재 남아있는 ≪문원영화(文苑英華)≫ 판본에는 나은羅隱의 작품이라고 적혀있다. 곽무천郭茂倩의 ≪악부시집(樂府詩集)≫에는 이 시가 수록되어있지 않다. 왕기는 ≪문원영화≫를 보고 이 시를 시문습유詩文拾遺에 수록하였다. 제목의 '국鞠'에 대해서 육기陸機는 축국蹴鞠 경기에서 차는 공을 뜻할지도 모른다고 하였고, 주간朱諫은 황제가 입는 황상복黃桑服과 관련된다고 하였지만, 모두 근거가 미약하다. 이러한 제목의 고악부에서 노래한 내용에 따르면, 기이한 보물이 있어도 알아주는 이가 없어 그 진가를 발휘하지 못하는 내용을 담고 있으므로 곤궁하다는 뜻으로 볼 수도 있다. 이 시는 재능이 있지만 펼치지 못하고 곤궁하게 지내는 신세를 한탄하며 지은 것이다. 덕망과 재능을 가지고 있는 사람이 인정받아 등용되어야 하지만 역사적으로 그렇지 않은 사례들을 말하면서 자신의 신세를 한탄하고 작금의 세태를 비판하였다.

【주석】
1) 漢宮妃(한궁비) - 한나라 원제元帝 때 궁녀였던 왕소군王昭君을 가리킨다. 원제에게 후궁이 많아서 그는 그들의 초상화를 보고 간택했다. 이에 후궁들은 궁중의 화공에게 뇌물을 주고 잘 그려달라고 했지만, 왕소군은 그렇게 하지 않아 그녀의 초상화는 항상 추녀로 그려져서 결국 오랑캐 왕에게 시집가서 생을 마쳤다.(≪서경잡기(西京雜記)≫ 참조)
2) 謙(겸) - 겸손하다.
黃家女(황가녀) - 제나라 황공黃公은 겸손하여 자신을 낮추기를 좋아했다. 그에게 딸이 둘 있었는데 모두 절세미인이었지만 그는 도리어 못생겼다고 했다. 이러한 소문이 널리 퍼져서 혼기를 넘기도록 시집을 못갔다. 위衛나라의 어느 홀아비가 그녀에게 장가를 들었더니 과연 절세미인이었다.(≪윤문자(尹文子)≫ 참조)
3) 齒髮(치발) - 나이.
이 구절은 나이가 많도록 시집을 못갔다는 뜻이다.
4) 恃麗(시려) - 아름다움을 믿다.
天庭(천정) - 궁궐.
5) 容德(용덕) - 용모와 덕.
이 구절은 왕소군처럼 용모가 뛰어나고 황공처럼 겸손해도 도리어 나쁜 결과를 얻게 된다는 사실을 말하였다.
6) 蔡澤(채택) - 연나라 사람 채택은 떠돌아다니며 제후들에게 간알했지만 성과가 없었다. 그래서 당거唐擧를 찾아가 장래 운수에 대해 점을 보았는데, 당거가 웃으며 말하기를 "그대는 들창코에 어깨는 툭 튀어나왔고, 큰 얼굴에 콧대는 뭉그러지고 다리는 휘었소. 내 듣기에 성인은 관상과는 상관이 없다하니, 아마 그대가 그런 것 같소."라고 하였다. 채택은 당거가 자신을 놀리는 것을 알아채고는 또 자신의 수명에 대해 물어보았다. 당거가 오늘부터 43년이라고 답하

자, 채택은 웃으며 감사를 표하고는 떠나면서 마부에게 말하기를 "내가 좋은 밥과 기름진 고기를 먹고 말을 몰아 빨리 달리며, 황금 인장을 품에 품고 허리에 자색 인끈을 차고서 군주 앞에서 읍을 하고 부귀를 누리는 것이 43년이면 충분하다."고 하였다. 후에 채택은 진秦나라 소왕昭王에게 유세하여 재상이 되었다.(≪사기·범저채택열전(范雎蔡澤列傳)≫ 참조)

嵌枯詭怪(감고궤괴) - 푹 들어가고 마른 것이 기궤하다는 뜻으로 채택의 외모를 표현한 것이다.

7) 田千秋(전천추) - 한나라 무제 때의 승상丞相이었던 차천추車千秋. 그의 원래 성이 '전'이었다. 그는 학문도 뛰어나지 않고 공로도 없었는데 군주에게 한 마디 말을 잘하여 몇 달 만에 재상이 되었다. 흉노족의 우두머리인 선우單于가 이 소식을 듣고는 한마디 말 때문에 재상으로 임명했다며 비웃었다.(≪한서·차천추전≫ 참조)

8) 有神(유신) - 신들리다.

9) 二侯(이후) - 채택과 차천추를 가리킨다.

方冊(방책) - 서적. 역사서를 가리킨다.

10) 泣麟老人(읍린노인) - 공자를 가리킨다. 숙손씨叔孫氏의 거사車士인 자서상子鋤商이 기린을 잡아서 그 왼쪽 앞발을 꺾어서 싣고 돌아왔다. 숙손은 불길하다고 여겨 성곽 밖에 버리고 사람을 시켜 공자에게 알렸다. 공자가 가서 보고는 "기린이구나, 어찌하여 왔느냐? 어찌하여 왔느냐?"라고 하고는 눈물을 흘렸다. 자공이 그 이유를 묻자, 공자는 "기린은 현명한 왕을 위해 오는데, 때가 아닌데도 나와서 해를 입었으니 나는 이 때문에 슬퍼하노라."라고 하였다.(≪공자가어(孔子家語)≫ 참조)

이상 두 구절은 성인은 곤궁했는데 외모와 능력이 부족한 자들이 사서에 이름을 남기는 상황을 지적하였다.

11) 夜光(야광) - 밤에도 빛을 발하는 야광주. 여기서는 이백의 뛰어난

재능을 비유하였다.
良(량) - 진실로.

1017. 題許宣平庵壁

허선평의 암자 벽에 쓰다

我吟傳舍詩[1]　來訪眞人居[2]
煙嶺迷高跡[3]　雲林隔太虛[4]
窺庭但蕭索[5]　倚柱空躊躇
應化遼天鶴[6]　歸當千歲餘」

내가 객사의 시를 읊고는
진인의 거처를 방문하니,
안개 덮인 고개에 고아한 자취를 찾기 어렵고
구름 덮인 숲은 하늘 너머 있네.
정원을 들여다보니 다만 쓸쓸할 뿐이어서
기둥에 기대어 괜스레 머뭇거리는데,
응당 요동 하늘이 학으로 변했을 터이니
돌아오려면 천년은 넘어야 하겠지.

【해제】

이 시는 ≪태평광기(太平廣記)≫ 권24에서 인용한 남당南唐 심분沈汾의 ≪속선전(續仙傳)≫에 보이며, 왕기王琦는 이를 보고 시문습유詩文拾遺에 수록하였다. '허선평許宣平'은 신안新安 흡歙(지금의 안휘성 황산시黃山市)사람으로 당나라 예종睿宗 경운景雲 연간(710~712) 때 성양산城陽山 남쪽에 은거하여 암자를 짓고 살았다. 그가 단약을 먹었는지는 모르겠지만 사람들은 그가 음식 먹는 것을 보지 못했으며 안색은 사십대 정도였고 다닐 때는 말이 달리는 것 같았다. 때로는 땔감을 짊어지고 와서 팔았는데 항상 호리병과 굽은 대나무 지팡이를 등짐에 걸어놓았다가 매번 술이 취하면 지팡이를 짚고 돌아갔다. 삼십여 년 동안 어려움에 처한 사람을 구해주고 병에 든 사람을 치료해주곤 했는데 성의 사람들이 많이 그를 찾아왔지만 그는 보이지 않았고 암자 벽에 "은거한 지 삼십년, 남산 고개에 석실이었지. 조용한 밤에는 밝은 달을 감상하고 한가한 아침에는 푸른 샘물을 마셨네. 나무꾼은 언덕에서 노래하고 골짜기 새는 바위 앞에서 장난치네. 즐거워서 늙는지를 몰랐으니 나이는 아예 잊었네.(隱居三十載, 石室南山巓. 静夜翫明月, 閒朝飲碧泉. 樵人歌壠上, 谷鳥戲巖前. 樂矣不知老, 都忘甲子年.)"라는 시가 한 수 적혀있는 것만 보았다. 많은 호사가들이 이 시를 읊조리고, 때로 장안을 가다가 낙양, 동주同州, 화주華州 사이의 역로에 있는 객사에 이 시를 써놓기도 하였다. 천보 연간에 이백이 궁궐에서 나와서 동쪽으로 갈 때 객사를 지나다 이 시를 보고는 "이는 신선의 시다"라고 감탄하고, 사람들에게 이에 대해 물어서 허선평의 실상에 대해 알게 되었다. 이백이 신안을 갔을 때 개울을 건너고 산을 올라 여러 번 그를 방문했지만 만나지 못하고, 그 암자 벽에 시를 썼다. 그해 겨울 들불이 나서 그 암자는 불타버렸고 아무도 허선평의 종적을 알지 못했다. 백여 년 후 함통咸通 7년(866) 고을 사람인 허명노許明奴의 집의 노파가 다른 사람들과 함께 산에 땔나무를 하러 갔다. 혼자 있다가 남쪽 산에 어떤 이가 바위 위에 앉아서 복숭아를 먹고 있는 것을 보았는데, 복숭아가 매우 컸다. 그가 노파에게 묻기를 "그대는 허명노 집안 사람인가? 나는 허명노의 할아버지 허선평이다."라고 하였다. 노파가 "일찍이 이미 신선이 되었다고 들었습니다."라고 하니, 그는 "너는 돌아가서 내가 이 산 중에 있다고 허명노에게 말을 해라. 너에게 복숭아 하나를 줄 터이니 그것을 먹되 가지고 나가지는 마라. 산의 호랑이와 이리가 매우 많고 산신령이 이 복숭아를 아까워할 것이다."라고 하였다. 노파가 그 복숭아를 먹었는데, 매우 맛있었다. 허선평이 노파로 하여금 나무꾼을 따라서 집으로 돌아가게 하여, 그 사실을 말하였더니 허명노의 가족이 매우 기이하게 여겼고 군의 사람들에게 이 일이 알려졌다. ≪전당시(全唐詩)≫ 권860에 있는 허선평의 조목에 〈이백의 시를 보고 또 읊다(見李白詩又吟)〉가 수록되어있는데, 그 주석에 "이백이 허선평을 방문했으나 만나지 못하고 암자 벽에 시를 적었는데, 허선평이 암자로 돌아와서 이백의 시를 보고 이 시를 지었다."라고 되어있다.
이백의 이 시는 허선평의 암자에 대해 쓴 것으로, 앞부분에서는 이백이 그 암자를 찾아가는 과정을 적었고 뒷부분에서는 그가 없는 쓸쓸한 상황을 묘사한 후 그를 만날 기약이 없음을 안타까워하였다.

【주석】

1) 傳舍(전사) - 객사.
2) 眞人(진인) - 도를 깨친 사람. 여기서는 허선평을 가리킨다.
3) 高跡(고적) - 고아한 자취. 허선평의 자취를 말한다.
4) 雲林(운림) - 구름 덮인 숲. 대개 은자의 거처를 의미한다.
   太虛(태허) - 하늘.
5) 蕭索(소삭) - 쇠락한 모습. 쓸쓸한 모습.
6) 遼天鶴(요천학) - 요동遼東 하늘의 학. 요동 사람인 정령위丁令威가 영허산靈虛山에서 도를 배우고 다시 학이 되어서 고향으로 돌아와 보니 천년이 지났으며 자신이 알던 사람들은 다 죽고 없었다고 한다.(≪수신후기(搜神後記)≫ 참조) 여기서는 허선평을 가리킨다.
   이하 두 구절은 허선평이 정령위처럼 학이 되어 날아갔으니 그가 돌아오려면 천년을 기다려야 된다는 뜻으로, 그가 신선임을 칭송하는 동시에 그를 만날 기약이 없음을 안타까워하였다.

1018. 題峰頂寺

봉정사에 쓰다

夜宿峰頂寺　　擧手捫星辰[1]
不敢高聲語　　恐驚天上人

밤에 봉정사에 묵다가
손을 들어 별을 어루만지네.
감히 큰 소리로 말하지 못하니
하늘 위의 사람들을 놀라게 할까 두려워서라네.

【해제】
이 시는 송나라 조덕린趙德麟의 ≪후청록侯鯖錄≫, 호자胡仔의 ≪초계어은총화苕溪漁隱叢話≫, 소박邵博의 ≪소씨문견후록邵氏聞見後錄≫ 등에 보이는데, 작자가 이백이라고도 하고 혹 왕우칭王禹偁(954~1001)이나 양대년楊大年(974~1020)이라고도 한다. 왕기王琦는 ≪후청록≫ 등을 보고 이 시를 시문습유詩文拾遺에 수록하였다. 또한 남송 때의 지리지인 ≪여지기승興地紀勝≫에는 제목이 〈오아사에 쓰다(題烏牙寺)〉라고 되어 있다. '봉정사峰頂寺'는 지금의 호북성 황매현黃梅縣에 있었다. 이 시는 봉정사에서 머물다가 쓴 것으로, 그곳이 매우 높아 하늘 가까이 있는 상황을 과장하여 표현하였다.

【주석】
1) 捫(문) - 어루만지다.

1019. 瀑布

폭포

斷巖如削瓜　嵐光破崖綠[1]
天河從中來[2]　白雲漲川谷
玉案赤文字[3]　落落不可讀[4]
攝衣凌靑霄[5]　松風吹我足

깎아지른 바위산이 뾰족하게 깎은 외 같은데
이내 빛은 벼랑에 부서져 푸르고,
은하수가 그 가운데를 흐르니
흰 구름이 내와 계곡에 가득하네.
옥 책상의 붉은 글씨는
흐릿하여 읽을 수가 없지만,
옷을 걷고 푸른 하늘을 넘어가니
솔바람이 내 발에 부네.

【해제】
이 시는 호자胡仔의 ≪초계어은총화(苕溪漁隱叢話)≫, 주필대周必大의 ≪이로당시화(二老堂詩話)≫, ≪당시기사(唐詩紀事)≫ 등에 보이는데, 왕기王琦는 이를 보고 시문습유詩文拾遺에 수록하였다. ≪이로당시화≫에 따르면

이 시가 지금의 안휘성에 속한 서주舒州의 사공산司空山에 있는 봉우리에 적혀있다고 한다. 이 시는 폭포의 모습을 적은 것으로, 앞부분에서는 깎아지른 절벽에서 떨어지는 폭포의 위용을 표현하였고, 뒷부분에서는 그곳에 적힌 붉은 글씨를 알아볼 수는 없지만 신선이 되어 푸른 하늘을 날듯한 느낌이 들었음을 말하였다.

【주석】
1) 嵐光(남광) - 산기운의 빛.
   이 구절은 벼랑 중간에 연무가 흩어져 있는 것을 형용한다.
2) 天河(천하) - 은하수. 폭포물이 떨어지는 것을 비유하였다.
3) 玉案(옥안) - 옥으로 만든 책상. 구체적으로 무엇인지 알 수 없다. 폭포가 흐르는 곳에 있는 책상처럼 생긴 바위나 봉우리를 가리킬 것이다. 또는 그 근처 도사가 머물던 거처에 책상이 있었을 수도 있다.
   赤文字(적문자) - 붉은 색으로 쓴 글. 도경道經이나 도록道錄의 글자일 것이다.
4) 落落(낙락) - 흐릿한 모습.
5) 攝衣(섭의) - 옷을 걷어 올리다.

1020. 斷句

단구

擧袖露條脫[1]　招我飯胡麻[2]

소매를 들어 팔찌를 드러내고는
나를 불러 호마밥을 먹이네.

【해제】
이 두 구절은 호자胡子의 ≪초계어은총화(苕溪漁隱叢話)≫에 수록되어 있으며, 제목은 알 수 없다. 왕기王琦는 이를 보고 시문습유詩文拾遺에 수록하였다.

【주석】
1) 條脫(조탈) - 팔찌의 일종으로 나선형 모양으로 되어있다.
2) 飯(반) - 밥을 먹이다.
   胡麻(호마) - 깨. 갈홍葛洪의 ≪포박자(抱朴子)≫에 따르면 이것을 먹으면 늙지 않는다고 한다.

1021. 斷句

단구

野禽啼杜宇[1]　　山蝶舞莊周[2]

들에는 두우의 두견새가 울고
산에는 장주의 나비가 춤추네.

【해제】
이 두 구절은 호자胡仔의 ≪초계어은총화(苕溪漁隱叢話)≫에 수록되어있으며, 제목은 알 수 없다. 왕기王琦는 이를 보고 시문습유詩文拾遺에 수록하였다.

【주석】
1) 杜宇(두우) - 전설 속에 나오는 촉나라의 왕으로 그가 죽어서 변해 두견새가 되었다고 한다.(≪문선·촉도부(蜀都賦)≫의 주석에서 인용한 ≪촉기(蜀記)≫ 참조)
2) 莊周(장주) - ≪장자≫에 나오는 호접몽 고사를 사용하였다.

1022. 陽春曲

따뜻한 봄

芣苢生前徑[1]　　含桃落小園[2]
春心自搖蕩[3]　　百舌更多言[4]

질경이는 앞 길에 돋아나고
앵두는 작은 정원에 떨어지네.
춘심이 절로 설레는데
지빠귀가 또 재잘거리네.

【해제】

이 시는 ≪악부시집(樂府詩集)≫의 청상곡사淸商曲辭에 무명씨의 작품으로 수록되어있는데, ≪만수당인절구(萬首唐人絶句)≫에는 이백의 작품으로 실려 있다. 왕기王琦는 ≪만수당인절구≫를 보고 이 시를 시문습유詩文拾遺에 수록하였다. 이 시는 따뜻한 봄날의 경물과 그로 인해 촉발된 심사를 표현하였다.

【주석】

1) 芣苢(부이) - 질경이.
2) 含桃(함도) - 앵두.
3) 搖蕩(요탕) - 요동치다.
4) 百舌(백설) - 지빠귀.

1023. 舍利佛

사리불

金繩界寶地[1]　珍木蔭瑤池[2]
雲間妙音奏　天際法螺吹[3]

황금 줄이 성스러운 곳을 경계 짓고
진귀한 나무가 요지를 덮었네.
구름 사이로 오묘한 음악이 연주되고
하늘가에 법라가 울리네.

【해제】
이 시는 《악부시집(樂府詩集)》의 잡곡가사雜曲歌辭에는 무명씨의 작품으로 수록되어 있는데, 《만수당인절구(萬首唐人絶句)》에는 이백의 작품으로 실려 있다. 왕기王琦는 《만수당인절구》를 보고 이 시를 시문습유詩文拾遺에 수록하였다. '사리불舍利佛'은 부처의 수제자로 지혜가 뛰어나서 부처 대신 설법하기도 했다고 한다. 당시 당나라에는 불교관련 연행예술인 범극梵劇이 많이 공연되었는데, 범극에 등장하는 인물 중 대표적인 사람이 사리불과 마다루자摩多樓子였다. 이백의 시에 이 두 사람 이름이 제목으로 된 것이 있고 그 중 마다루자를 제목으로 한 시는 내용상 불교와 관계가 없는 것으로 보아 원래 '사리불'과 '마다루자'는 범극의 곡조이름이었는데, 후에 극의 내용과 관계없이 사용되었던 것으로 추정된다. 이 시는 설법하는 장소의 경관을 묘사한 것으로 보인다.

【주석】

1) 金繩(금승) - 황금 줄. 부처의 나라에 황금 줄을 쳐서 경계로 삼았다고 한다.(≪묘법연화경(妙法蓮華經)≫ 참조)
   界(계) - 경계 짓다.
   寶地(보지) - 보배스런 땅. 부처의 땅을 의미한다.
2) 瑤池(요지) - 흔히 서왕모西王母가 사는 곤륜산崑崙山에 있는 연못을 뜻하는데, 여기서는 부처의 땅을 가리킨다.
3) 法蠡(법라) - 법라法螺이다. 소라로 만든 나발로 불교 의식에서 사용한다.

1024. 摩多樓子

마다루자

從戎向邊北[1]　遠行辭密親[2]
借問陰山候[3]　還知塞上人[4]

종군하여 변방 북쪽으로 향하니
멀리 떠나며 가족과 헤어졌네.
음산의 관리에게 묻나니
또한 변새 사람을 아는가?

【해제】

이 시는 ≪악부시집(樂府詩集)≫의 잡곡가사雜曲歌辭에는 무명씨의 작품으로 수록되어 있는데, ≪만수당인절구(萬首唐人絶句)≫에는 이백의 작품으로 실려 있다. 왕기王琦는 ≪만수당인절구≫를 보고 이 시를 시문습유詩文拾遺에 수록하였다. '마다루자摩多樓子'는 석가의 제자인 목건련目鍵連으로 사리불舍利佛과 함께 불제자가 되었는데 신통력이 대단했다고 한다. 당시 불교관련 연행예술인 범극梵劇에 자주 등장하는 인물인데, 그의 이름이 곡조의 이름으로 사용되었다. 이 시는 종군 간 이가 가족과 헤어진 것을 안타까워하는 심사를 표현하였다.

【주석】
1) 從戎(종융) - 종군하다.
2) 密親(밀친) - 근친近親. 부모나 처자 등을 뜻한다.
3) 陰山(음산) - 지금의 몽고에 있는 산.
   候(후) - 변방을 지키면서 위급한 상황을 전달하는 관리. 육기陸機의 〈장성의 굴에서 말에게 물을 먹이다(飮馬長城窟行)〉에서 "음산의 관리에게 가서 묻나니 사나운 오랑캐가 연연산에 있는가?(往問陰山候, 勁虜在燕然)"라고 하였다.
4) 塞上人(새상인) - 변새의 사람.
   이상 두 구절은 변새에 종군 온 사람의 어려운 생활상에 대해 아느냐고 물어보는 것이다.

1025. 春感

봄의 애상

茫茫南與北　　道直事難諧
榆莢錢生樹¹　　楊花玉糝街
塵縈遊子面　　蝶弄美人釵
卻憶靑山上　　雲門掩竹齋²

아득한 남과 북
길은 곧게 나있는데 일은 순조롭지 않네.
느릅나무의 콩깍지가 엽전 같이 나뭇가지에 생겨나고
버드나무의 꽃이 하얀 옥가루처럼 거리에 가득하며,
먼지가 나그네의 얼굴을 둘러싸고
나비는 미인의 비녀를 희롱하네.
다시 청산을 그리워하노니
대나무 서재에 구름 문은 닫혀있겠지.

【해제】
이 시는 ≪당시기사(唐詩紀事)≫ 권18에서 인용한 양천혜楊天惠의 ≪창명일사(彰明逸事)≫에 보이며, 왕기王琦는 이를 보고 시문습유詩文拾遺에 수록하였다. 이백이 젊어서 지금의 사천성 강유현江油縣에 있는 대광산大

匡山에 은거하며 이웃 고을을 왕래하다가 동강潼江의 징군徵君 조유趙蕤에게 배웠다. 그를 따라 일 년 동안 배우다가 떠나서 성도成都를 노닐다 이 시를 썼는데, 당시 익주자사益州刺史인 소정蘇頲이 보고는 기이하게 여겼다고 한다. 이 시는 봄날의 여러 경물을 보고 마음이 심란하여 자신이 예전에 머물던 은거지를 그리워하는 마음을 표현하였다. 개원 8년(720)에 지은 것이라는 설이 있다.

【주석】
 1) 楡莢(유협) - 느릅나무의 열매. 열매가 바람을 타고 날아갈 수 있도록 둥근 날개가 있으며 가운데 씨가 있다. 엽전 모양으로 겹쳐서 생긴다.
 2) 雲門(운문) - 구름 덮인 문. 은거지를 뜻한다.
    竹齋(죽재) - 대나무로 만든 서재. 또는 대나무를 주위에 심은 서재.

1026. 殷十一贈栗岡硯

은씨가 율강연을 주다

殷侯三玄士[1]　贈我栗岡硯
灑染中山毫[2]　光映吳門練[3]
天寒水不凍　日用心不倦
攜此臨墨池[4]　還如對君面

은씨는 도가 서적에 정통한 선비
내게 율강연을 주었는데,
중산 토끼 붓을 적셔 물들이며
오나라 창문의 비단에 빛이 비치네.
날씨가 추워도 벼루 물이 얼지 않고
날마다 사용해도 마음이 싫증나질 않으니,
이를 들고 묵지에 있으면
여전히 그대의 얼굴을 대하는 듯하네.

【해제】

이 시는 송 고사손高似孫(1158~1231)의 ≪연전(硯箋)≫ 권4에 이백의 이름으로 수록되어있으며, 왕기王琦는 이를 보고 시문습유詩文拾遺에 수록하였다. '은殷'씨에 대해서는 자세하게 알려진 것이 없고 '십일十一'은 형제 중의 순서이다. '율강연栗岡硯'은 벼루의 일종이다. 이 시는 은씨가 준 율강연을 읊은 것으로, 벼루의 여러 장점을 들어 감사의 뜻을 표현하였다.

【주석】

1) 三玄(삼현) - ≪장자≫, ≪노자(老子)≫, ≪주역≫을 가리킨다.
2) 中山毫(중산호) - 선주宣州(지금의 안휘성 선성宣城)에 있는 '중산'은 붓을 만드는 토끼털로 유명한데, 그 토끼털로 만든 붓을 가리킨다.
3) 吳門練(오문련) - 오吳나라 도성 서문인 창문閶門의 비단. 공자와 안회顔回가 노 땅의 동산에서 오나라 창문을 바라보다가 안회가 한 필 비단을 보았다하니 공자가 백마라고 하였다.(≪태평어람(太平御覽)≫에 인용된 ≪한시외전(韓詩外傳)≫ 참조) 여기서는 오나라에서 생산된 글씨 쓰는 비단을 가리킨다.
4) 墨池(묵지) - 옛날 유명한 서예가들이 붓과 벼루를 씻는 연못을 가리키는데, 여기서는 이백이 글씨 연습하는 곳을 가리킨다.

1027. 普照寺

보조사

天台國淸寺[1]　　天下爲四絶[2]
今到普照遊　　到來復何別
枏木白雲飛[3]　　高僧頂殘雪[4]
門外一條溪　　幾回流歲月[5]

천태산의 국청사는
천하의 빼어난 네 사찰 중의 하나인데,
지금 보조사에 와서 노니는데
와서 보니 또 뭐가 다른가?
녹나무에는 흰 구름이 날고
고명한 스님은 잔설을 이고 있는데,
문 밖의 한 줄기 시냇물은
몇 번이나 해와 달을 흘려보냈을까?

【해제】

이 시는 ≪함순임안지(咸淳臨安志)≫에 수록되어 있으며, 왕기王琦는 이를 보고 시문습유詩文拾遺에 수록하였다. '보조사普照寺'는 지금의 절강성 부양현富陽縣에 있는 절이다. 이 시는 보조사를 노니는 흥취를 표현한 것으로, 국청사와 필적할만한 절임을 강조하였다.

【주석】

1) 天台(천태) - 지금의 절강성 천태현 북쪽에 있는 산.
   國淸寺(국청사) - 천태산에 있는 절.
2) 四絶(사절) - 네 개의 빼어난 절. 제주齊州의 영암사靈巖寺, 형주荊州의 옥천사玉泉寺, 윤주潤州의 서하사棲霞寺, 태주台州의 국청사를 가리킨다.(안수晏殊의 ≪유요(類要)≫ 참조)
3) 枏木(남목) - 녹나무.
4) 殘雪(잔설) - 노스님의 흰 머리칼을 비유한다.
5) 歲月(세월) - 연월年月.

1028. 釣臺

조대

磨盡石嶺墨[1]　尋陽釣赤魚
靄峰尖似筆[2]　堪畫不堪書

석령의 먹을 갈아 없애고서
심양대에서 붉은 물고기를 낚네.
애봉이 뾰족하기가 붓과 같은데
그림은 그리겠지만 글씨는 못 쓰겠구나.

【해제】
이 시는 남송 중기에 편찬된 ≪방여승람(方輿勝覽)≫ 등에 실려 있으며, 왕기王琦는 이를 보고 시문습유詩文拾遺에 수록하였다. '조대釣臺'는 지금의 안휘성 이현黟縣에 있는 것으로 심양대尋陽臺라고도 한다. 이백이 이곳에서 낚시를 하고는 이 시를 지었다고 한다. 이 시는 조대에 관해 쓴 것으로, 앞부분에서는 글을 많이 쓴 뒤에 이곳에서 낚시를 하였다는 사실을 말하였고 뒷부분에서는 주위에 있는 애봉靄峰을 표현하였다.

【주석】
1) 石嶺(석령) - 이현黟縣 남쪽에 있는 묵령산墨嶺山을 말한다. 이 산에 부드러운 묵석墨石이 있는데, 이것으로 먹을 만들었다.

이하 두 구절은 석령의 먹이 갈아서 없어질 때까지 오래도록 글을
　　쓴 뒤에 이곳에서 낚시질을 하고 있다는 뜻이다.
 2) 靄峰(애봉) - 이현 남쪽에 있는 산.

1029. 小桃源

소도원

黟縣小桃源　　煙霞百里間
地多靈草木　　人尙古衣冠[1]

이현의 소도원
안개 노을이 백 리.
땅에는 신령스런 풀과 나무가 많고
사람들은 옛 복장을 숭상하네.

【해제】
이 시는 남송 중기에 편찬된 ≪방여승람(方輿勝覽)≫에 실려 있으며, ≪여지기승(輿地紀勝)≫에는 이 네 구절 아래에 "저자는 해 저물녘에 흩어지고 산은 밤이 지난 후에 차가워지네.(市向晡時散, 山經夜後寒.)" 두 구절이 더 실려 있다. 왕기王琦는 ≪방여승람≫에 실린 것을 보고 시문습유詩文拾遺에 수록하고서도, 도리어 이 시가 남당 허견許堅의 작품이라고 하였다. '소도원小桃源'은 지금의 안휘성 이현黟縣 북쪽에 있는 마을로 진秦나라 사람들이 들어와 살기 시작했다고 한다. 이 시는 소도원이란 작은 마을을 읊은 것으로, 그곳이 마치 무릉도원과 같은 곳임을 표현하였다.

【주석】

1) 古衣冠(고의관) - 옛 사람의 복식. 도연명의 〈도화원기(桃花源記)〉에 나오는 사람들은 진秦나라의 폭정을 피해 도망 온 사람으로 몇 백 년이 흘렀지만 옛 복식을 그대로 유지하고 있었다.

1030. 題竇圌山

두천산에 쓰다

樵夫與耕者　　出入畫屏中[1]

나무꾼과 농부가
그림 병풍 속을 드나드네.

【해제】
이 시는 남송 중기에 편찬된 ≪방여승람(方輿勝覽)≫에 실려 있으며, 왕기王琦는 이를 보고 시문습유詩文拾遺에 수록하였다. '두천산竇圌山'은 지금의 사천성 강유현江油縣에 있는 산으로 '두천'은 이곳에 거처하던 은자의 이름이다. 이 시는 전편이 전해지지는 않는데, 이 두 구절은 두천산의 한가로운 풍경을 묘사하였다. 젊었을 때 촉 땅을 유람하면서 지은 것으로 보인다.

【주석】
1) 畫屏(화병) - 그림을 그린 병풍. 두천산의 경치가 마치 병풍의 그림처럼 아름답다는 뜻이다.

1031. 贈江油尉

강유 현위에게 주다

嵐光深院裏[1]　傍砌水泠泠[2]
野燕巢官舍　溪雲入古廳[3]
日斜孤吏過[4]　簾捲亂峰靑
五色神仙尉[5]　焚香讀道經

이내 빛은 깊은 정원까지 비치고
섬돌 옆으로는 물이 맑게 흐르는데,
들 제비는 관사에 둥지를 틀었고
시냇물의 구름은 오래된 관청으로 들어오네.
햇살 비낄 때 외로운 관리가 들러서
주렴을 걷으니 어지러운 봉우리가 푸른데,
오색 옷을 입은 신선인 현위가
향을 사르며 도경을 읽고 있네.

【해제】

이 시는 명나라 양신楊愼의 ≪전촉예문지全蜀藝文志≫에 실려 있으며, 왕기王琦는 이를 보고 시문습유詩文拾遺에 수록하였다. '강유江油'는 지금의 사천성 강유현으로 이백이 젊은 시절을 보냈던 곳이다. '위尉'는 현위를 가리키는데, 당시 강유 현위가 누구인지는 자세하게 알려져 있지 않다. 이 시는 강유 현위에게 주는 것으로 앞부분은 현위가 일하는 관청의 한가로운 경관을 그렸고 뒷부분에는 현위가 신선다운 풍모를 가지고 있음을 찬미하였다. 개원 6년(718)에 지은 것이라는 설이 있지만 확실치 않다.

【주석】
1) 嵐光(남광) - 산기운의 빛.
2) 砌(체) - 섬돌.
   泠泠(영령) - 물이 맑은 모습.
3) 古(고) - 왕기본王琦本에는 글자가 빠져 있는데, ≪전촉예문지≫에 의거해 보충하였다.
4) 孤吏(고리) - 고단孤單한 관리. 이곳에 관리가 별로 없음을 말한다.
5) 五色(오색) - 오색의 옷을 뜻한다.
   神仙尉(신선위) - 한나라의 매복梅福. 그는 일찍이 남창위南昌尉에 임명되었다가 관직을 그만두고 고향에 은거하였다. 왕망王莽이 국정을 전횡하자 그는 처자를 버리고 집을 떠났는데, 전설에 의하면 신선이 되었다고 한다.(≪한서·매복전≫ 참조) 여기서는 신선의 풍모를 가진 강유 현위를 가리킨다.

1032. 淸平樂令二首 其一

청평락령 2수 제1수

禁庭春晝¹　　鶯羽披新繡²
百草巧求花下鬪³　　只賭珠璣滿斗⁴

日晚却理殘妝⁵　　御前閑舞霓裳⁶
誰道腰肢窈窕⁷　　折旋消得君主⁸

궁궐의 봄날 낮
꾀꼬리가 새로 수놓은 옷을 입었네.
온갖 풀 재주껏 구하며 꽃 아래서 다투는데
다만 구슬 한 말을 걸었을 뿐이네.

해질 무렵 다시 지워진 화장을 정리하고
임금님 앞에서 무지개 치마를 입고 한가롭게 춤을 추네.
누가 몸매의 아름다움을 말할 수 있으리오?
꺾고 도는 춤사위가 군주를 녹이네.

【해제】
이 사는 ≪준전집(尊前集)≫에 〈청평락 5수(淸平樂五首)〉 중 제1수와 제2수로 실려 있다. 또한 ≪당송제현절묘사선唐宋諸賢絶妙詞選≫에 〈청평락령〉이라는 제목으로 이 두 수가 실려 있으며, 주석에서 '한림응제翰林應製'라고 되어있어, 왕기王琦가 이를 보고 시문습유詩文拾遺에 수록하였다. 하지만 사의 풍격이나 사어의 사용 등을 이유로 만당 오대 시기 이후의 작품으로 보는 설이 있다. '청평락淸平樂'은 원래 당대 교방곡敎坊曲의 곡명인데 후에 사패詞牌가 되었다. 무곡의 일종으로 시절이 맑고 세상이 평화로워 즐거운 것을 노래한다는 뜻이다. '령令'은 소령小令으로 짧은 노래라는 뜻이다. 이 사는 한림공봉으로 재직할 때 천자의 연회에 참석하여 지은 것으로 보이는데, 궁녀들이 천자의 총애를 받기 위해 노력하는 모습을 표현하였다.

제1수의 상편上片에서는 봄날 궁녀들이 투백초鬪百草를 하는 모습을 그렸으며 하편下片에서는 천자를 위해 단장을 하고 아름다움을 뽐내며 춤추는 것을 표현하였다.

【주석】
1) 禁庭(금정) - 궁궐의 정원.
2) 鶯羽(앵우) - 꾀꼬리의 날개.
   披(피) - 입다.
   新繡(신수) - 새로 수놓은 옷.
3) 百草(백초) 구 - 이 구절은 궁녀들이 투백초鬪百草를 하는 모습이다. 투백초는 많은 종류의 풀을 꺾어오는 팀이 이기는 놀이로 단오절에 많이 하였다.
   巧求(교구) - 기예를 다하여 풀을 구하다.
4) 賭(도) - 내기를 하다.
   珠璣(주기) - 진주.
   滿斗(만두) - 한 말 가득.
5) 理(리) - 정리하다.

殘粧(잔장) - 지워진 화장.
6) 霓裳(예상) - 무지개 치마. 여기서는 〈예상우의곡(霓裳羽衣曲)〉을 가리킨다. 이 노래는 개원 연간에 서량부절도西涼府節度 양경술楊敬述이 만들었다고 한다. 또 전하는 바에 따르면 현종이 월궁月宮에서 노닐다가 신선의 음악을 듣고는 돌아와서 절반밖에 기억하지 못했는데, 양경술이 바친 노래가 그와 맞는 부분이 있어 완성했다고 한다.
7) 腰肢(요지) - 허리와 사지. 몸매.
窈窕(요조) - 아름다운 모습.
8) 折旋(절선) - 춤을 추는 동작으로 몸을 꺾거나 빙빙 도는 모습이다.
消得(소득) - 혼을 녹인다는 뜻이다.
이상 두 구절은 여인의 몸매가 아름다울 뿐만 아니라 춤사위가 훌륭해 군주의 마음을 빼앗는다는 뜻이다.

1033. 清平樂令二首 其二

청평락령 2수 제2수

禁幃秋夜¹　　月探金窓罅²
玉帳鴛鴦噴沈麝³　　時落銀燈香炧⁴

女伴莫話孤眠⁵　　六宮羅綺三千
一笑皆生百媚⁶　　宸遊教在誰邊⁷

궁궐 휘장의 가을 밤
달빛이 금빛 창문 틈을 엿보네.
옥 휘장의 원앙은 침향과 사향을 뿜어내고
때때로 은촛대에서 향기로운 재가 떨어지네.

궁녀들아, 홀로 잔다고 말하지 말라.
여섯 궁에 비단 옷 입은 궁녀가 삼천이라네.
한번 웃으면 모두 온갖 교태가 생기니
천자를 누구에게 가게 할까?

【해제】
제2수의 상편上片에서는 궁녀가 거처하는 곳의 모습을 표현하였으며,

하편下片에서는 천자가 와주기를 바라며 홀로 지새는 궁녀의 마음을 표현하였다. 이러한 모습의 이면에는 천자의 총애를 받지 못하는 궁녀의 안타까움이 있다.

【주석】

1) 禁幃(금위) - 궁궐의 휘장. 여기서는 후궁의 거처를 뜻한다.
2) 探(탐) - 방문하다.
   罅(하) - 틈.
3) 玉帳(옥장) - 옥으로 장식한 휘장.
   鴛鴦(원앙) - 원앙 모양의 향로를 가리킨다.
   沈麝(침사) - 침향과 사향.
4) 銀燈(은등) - 은빛 촛대.
   炧(사) - 등불이 타고 남은 재나 불똥을 가리킨다.
5) 女伴(여반) - 동료 궁녀들.
6) 百媚(백미) - 온갖 아름다운 모습.
7) 宸遊(신유) - 천자가 노니는 것.

1034. 清平樂三首 其一

청평락 3수 제1수

烟深水濶　　　　音信無由達[1]
惟有碧天雲外月　　偏照懸懸離別[2]

盡日感事傷懷　　　愁眉似鎖難開[3]
夜夜長留半被[4]　　待君魂夢歸來

안개는 짙고 물이 넓으니
소식이 닿을 방도가 없고,
다만 푸른 하늘 구름 바깥의 달만이
멀리 이별한 이를 유독 비춰주리.

하루 종일 이별로 인해 가슴이 아파서
근심스런 눈썹은 잠겨진 듯 펴지질 않는데,
밤마다 늘 이불 반쪽을 남겨두고
꿈속에 그대가 돌아오길 기다리네.

【해제】
이 사는 ≪전당시(全唐詩)≫에 수록되어 있으며, 왕기王琦는 이를 보고 시문습유詩文拾遺에 수록하였다. ≪준전집(尊前集)≫에는 〈청평락 5수(淸平樂五首)〉 중 제3수, 제4수, 제5수로 실려 있다. 송나라 증조曾慥의 ≪악부아사습유(樂府雅詞拾遺)≫에는 제3수만 실려 있으며 작가의 이름이 기록되어있지 않다. '청평락淸平樂'은 원래 당대 교방곡敎坊曲의 곡명인데 후에 사패詞牌가 되었다. 무곡의 일종으로 시절이 맑고 세상이 평화로워 즐거운 것을 노래한다는 뜻이다. 제3수의 내용이 제1수와 제2수의 내용과 달라서 다른 작가의 작품이 잘못 들어온 것이라는 설이 있다. 3수 전체를 후인의 위작으로 의심하는 설도 있다.
제1수는 멀리 떨어진 사람에게 소식을 전할 길이 없는 상황을 묘사하고는 임을 그리워하며 꿈에서라도 만나기를 바라는 심정을 표현하였다.

【주석】
1) 無由(무유) - 도리가 없다. 방도가 없다.
2) 懸懸(현현) - 멀리 있는 모습.
3) 似鎖(사쇄) - 묶여진 듯하다. 열쇠로 채운 듯하다.
4) 半被(반피) - 이불의 반쪽. 두 사람이 누울 이불의 반쪽을 말한다.

1035. 清平樂三首 其二

청평락 3수 제2수

鸞衾鳳褥　　　夜夜常孤宿
更被銀臺紅蠟燭¹　學妾淚珠相續²

花貌些子時光³　拋人遠泛瀟湘
欹枕悔聽寒漏⁴　聲聲滴斷愁腸

난새 이불과 봉황 요에서
밤마다 늘 홀로 자는데,
또 은촛대의 붉은 초가
첩을 흉내 내어 진주 눈물 이어지는 것을 보게 되네.

꽃 같던 모습 시간이 좀 지나자
날 버리고 멀리 소상강을 떠갔네.
베개에 기대어 차가운 물시계 소리 듣는 일을 후회하니
똑똑 떨어지는 소리에 근심스런 애간장이 끊어지네.

【해제】
제2수는 여인의 아름다움이 쇠락했다고 버리고 멀리 떠나간 임을 그리는 마음을 표현하였다.

【주석】
1) 銀臺(은대) - 은촛대.
2) 學(학) - 흉내 내다.
   淚珠(누주) - 진주 같은 눈물방울로 여기서는 촛농을 비유한다.
   이 구절은 여인이 눈물을 흘리듯이 촛농이 흘러내린다는 뜻이다.
3) 花貌(화모) - 꽃다운 모습.
   些子(사자) - 조금.
   時光(시광) - 세월이 지나가다.
4) 寒漏(한루) - 추운 날 물시계에서 물방울이 떨어지는 것을 말한다.

1036. 淸平樂三首 其三

청평락 3수 제3수

畫堂晨起[1]　　　來報雪花墜[2]
高捲簾櫳看佳瑞[3]　皓色遠迷庭砌[4]

盛氣光引爐烟　　素草寒生玉佩[5]
應是天仙狂醉　　亂把白雲揉碎[6]

화려한 방에서 새벽에 일어나니
눈꽃이 떨어진다고 와서 알려주는데,
주렴 높이 걷고 아름다운 광경을 보니
흰 빛이 멀리서 뜰의 섬돌을 어지럽히네.

왕성한 기운의 눈빛은 향로의 연기를 끌어낸 듯
흰 풀의 차가운 기운은 옥패에서 생겨난 듯,
응당 이는 하늘의 신선이 매우 취해서
어지러이 흰 구름을 주물러 부순 것이리라.

【해제】
제3수는 눈이 내리는 모습을 여러 가지 경물과 비유를 통해 묘사하였다.

【주석】

1) 畫堂(화당) - 화려하게 채색된 방.
2) 雪花(설화) - 눈.
3) 佳瑞(가서) - 아름답고 상서로운 것. 여기서는 눈을 가리킨다.
4) 庭砌(정체) - 뜰의 섬돌.
   이 구절은 눈이 멀리까지 덮여 있어서 뜰의 섬돌을 알아볼 수 없다는 뜻이다.
5) 盛氣(성기) 두 구 - 향로의 연기와 패옥은 눈이 내렸을 때의 흰 모습과 한기를 비유한다.
6) 揉碎(유쇄) - 주물러서 부수다.
   이상 두 구절은 하늘에서 눈이 내리는 것이 신선이 취해서 한 행위라고 상상하여 표현하였다.

1037. 桂殿秋

계전추

仙女下
董雙成[1]
漢殿夜凉吹玉笙
曲終却從仙官去[2]
萬戶千門惟月明[3]

河漢女[4]
玉鍊顏[5]
雲輧往往在人間[6]
九霄有路去無跡[7]
嫋嫋香風生佩環[8]

선녀가 내려오니
동쌍성인데
한나라 궁궐 밤이 서늘할 때 옥 생을 부네.
곡조가 끝나자 다시 신선을 따라 가니
수많은 문에 오직 달빛이 밝을 뿐이네.

은하수의 직녀가
옥으로 단련한 얼굴로
구름수레를 타고 가끔 인간세상으로 내려오네.
높은 하늘에 길이 있어도 떠나면 종적이 없는데
산들산들 향기로운 바람이 패옥에 생겨나네.

【해제】
이 사는 ≪전당시(全唐詩)≫에 수록되어 있으며, 왕기王琦는 이를 보고 시문습유詩文拾遺에 수록하였다. 남송 오증吳曾의 ≪능개재만록(能改齋漫錄)≫에 가장 먼저 수록되어 있는데, 이백의 작품이라고 하였다. 청나라 주이준朱彛尊의 ≪사종(詞綜)≫에는 상편上片과 하편下片을 나누어 〈계전추〉 2수로 수록되어있다. 하지만 남송 허의許顗의 ≪언주시화(彦周詩話)≫에는 이덕유李德裕(787~849)의 〈보허사(步虛詞)〉 2수로 수록되어있으며, 소박邵博의 ≪소씨문견후록(邵氏聞見後錄)≫에는 상편上片과 하편下片을 나누어서 이덕유의 〈송신(送神)〉, 〈영신(迎神)〉이라고 하였다. '계전桂殿'은 달 속의 궁전을 가리킨다.
이 사는 하늘의 선녀가 인간세상으로 내려왔다 돌아가는 것을 읊었다.

【주석】
1) 董雙成(동쌍성) - 서왕모西王母의 시녀.
2) 仙官(선관) - 신선.
3) 萬戶千門(만호천문) - 궁궐의 많은 문을 뜻한다.
4) 河漢(하한) - 은하수.
5) 玉鍊顔(옥련안) - 옥을 먹고 단련한 얼굴. 또는 옥 같이 단련한 얼굴.
6) 雲軿(운병) - 구름수레.
7) 九霄(구소) - 높은 하늘.

8) 嫋嫋(요뇨) - 향기가 날리는 모습.
    이 구절은 선녀가 경쾌하게 가는 모습을 형용하였다.

1038. 連理枝二首 其一

연리지 2수 제1수

雪蓋宮樓閉
羅幕昏金翠¹
鬪壓闌干²
香心澹薄³
梅梢輕倚
噴寶猊香爐麝烟濃⁴
馥紅綃翠被⁵

눈 덮인 궁의 누대는 닫혀있어
금 비취 비단 장막이 어둑하네.
다투어 난간을 누르며
꽃 향기 담박하게
매화가지가 가볍게 기대어 있네.
사자향로가 향기로운 재를 내뿜어 사향 연기 짙으니
붉은 비단옷과 푸른 이불이 향기롭네.

【해제】

이 사는 ≪전당시(全唐詩)≫에 수록되어 있으며, 왕기王琦는 이를 보고 시문습유詩文拾遺에 수록하였다. ≪준전집(尊前集)≫ 등에서는 두 수를 합쳐 〈연리지〉 쌍조雙調로 수록되어있다. 당오대 시기의 사 중에 〈연리지〉라는 사패가 보이지 않으며 안수晏殊(991~1055)에 이르러서 처음 발견된다는 사실을 근거로 이백의 작품이 아니라는 설이 있다.

제1수는 눈 내리는 날에 매화가 막 피어난 모습을 표현하였다.

【주석】

1) 金翠(금취) - 금과 비취로 장식하였음을 말한다.
2) 鬪壓(투압) - 매화가지가 난간을 누르는 듯하다는 뜻이다. 투압鬪鴨으로 된 판본도 있는데, 이를 따르면 난간에 오리 싸움하는 모습을 새긴 것이다.
   闌干(난간) - 난간欄杆.
3) 香心(향심) - 향기로운 꽃봉오리. 여기서는 매화꽃을 가리킨다.
4) 寶猊(보예) - 사자 모양의 향로.
   麝烟(사연) - 사향 연기.
5) 紅綃(홍초) - 붉은 비단옷을 가리킨다.

1039. 連理枝二首 其二

연리지 2수 제2수

淺畫雲垂帔¹
點滴昭陽淚²
咫尺宸居³
君恩斷絶
似遙千里
望水晶簾外竹枝寒
守羊車未至⁴

옅게 그린 구름이 드리워진 웃옷에
소양궁의 눈물이 점점이 떨어지네.
지척이 천자의 거처인데
임금의 은혜가 끊어져서
천 리나 멀리 떨어진 것 같네.
수정주렴 너머 차가운 대나무 가지를 바라보며
양이 끄는 수레를 기다리지만 오지 않네.

【해제】
제2수는 천자의 은혜를 받지 못하는 궁녀의 안타까움을 표현하였다.

【주석】

1) 淺畫(천화) - 옅게 그리다.
   帔(피) - 옛날 여자들이 어깨에 걸치는 옷.
2) 昭陽(소양) - 한나라의 궁궐이름. 여기서는 후궁을 가리킨다.
3) 宸居(신거) - 천자가 거처하는 곳.
4) 守(수) - 기다리다.
   羊車(양거) - 진晉나라의 무제武帝는 양이 끄는 수레를 타고는 마음대로 가도록 내버려두었다가 그 수레가 멈추는 곳에 있는 후궁의 거처에 들어갔다. 그래서 궁인들은 대나무 잎을 문에 꽂고 소금물을 땅에 뿌려서 양을 유인하였다.(≪진서·후비전(后妃傳)≫ 참조)

19
보유 補遺

1040. 上淸寶鼎詩 其一

상청의 보배로운 솥 제1수

人生燭上花[1]　光滅巧姸盡
春風遶樹頭　日與化工進[2]
惟知雨露貪[3]　不念零落近[4]
昔我飛骨時[5]　慘見當塗墳[6]
靑松靄明霞　縹緲山下村[7]
旣死明月魄[8]　無彼玻璃魂[9]
念此一脫灑[10]　長嘯登崑崙
醉着鸞鳳衣[11]　星斗倏可捫[12]

인생은 초 위의 불똥과 같아서
빛이 꺼지면 아름다움도 다한다네.
봄바람이 나무를 휘감을 때
나날이 조화옹과 함께 나아가니,
다만 비와 이슬을 탐할 줄만 알고
시드는 일이 가까이 있음을 생각하지 않네.
예전에 내가 뼈를 날릴 때
참담하게 길에 있는 무덤을 보았는데,

푸른 소나무에 밝은 노을이 물들고
산 아래의 마을이 희미하였네.
이미 명월노의 혼백은 죽었고
저 파리의 혼도 없어져,
이를 생각하여 한번 세속을 벗어나
길게 휘파람 불며 곤륜산에 올랐으니,
취한 채 난새와 봉황의 옷을 입고
북두성을 굽어보며 어루만질 수 있네.

【해제】
이 시는 송나라 조덕린趙德麟의 ≪후청록侯鯖錄≫에 보이는데, 왕기王琦는 이를 보고 권36의 외기外記에 인용하였다. 또한 왕직방의 ≪왕직방시화(王直方詩話)≫와 건륭제의 ≪당송시순(唐宋詩醇)≫ 등에도 보인다. 소식이 ≪동파제발(東坡題跋)≫에서 "내가 도읍에 있을 때 어떤 사람이 종이 한 장을 들고 있는 것을 보았는데, 글자는 안진경체였다. 묵적은 아직 마르지 않은 듯하였고 종이도 새로 만든 것같았다. 그 첫 두 구절은 '朝披夢澤雲, 笠釣靑茫茫.'이었다. 이러한 표현은 이백이 아니면 할 수 없는 것이다."라고 하였다. 또 "내가 도읍에 있을 때 어떤 도사가 찾아왔다. 그 풍골이 매우 기이하고 말도 범상치 않았는데, 스스로 이 세상 바깥의 여러 인사들과 왕래하였다고 하고서는, 이 시 두 편을 읊고 동화상청감東華上淸監 청일진인淸逸眞人 이태백李太白이 지은 것이라고 하였다."라고 하였다. '상청上淸'은 도교에서 말하는 삼청三淸 중의 하나로 높은 하늘의 선경을 의미하며 또는 도관을 가리키기도 한다. '보정寶鼎'은 보배로운 솥으로 연단을 만드는 솥을 의미한다.
이 시는 유선遊仙 사상을 읊었는데, 제1수는 짧은 인생에서 죽음의 굴레에 갇혀 사는 것을 한탄하면서 신선술을 익혀 하늘을 날고자 하는 바람을 표현하였다.

【주석】

1) 燭上花(촉상화) - 초 위의 등화燈花. 인생의 짧고 위태로움을 비유한다.
2) 化工(화공) - 조화옹을 뜻한다.
   이 구절은 만물을 만드는 조화옹을 따라 나날이 생성되어 감을 말한다.
3) 雨露(우로) - 비와 이슬. 은택을 상징한다.
4) 零落(영락) - 시들다.
   이상 네 구절은 봄날 무성한 초목이 조만간 시들고 만다는 뜻으로, 인생에서 부귀와 명성을 추구해봐야 결국 죽고 나면 사라질 뿐임을 비유한다.
5) 飛骨(비골) - 수련을 하여 환골換骨하는 것을 뜻한다.
6) 當塗墳(당도분) - 길에 있는 무덤. '당도'를 이백이 죽은 곳인 당도(지금의 안휘성 당도현)로 간주하여 이 시를 이백 사후에 다른 사람이 쓴 것으로 보는 설이 있다.
7) 縹緲(표묘) - 아득하여 희미한 모습.
8) 明月(명월) - 부인 허씨許氏 사이에서 낳은 자식인 명월노明月奴.
9) 玻璃(파리) - 노 땅의 어떤 부인과 낳은 자식.
10) 脫灑(탈쇄) - 초탈하다. 여기서는 세속의 구속을 벗어나는 것을 뜻한다.
11) 鸞鳳衣(난봉의) - 난새와 봉황의 옷. 신선이 되어 이들을 타고 난다는 뜻이다.
12) 俛(부) - 아래로 굽어보다.

1041. 上淸寶鼎詩 其二

상청의 보배로운 솥 제2수

朝披夢澤雲[1]　笠釣靑茫茫[2]
尋絲得雙鯉[3]　中有三元章[4]
篆字若丹蛇[5]　逸勢如飛翔
歸來問天老[6]　妙義不可量
金刀割靑素[7]　靈文爛煌煌[8]
嚥服十二環[9]　想見仙人房
暮跨紫鱗去[10]　海氣侵肌涼
龍子喜變化　化作梅花妝[11]
遺我纍纍珠[12]　靡靡明月光[13]
勸我穿絳縷[14]　繫作裾間璫[15]
揖余以辭去　談笑聞餘香[16]

아침에 운몽택의 구름을 헤치고
삿갓 쓰고 낚시질하니 푸른 기운 아득하네.
낚싯줄을 찾아 두 마리 잉어를 얻어보니
그 속에 삼원에 관한 글이 있었네.
전서로 쓰인 글자는 붉은 뱀과 같고

표일한 기세는 마치 나는 듯한데,
돌아와서 천로에게 물었지만
오묘한 뜻이라 헤아릴 수가 없었네.
금 칼로 푸른 비단을 가르니
신령스런 글이 휘황찬란하네.
열두 개의 둥근 옥을 삼키니
신선의 방이 보이는 듯하네.
저녁에 자줏빛 물고기를 타고 가니
바다 기운이 피부를 스쳐 시원하네.
용의 아들은 변신하기를 좋아하여
매화 화장을 한 여인이 되어서는,
내게 많은 구슬을 주었는데
아름답게 밝은 달처럼 빛났네.
내게 붉은 비단 실로 꿰어서
옷자락의 옥 장식으로 매어달라고 권하고는,
내게 읍을 하고 떠나는데
담소하며 남긴 향기를 맡네.

【해제】
제2수는 신선술에 관한 서적을 구하고 신선과 교유하며 산다는 내용을 표현하였다.

【주석】
1) 夢澤(몽택) - 운몽택雲夢澤.
2) 靑茫茫(청망망) - 하늘과 물의 푸른 빛이 끝없이 펼쳐져 있다는 뜻

이다.

3) 尋絲(심사) - 낚싯줄을 찾다. 낚시를 하다. 판본에 따라 '심록尋綠' 또는 '심류尋流'로 되어있다.

雙鯉(쌍리) - 한 쌍의 잉어. 원래는 서신을 전달하는 매개를 의미하는데, 여기서는 도가 서적을 전달해주는 매개로 사용하였다.

4) 三元章(삼원장) - 도경道經을 뜻한 것이다. 도교에서는 하늘·땅·물 또는 해·달·별을 삼원이라고 한다. 또 옥청천玉淸天에 있는 궁전 이름도 삼원궁三元宮인데 원시천존元始天尊이 거처하는 곳이다.

5) 篆字(전자) - 전서로 쓴 글씨.

丹蛇(단사) - 글씨가 붉은 뱀 모양으로 생겼다는 뜻이다.

6) 天老(천로) - 황제黃帝를 보필하는 신하이다. ≪후청록≫에는 '천모天姥'로 되어있는데, 이는 지금의 절강성에 있는 산으로 도가의 명산이다. ≪왕직방시화≫에 의거하여 바꾸었다.

7) 靑素(청소) - 푸른 비단.

8) 靈文(영문) - 도교의 경문經文을 뜻한다.

이상 두 구절은 내용상 '篆字'구 앞에 놓여야 한다.

9) 嚥服(연복) - 삼키다. '연복燕服'으로 된 판본도 있는데, 평상복이라는 뜻이다.

十二環(십이환) - 열 두 개의 고리 모양의 옥. 열 두 개의 옥을 삼킨다는 말에 어떤 내력이 있는지 알 수 없다. 판본에 따라 '십이환十二鐶'으로 되어있기도 한데, '十二鐶'은 석장에 달린 열 두 개의 고리를 뜻할 수 있다. 목련目蓮이 부처에게서 열 두 개의 고리가 달린 지팡이를 빌리고 신통력도 얻었다는 고사와 관계가 있을 수도 있다.

10) 紫鱗(자린) - 자줏빛 물고기.

11) 梅花妝(매화장) - 이마에 매화 무늬로 장식을 하는 것으로 옛날 여인의 화장술이다. 남조 송나라의 수양공주壽陽公主에게서 유래하였다고 한다.

12) 纍纍(유류) - 쌓여 있는 모습.
13) 靡靡(미미) - 아름다운 모습.
14) 絳縷(강루) - 붉은 실.
15) 裾(거) - 옷자락.
    璫(당) - 옥으로 만든 구슬. 장식물이다.
16) 餘(여) - '유遺'로 된 판본도 있다.

1042. 上淸寶典

상청의 보배로운 서적

我居淸空表[1]　君處紅埃中[2]
仙人持玉尺[3]　度君多少才[4]
玉尺不可盡　君才無時休[5]

나는 맑은 하늘 밖에 사는데
그대는 붉은 먼지 가운데 머물고 있네.
신선이 옥으로 만든 자를 가지고
그대의 재주가 얼마나 되는지 재보는데,
옥으로 만든 자로 다 잴 수 없으니
그대의 재주는 그칠 때가 없어서라네.

【해제】
이 시는 송나라 황백사黃伯思의 ≪동관여론(東觀餘論)≫에 보이는데 압운 양상으로 볼 때 본문의 완정성에 의심이 든다. 한편 ≪동파전집(東坡全集)≫ 권27에 〈이백 적선 시(李白謫仙詩)〉가 있는데 이 여섯 구절이 첫 머리와 중간에 삽입되어있다. 역대 소식 주석가들은 이 시의 진위여부를 의심하며 부록에 편재하였다. 왕기王琦는 ≪동파전집≫과 ≪동관여론≫에 이 시가 보이는 상황을 왕기본 권 36의 외기外記에 적어놓았다. ≪전당시(全唐詩)≫ 권185에는 〈상청의 보배로운 솥(上淸寶鼎詩)〉이라는 제목으로 이백의 작품으로 실려 있다. '보전寶典'은 보배로운 서적으로 도가 경전을 말한다. 이 시에서는 세속에 사는 상대방이 재주가 아주 많은 것을 칭송하였다.

【주석】

1) 表(표) - 끝.
2) 紅埃(홍애) - 붉은 먼지. 속세.
3) 玉尺(옥척) - 옥으로 만든 자. 인재를 선발하고 시문을 평가하는 기준을 가리킨다.
4) 度(탁) - 재다. 헤아리다.
5) 玉尺(옥척) 두 구 - 상대방의 재주가 잴 수 없을 정도로 많다는 뜻이다.

1043. 李太白微時, 募縣小吏, 入令臥內, 嘗驅牛經堂下, 令妻怒, 將加詰責, 太白亟以詩謝云

이백이 미천했을 때 현의 작은 관리를 모집하기에 현령의 내실로 들어가게 되었는데, 일찍이 소를 몰고 당 아래를 지나가니 현령의 처가 노하여 힐책하려 하기에 이백이 즉각 이 시를 지어 사죄하며 말하였다.

素面倚欄鉤[1]　嬌聲出外頭
若非是織女　何必問牽牛[2]

하얀 얼굴이 난간 굽은 곳에 기대어
교태로운 목소리로 바깥으로 말하네.
만일 직녀가 아니라면
어찌 굳이 견우에 대해 묻는가?

【해제】

이 시는 ≪당시기사(唐詩紀事)≫ 권18에서 인용한 송나라 창명彰明(지금의 사천성 강유江油) 현령 양천혜楊天惠의 ≪창명일사(彰明逸事)≫에 보이는데, 왕기王琦는 이를 보고 권35 연보年譜에 인용하였다. 시의 제목은 따로 없기에 고사의 내용을 그대로 옮겨 쓴 것일 뿐이다. '미시微時'는 현달하지 못했을 때를 의미하며, '와내臥內'는 관청의 내실을 말한다. 이 시는 강유현의 하급관리를 하고 있을 때 현령 부인으로부터 질책을 당하게 되자 쓴 것으로, 견우와 직녀에 비유하여 상관하지 말라는 뜻을 표현하였다. 당시 현령이 이 시에 놀라서 더 이상 따지지 않았다고 한다.

【주석】
1) 素面(소면) - 하얀 얼굴. 현령의 처를 가리킨다.
   欄鉤(난구) - 난간의 굽은 곳.
2) 問牽牛(문견우) - 견우에 대해 묻다는 뜻과 소 끌고 가는 일을 힐문하다는 뜻을 동시에 가진다.
   이상 두 구절은 소를 몰고 가는 자신을 견우에게 비유한 것으로, 직녀라면 견우에 대해 물을 수 있겠지만 현령의 부인은 직녀가 아니므로 견우인 나에게 상관하지 말라는 뜻이다.

1044. 斷句

단구

燄隨紅日遠[1]　烟逐暮雲飛」

불꽃은 붉은 태양 따라 멀어지고
연기는 저녁 구름 따라 날아가네.

【해제】
이 시는 ≪당시기사(唐詩紀事)≫ 권18에서 인용한 송나라 창명彰明(지금의 사천성 강유江油) 현령 양천혜楊天惠의 ≪창명일사(彰明逸事)≫에 보이는데, 왕기王琦는 이를 보고 권35 연보年譜에 인용하였다. 이백이 강유현의 하급 관리로 있을 때, 현령이 어느 날 산불에 관한 시를 읊다가 시상이 이어지지 않자 이백이 옆에 있다가 이어서 지었는데, 현령이 부끄러워하며 그만두었다고 한다. 현령이 먼저 지은 두 구절은 "들불이 산을 태운 뒤, 사람은 돌아갔지만 산불은 돌아가지 않았네.(野火燒山後, 人歸火不歸.)"였다. 이백은 산불의 불꽃과 연기가 멀리까지 번져나가는 모습을 표현하였다.

【주석】
 1) 燄(염) - 불꽃.

1045. 斷句

단구

綠鬢隨波散　　紅顏逐浪無
因何逢伍相¹　　應是怨秋胡²

검푸른 머리칼은 파도 따라 흩어졌고
붉은 얼굴은 물결 좇아 사라졌네.
어찌하여 오자서를 만났는가?
응당 추호를 원망하겠지.

【해제】
이 시는 ≪당시기사(唐詩紀事)≫ 권18에서 인용한 송나라 창명彰明(지금의 사천성 강유江油) 현령 양천혜楊天惠의 ≪창명일사(彰明逸事)≫에 보이는데, 왕기王琦는 이를 보고 권35 연보年譜에 인용하였다. 앞의 시에 보이는 사건이 일어나고 얼마 후 이백이 현령을 따라 물이 불어난 것을 구경하러 갔다. 어떤 여인이 강에 빠져 죽었는데 현령이 시를 짓는데 또 힘들어하자 이백이 곧장 그의 시에 이어서 이 시를 읊었다. 현령이 좋아하지 않자 이백은 두려워서 관직을 버리고 떠났다. 현령이 먼저 읊은 내용은 "열여섯 살 어느 집 딸인가? 강 언덕 갈대 따라 떠내려 왔네. 새는 눈썹 위의 푸른빛을 엿보고 물고기는 입가의 붉은 화장을 희롱하네.(二八誰家女, 飄來倚岸蘆. 鳥窺眉上翠, 魚弄口旁朱.)"이다. 이백은 그가 물에 빠진 모습을 묘사하고는 오자서伍子胥와 추호秋胡의 고사를 빌어 그녀가 물에 빠져 죽은 이유를 추측하면서 그녀의 의리와 정절을 칭송하였다.

【주석】

1) 伍相(오상) - 오자서伍子胥. 그는 초나라 사람으로 아버지와 형이 관직에 있었다. 초나라 평왕平王이 비무기費無忌의 참언을 듣고 아버지와 형을 죽였고 오자서는 오나라로 도피하였다. 율양溧陽 지역에 와서 한 여인을 만났는데, 그 여인에게 먹을 것을 청하자 자신이 가진 밥과 음료를 주었다. 오자서가 그것을 다 먹고 떠나면서 "빈 그릇을 숨겨서 다른 사람들에게 보여주지 마라"고 하였는데, 그 여인은 그러겠다고 승낙한 뒤 자신의 몸을 물에 던져 자살하였다. 후에 오자서는 이곳을 다시 방문해서 많은 금을 강물에 던져 보답하였다.(≪월절서(越絶書)≫ 참조)

2) 怨(원) - ≪당시기사≫에는 '상想'으로 되어있다.
秋胡(추호) - 춘추시대 노魯나라 사람. 그는 결혼하자마자 부인을 두고 집을 나가 벼슬살이를 하였다. 몇 년 후 고향으로 돌아오다가 교외에서 뽕을 따는 아름다운 여인을 만나서는 황금을 주면서 유혹하였지만 그 여인은 거절하였다. 집에 와서 그의 부인을 만나니 방금 전에 만난 그 여인이었다. 부인은 그런 남편을 부끄럽게 생각하고 강에 몸을 던져 자살하였다.(유향劉向의 ≪고열녀전(古列女傳)≫ 참조)

1046. 斷句

단구

玉階一夜留明月[1]　　金殿三春滿落花[2]

옥 계단에 밤새도록 밝은 달이 머물고
궁궐에는 봄날에 떨어진 꽃잎이 가득하네.

【해제】
이 구절은 10세기 경 일본에서 당대 시가의 구절을 가려 편찬한 ≪천재가구(千載佳句)≫에 실려 있으며 제목은 〈서설(瑞雪)〉로 되어있다. 이 두 구절은 밝은 달이 비치고 꽃잎이 가득 떨어진 모습으로 눈이 내린 장면을 비유한 것으로 보인다.

【주석】
1) 玉階(옥계) - 옥 계단.
2) 金殿(금전) - 금으로 만든 궁전.
   三春(삼춘) - 봄.

1047. 江夏送倩公歸漢東 幷序

강하에서 한동으로 돌아가는 천공을 보내다 및 서문

謝安四十[1], 臥白雲於東山, 桓公累徵, 爲蒼生而一起. 常與支公遊賞[2], 貴而不移. 大人君子, 神冥契合[3], 正可乃爾. 僕與倩公一面, 不忝古人[4], 言歸漢東, 使我心瘼[5]. 夫漢東之國, 聖人所出, 神農之後, 季良爲大賢[6], 爾來寂寂, 無一物可紀. 有唐中興, 始生紫陽先生[7]. 先生六十而隱化[8], 若繼跡而起者, 惟倩公焉. 蓄壯志而未就, 期老成於他日[9]. 且能傾產重諾[10], 好賢攻文, 卽惠休上人與江鮑往復, 各一時也[11]. 僕平生述作, 罄其草而授之[12]. 思親遂行, 流涕惜別. 今聖朝已捨季布[13], 當徵賈生[14], 開顏洗目, 一見白日[15]. 冀相視而笑於新松之山耶[16]. 作小詩絶句, 以寫別意. 辭曰,

사안이 마흔이 되도록 동산의 흰 구름에 누웠는데, 환공이 누차 부르고서야 백성을 위해 한번 일어섰다. 항상 지둔 스님과 노닐고 감상하였는데 귀하게 되어서도 그 마음은 변치 않았다. 대인과 군자는 마음이 맞으면 정말로 이러할 수 있다. 나와 천공은 한번 만나자 옛 사람에 부끄럽지 않았는데, 한동으로 돌아간다니 내 마음이 괴로워졌다. 대저 한동이라는 곳은 성인이 나온 곳으로, 신농씨 이후에 계량이 큰 어진 이였지만, 그 이후로 적막해져 기록할 만한 이가 한 명도 없었다. 당나라가 중흥하고서야 비로소 자양선생이 나셨는데 선생이 예순에 돌아가자 그 족적을 이어 일어난 자로는 오직 천공 뿐이다. 씩씩한 뜻을 품고도 나아가지 않고, 후에 늙어 이루기를 기약하였다. 또 능히 재산을 기울여 승낙한 것을 중시하며, 어진 이를 좋아하고 문장을 힘써 연구했으니 혜휴스님이 강엄 및 포조와 왕래한 것과 각 한 때를 이루었다. 내가 평소 지은 것은 초고까지 모두 그에게 주었는데, 친지를 그리워하여 떠나니 눈물을 흘리며 이별을 슬퍼한다. 지금 조정은 계포 같은 이를 이미 풀어주었으니 마땅히 가의 같은 이를 부를 것이어서 얼굴을 펴고 눈을 씻고 흰 태양을 한번 바라보게 되리라. 신송산에서 서로 만나서 웃을 수 있기를 기대할까? 짧은 절구를 지어서 이별의 뜻을 쓴다. 시는 다음과 같다.

彼美漢東國[17]　川藏明月輝[18]
寧知喪亂後[19]　更有一珠歸[20]

저 아름다운 한동의 나라
시내가 휘황한 명월주를 감추고 있었네.
어찌 알았으리오, 난리 뒤에
다시 구슬 하나가 돌아가는 것을.

【해제】

왕기본王琦本에는 이 시가 서문류에 수록되어있으며, ≪전당시全唐詩≫에도 실려 있지 않다. '강하江夏'는 지금의 호북성 무한武漢이고, '한동漢東'은 지금의 호북성 수주隨州이다. '천공僔公'은 수주의 스님으로 〈한동자양선생 비명(漢東紫陽先生碑銘)〉에 보이는 정천貞僔으로 추정된다. 이 시는 한동으로 돌아가는 천공을 송별하며 지은 것으로, 한동의 인물을 소개한 뒤 천공이 한동으로 돌아가게 되어 아쉬워하는 마음과 다시 만날 것을 기약하는 뜻을 적었다. 건원 2년(759) 이백이 사면 받아 강하로 돌아왔을 때 지은 것으로 보인다.

【주석】

1) 謝安(사안) - 동진東晉 사람인 그는 벼슬하지 않고 회계會稽의 동산東山에서 은거하다가 40세가 넘어서 환온桓溫의 사마司馬가 되었다.(≪진서·사안전≫ 참조)

2) 支公(지공) - 동진의 스님인 지둔支遁. 사안을 비롯한 당대 명사들과 교유하였다. 그가 만년에 섬현剡縣으로 가서 병을 치료하고자 하였는데, 오흥태수吳興太守로 있던 사안은 그가 오흥으로 와서 병도 치료하고 같이 지내기를 바라는 편지를 썼다.(≪고승전(高僧傳)≫ 참조)

3) 神冥契合(신명계합) - 마음이 맞다.

4) 不忝(불첨) - 부끄럽지 않다.
   古人(고인) - 사안과 지둔을 가리킨다.
   이 구절은 천공과 이백의 교유가 지둔과 사안의 교유에 뒤지지 않는다는 뜻이다.

5) 心痗(심매) - 마음이 아프다.

6) 季良(계량) - 춘추시대 수隨나라의 현자로 ≪좌전·환공桓公 6년≫에는 계량季梁으로 되어있다. 초나라가 스스로를 약하게 보여 수나라로 하여금 쳐들어오게 하도록 하였는데, 계량은 그러한 계책을

눈치 채고는, 수후隨侯에게 백성들의 신임을 얻고 올바른 정치를 하도록 간언하며 초나라 군대를 쫓아 전쟁을 하지 않도록 하였다. 그리하여 수후가 정사를 잘 돌보자 초나라는 감히 수나라를 침공하지 못했다.

7) 紫陽先生(자양선생) - 수주사람이자 도사인 호자양胡紫陽으로 이백의 사우師友이며 원단구元丹丘의 스승이다. 그는 일찍이 득도하였다가 62세인 천보 2년(743)에 죽었으며 이백은 그를 위해 비명을 지었다.

8) 隱化(은화) - 죽다.

9) 老成(노성) - 늙어서 이루다. 대기만성의 뜻이다.

10) 傾産(경산) - 재산을 기울이다. 자신의 재산을 다 바친다는 뜻이다.
    重諾(중낙) - 승낙을 중시하다. 자신이 한 말에 대해서는 신의를 지킨다는 뜻이다.

11) 惠休(혜휴) 두 구 - 혜휴는 남조시대의 스님으로 강엄江淹과 포조鮑照와 같은 문인들과 교유하였다. 이 구절은 천공이 당시 문인들과 교유한 것이 그들과 마찬가지였다는 뜻이다.

12) 罄(경) - 다하다.
    草(초) - 초안.

13) 捨季布(사계포) - 계포를 석방하다. 계포는 초나라 장군으로, 여러 차례 한나라를 위협했다. 항우項羽가 멸망한 뒤 한나라 고조가 천금을 걸고 수배하자 노나라 주가朱家에게 도망갔다. 주가가 여음후汝陰侯 등공滕公을 찾아가 천하를 얻으려면 우수한 인재가 필요한 법이니 계포를 죽이면 안된다고 설득하였고, 등공이 고조에게 이러한 사실을 말해 사면되었다.(≪사기·계포열전≫ 참조) 여기서는 한 고조가 계포를 사면한 것을 말하며 이백이 야랑夜郞으로 유배 갔다가 사면된 것을 비유한다.

14) 徵賈生(징가생) - 가의賈誼를 부르다. 한나라의 가의는 문제文帝가 총애한 신하였지만 이후 참언으로 인해 점차 황제로부터 멀어졌으

며 장사왕長沙王 태부太傅로 폄적되었다. 삼년 후에 문제가 가의를 궁궐로 불러다가 귀신의 일을 물었다.(≪사기·굴원가생열전(屈原賈生列傳)≫ 참조) 여기서는 이백이 황제의 부름을 받아 다시 궁궐로 들어갈 것을 뜻한다.

15) 白日(백일) - 천자를 상징한다.
16) 新松(신송) - 산의 이름인데, 정확한 위치는 고찰할 수 없지만, 한동 지역에 있을 것이다.
17) 彼美(피미) - '노입로入'으로 된 판본도 있다.
18) 明月輝(명월휘) - 명월주의 광채.
  이상 두 구절은 한동이 원래 빼어난 인물이 많은 곳이라는 뜻이다.
19) 喪亂(상란) - 안사의 난을 가리킨다.
20) 一珠(일주) - 천공을 비유한다.
  이상 두 구절은 안사의 난 이후에 천공이 한동으로 돌아간다는 뜻이다.

1048. 桃源二首 其一

무릉도원 2수 제1수

昔日狂秦事可嗟　　直驅雞犬入桃花
至今不出烟巒口　　萬古潺湲一水斜[1]

옛날 광폭한 진나라 때의 일 탄식할 만하니
곧장 닭과 개를 데리고 도화원으로 들어갔네.
지금까지 안개 덮인 산 입구를 나오지 않았으니
만고에 비낀 냇물 한 줄기가 졸졸 흐르네.

【해제】
이 시는 남송 중기에 편찬된 ≪여지기승(輿地紀勝)≫ 권68에 수록되어있는데, 이백의 일시로 ≪면주지(綿州志)≫에 보인다고 하였다. 또한 왕기본王琦本 권30 시문습유詩文拾遺의 마지막에 주석으로 "여러 유서類書에 이백의 시구가 수록되어있는데 잘못된 것이 없을 수는 없다."고 하고는 ≪해록쇄사(海錄碎事)≫와 ≪금수만화곡(錦繡萬花谷)≫으로부터 이 두 수와 다른 구절을 인용한 뒤 "이러한 구절은 누가 지었는지 자세히 알 수는 없는데 그 구법이 모두 이백과는 비슷하지 않지만 또한 모두 이백의 시로 여겨졌다."라고 하였다. 이 시는 도연명의 〈도화원기(桃花源記)〉이야기를 적었다.
제1수는 도화원에 사는 사람들이 진나라의 폭정을 피해 이곳에 들어갔다가 오래도록 세상과 인연을 끊고 산 이야기를 읊었다.

【주석】
1) 潺湲(잔원) - 물이 흐르는 모습.

1049. 桃源二首 其二

무릉도원 2수 제2수

露暗烟濃草色新[1]　　一番流水滿溪春
可憐漁父重來訪　　只見桃花不見人

이슬 어둑하고 안개 짙어 풀빛이 새로우니
한 번 물이 흘러서 계곡이 온통 봄이네.
안타깝게도 어부가 다시 방문했을 때는
복숭아꽃만 보이고 사람은 보이지 않았지.

【해제】
제2수는 무릉도원을 방문했던 어부가 다시 사람들을 데리고 그곳을 찾아갔지만 실패했던 이야기를 적었다.

【주석】
 1) 露暗(노암) - 이슬이 많이 내린 것을 표현하였다.

1050. 闕題

제목 미상

庭中繁樹乍含芳　　紅錦重重翦作囊[1]
還合炎蒸留爍景[2]　題來消得好篇章[3]

뜰의 무성한 나무가 갑자기 향기를 머금더니
붉은 비단 겹겹으로 잘라서 주머니를 만들었네.
아직도 후텁지근하니 불볕더위가 남아있어
시를 짓자니 좋은 문장이 필요하구나.

【해제】
왕기본王琦本 권30 시문습유詩文拾遺의 마지막에 주석으로 "여러 유서類書에 이백의 시구가 수록되어있는데 잘못된 것이 없을 수는 없다."고 하고는 ≪해록쇄사(海錄碎事)≫와 ≪금수만화곡(錦繡萬花谷)≫으로부터 이 시와 다른 구절을 인용한 뒤 "이러한 구절은 누가 지었는지 자세히 알 수는 없는데 그 구법이 모두 이백과는 비슷하지 않지만 또한 모두 이백의 시로 여겨졌다."라고 하였다. 이 시는 여름날 갑자기 피어난 붉은 꽃을 보고 시를 지으며 더위를 잊는다는 내용을 표현하였다.

【주석】
1) 翦作囊(전작낭) - 붉은 비단을 오려서 주머니를 만들다. 나무에 꽃

이 핀 것을 비유하였다.
2) 炎蒸(염증) - 후텁지근한 더위.
   爍景(삭경) - 불볕 태양.
3) 消得(소득) - 필요하다.

1051. 斷句

단구

霜結梅梢玉[1]　　陰凝竹幹銀[2]

서리가 매화가지 끝 옥에 맺혀
음기가 대나무 가지 은에 엉겼네.

【해제】
왕기본王琦本 권30 시문습유詩文拾遺의 마지막에 주석으로 "여러 유서類書에 이백의 시구가 수록되어있는데 잘못된 것이 없을 수는 없다."고 하고는 ≪해록쇄사(海錄碎事)≫와 ≪금수만화곡(錦繡萬花谷)≫으로부터 이 구절과 다른 시를 인용한 뒤 "이러한 구절은 누가 지었는지 자세히 알 수는 없는데 그 구법이 모두 이백과는 비슷하지 않지만 또한 모두 이백의 시로 여겨졌다."라고 하였다.

【주석】
1) 梅梢玉(매초옥) - 하얀 서리를 비유한다.
2) 竹幹銀(죽간은) - 비를 은죽銀竹이라고 하는데, 여기서도 비를 비유한 것으로 보인다.

1052. 斷句

단구

竹粉千腰白[1]　　桃皮半頰紅

대나무 분은 가는 허리 같은 천 가지에 하얗고
복숭아 껍질은 뺨 절반이 빨갛네.

【해제】
왕기본王琦本 권30 시문습유詩文拾遺의 마지막에 주석으로 "여러 유서類書에 이백의 시구가 수록되어있는데 잘못된 것이 없을 수는 없다."고 하고는 ≪해록쇄사(海錄碎事)≫와 ≪금수만화곡(錦繡萬花谷)≫으로부터 이 구절과 다른 시를 인용한 뒤 "이러한 구절은 누가 지었는지 자세히 알 수는 없는데 그 구법이 모두 이백과는 비슷하지 않지만 또한 모두 이백의 시로 여겨졌다."라고 하였다. 이 구절은 ≪전송시(全宋詩)≫ 권349 이구李覯의 〈여름날 빗속에서(夏日雨中)〉에 보인다.

【주석】
1) 竹粉(죽분) - 죽순 껍질이 벗겨질 때 마디에 붙어 있는 흰 가루.

1053. 斷句

단구

心爲殺人劍　　淚是報恩珠[1]

마음은 사람을 죽이는 검이고
눈물은 은혜에 보답하는 구슬이라네.

【해제】

왕기본王琦本 권30 시문습유詩文拾遺의 마지막에 주석으로 "여러 유서類書에 이백의 시구가 수록되어있는데 잘못된 것이 없을 수는 없다."고 하고는 ≪해록쇄사(海錄碎事)≫와 ≪금수만화곡(錦繡萬花谷)≫으로부터 이 구절과 다른 시를 인용한 뒤 "이러한 구절은 누가 지었는지 자세히 알 수는 없는데 그 구법이 모두 이백과는 비슷하지 않지만 또한 모두 이백의 시로 여겨졌다."라고 하였다.

【주석】

1) 報恩珠(보은주) - 한나라 때 장안 근처 곤명지昆明池에서 사람이 물고기를 낚았는데, 낚싯줄이 끊어져서 도망갔다. 한 무제의 꿈에 그 물고기가 나타나서 낚싯바늘을 제거해달라고 하였다. 한 무제가 다음날 연못에서 놀고 있는데 큰 물고기가 줄을 물고 있는 것을 보고는 "어제 그 물고기인가 보다"라고 하고는 잡아서 놓아주었다. 삼

일 후에 연못가에서 구슬 한 쌍을 얻었는데, 무제는 "아마 물고기의 보답이겠지"라고 하였다.(≪예문유취(藝文類聚)≫ 권84에서 인용한 ≪삼진기(三秦記)≫ 참조)

1054. 斷句

단구

綺樓何氛氳[1]　朝日正杲杲[2]
玉顔上哀囀[3]　絶耳非世有[4]

화려한 누각은 얼마나 향기로운가?
아침 해가 정말 밝구나.
옥 같은 얼굴로 애절한 소리를 하니
빼어난 소리는 세상에 없는 것이로구나.

【해제】
왕기본王琦本 권30 시문습유詩文拾遺의 마지막에 주석으로 "여러 유서類書에 이백의 시구가 수록되어있는데 잘못된 것이 없을 수는 없다."고 하고는 ≪해록쇄사(海錄碎事)≫와 ≪금수만화곡(錦繡萬花谷)≫으로부터 이 구절과 다른 시를 인용한 뒤 "이러한 구절은 누가 지었는지 자세히 알 수는 없는데 그 구법이 모두 이백과는 비슷하지 않지만 또한 모두 이백의 시로 여겨졌다."라고 하였다. 이 두 연은 ≪전당시(全唐詩)≫ 권186 위응물韋應物의 〈고시를 본뜨다 12수(擬古詩十二首)〉 중 제4수에 보인다.

【주석】
 1) 綺樓(기루) - 아름다운 누각.

氛氳(분온) - 향기가 가득한 모습.
2) 杲杲(고고) - 밝은 모습.
3) 上(상) - '正정'으로 된 판본도 있다.
   哀囀(애전) - 애달프고 곡절이 있는 음성.
4) 絕耳(절이) - 빼어난 소리.

1055. 斷句

단구

佳人微醉玉顔酡[1]　　笑倚妝樓澹小蛾[2]

아름다운 이가 살짝 취하니 옥 같은 얼굴 발그레하고
화장하는 누대에 웃으며 기댔는데 가는 눈썹이 옅네.

【해제】

왕기본王琦本 권30 시문습유詩文拾遺의 마지막에 주석으로 "여러 유서類書에 이백의 시구가 수록되어있는데 잘못된 것이 없을 수는 없다."고 하고는 ≪해록쇄사(海錄碎事)≫와 ≪금수만화곡(錦繡萬花谷)≫으로부터 이 구절과 다른 시를 인용한 뒤 "이러한 구절은 누가 지었는지 자세히 알 수는 없는데 그 구법이 모두 이백과는 비슷하지 않지만 또한 모두 이백의 시로 여겨졌다."라고 하였다. 이 구절은 아름다운 여인이 살짝 취해 누대에 기대어 있는 모습을 묘사하였다.

【주석】

1) 酡(타) - 술에 취해 얼굴이 발그레한 모습.
2) 妝樓(장루) - 여인의 거처를 가리킨다.

1056. 斷句

단구

借問單樓與同穴[1]　可能銀漢勝重泉[2]

홀로 있는 누대와 함께 있는 무덤에 관해 묻노니
아마도 은하수가 황천보다 나으리.

【해제】

왕기본王琦本 권30 시문습유詩文拾遺의 마지막에 주석으로 "여러 유서類書에 이백의 시구가 수록되어있는데 잘못된 것이 없을 수는 없다."고 하고는 ≪해록쇄사(海錄碎事)≫와 ≪금수만화곡(錦繡萬花谷)≫으로부터 이 구절과 다른 시를 인용한 뒤 "이러한 구절은 누가 지었는지 자세히 알 수는 없는데 그 구법이 모두 이백과는 비슷하지 않지만 또한 모두 이백의 시로 여겨졌다."라고 하였다. 이 구절은 죽어서 함께 있는 것보다는 외롭게 지내다가 가끔 만나는 것이 더 나음을 말하였다.

【주석】

1) 單樓(단루) - 홀로 지내는 누대.
   同穴(동혈) - 죽어서 같이 묻힌 무덤. 부부가 합장한 것을 말한다.
2) 銀漢(은한) - 은하수. 여기서는 견우와 직녀가 은하수를 가운데 두고 일 년 중 칠석날만 만나는 것을 의미한다.
   重泉(중천) - 황천.

1057. 鶴鳴九皐

학이 깊은 못에서 우네

胎化呈仙質[1]　　長鳴在九皐
排空散淸唳[2]　　映日委霜毛[3]
萬里思寥廓[4]　　千山望鬱陶[5]
香凝光不見[6]　　風積韻彌高
鳳侶攀何及[7]　　雞群思忽勞
昇天如有應[8]　　飛舞出蓬蒿[9]

태생胎生으로 나서 신선의 자질을 보여
깊은 못에서 길게 울며,
허공을 밀치면서 맑은 울음소리를 흩뿌리고
햇빛에 비치며 서리 같은 날개를 접고 있네.
만 리 광활한 하늘을 그리워하며
수많은 산 빽빽한 것을 바라보는데,
향은 엉기나 빛은 보이지 않으며
바람이 쌓이자 소리는 더욱 높아지네.
봉황의 짝을 어찌 더위잡을 수 있으랴?
닭 무리 생각하자니 홀연 수고롭네.
하늘을 오르려는 일이 만일 이루어질 수 있다면

날아 춤추며 쑥대를 벗어나리라.

【해제】
이 시는 ≪문원영화文苑英華≫ 권185 〈과거시험시(省試)〉 조목에 진계陳季의 〈학이 이슬을 경계하다(鶴警露)〉라는 시 다음에 수록되어있으며 작자의 이름은 적혀있지 않다. ≪전당시(全唐詩)≫에서는 무명씨의 작품이라고 하였고 ≪고금도서집성(古今圖書集成)≫에서는 진계의 작품이라고 하였다. 구세원瞿蛻園과 주금성朱金城이 교주한 ≪이백집교주(李白集校注)≫는 시문습유詩文拾遺에 수록하면서도 이 시가 과거 시험시이기 때문에 이백이 지은 것일 리가 없다고 했다. 이 시는 6운 배율로 과거시험의 시체이고 이백이 평생 예부禮部에서 실시한 과거시험인 성시省試에 응시한 적이 없다는 사실에 따르면 이백의 시가 아님이 분명하다. '구고九皐'는 깊은 못이다. ≪시경·소아≫의 〈학이 우네(鶴鳴)〉에서 "학이 깊은 못에서 우는데 소리가 들에 들리네.(鶴鳴於九皐, 聲聞於野.)"라고 하였는데, 이는 사람이 비록 몸을 숨기고 있지만 그 명성은 세상 사람들이 알 정도로 드러나 있다는 뜻이다. 이 시는 아직 높이 날지 못하는 학의 모습을 묘사한 뒤 언젠가는 높이 날 것을 기대하는 마음을 표현하였는데, 이를 통해 시인의 감개를 기탁하였다.

【주석】
1) 胎化(태화) - 태생胎生으로 나다. 예전에는 학을 태생이라 여겨 '태선胎仙'이라 불렀다.
2) 排空(배공) - 하늘로 솟다. 여기서는 학의 울음소리가 하늘 높이 울려 퍼지는 것을 뜻한다.
   唳(려) - 새가 울다.
3) 委(위) - 방치하다. 날개를 접다.
   霜毛(상모) - 서리 같이 하얀 날개.

4) 寥廓(요곽) - 먼 하늘.
5) 鬱陶(울도) - 빽빽한 모습.
이상 두 구절은 학이 자신의 뜻을 펼칠 수 있는 곳을 그리워하는 모습이다.
6) 香凝(향응) 구 - 재덕을 갖추었으나 드러나지 않는 것을 비유하는 듯하다.
7) 鳳侶(봉려) - 봉황이 학의 짝임을 말한다.
8) 有應(유응) - 감응이 있다. 뜻대로 이루어지는 것을 말한다.
9) 蓬蒿(봉호) - 쑥. 풀 더미. 황량하고 외진 들을 비유한다. ≪장자·소요유(逍遙游)≫에 "메추라기가 쑥대 사이에서 난다.(斥鴳 … 翱翔蓬蒿之間)"라는 말이 있다.
이상 두 구절은 만약 하늘을 날 수 있다면 낮은 곳을 떠나 춤추며 날아오를 것이라는 뜻이다.

1058. 棲賢寺

서현사

知見一何高[1]　拭眼避天位[2]
同觀洗耳人[3]　千古應無愧

견식이 얼마나 높은지
눈을 닦고 천자가 내린 자리를 피했네.
귀를 씻은 허유를 같이 살펴보아도
천고에 응당 부끄러울 바가 없네.

【해제】
이 시는 명나라 때 편찬된 ≪정덕남강부지(正德南康府志)≫ 권10에 수록되어있는데 그 근거는 기록되어있지 않다. '서현사棲賢寺'는 지금의 강서성 구강시九江市 근처에 있는 여산廬山의 오로봉五老峰 아래에 있는 절이다. 이 시는 서현사에 머무는 스님을 찬미한 것으로 속세의 관직을 물리치고 이곳에서 은거하며 고결하게 사는 모습을 표현하였다.

【주석】
1) 知見(지견) - 학식과 견식.
　　一何(일하) - 얼마나.
2) 拭眼(식안) - 눈을 닦다. 맑게 보려는 행위이다.

天位(천위) - 하늘이 내린 지위. 관직을 의미한다.
3) 洗耳人(세이인) - 천자의 자리를 양위하겠다는 요임금의 제안을 거절하고 영수潁水에서 더러운 말을 들은 귀를 씻은 허유許由를 가리킨다.(≪고사전(高士傳)≫ 참조)

1059. 題樓山石笋

누산의 석순바위에 쓰다

石笋如卓筆[1]　縣之山之巓
誰爲不平者　與之書靑天

우뚝한 붓 같은 석순바위가
산의 꼭대기에 걸려있네.
누가 억울한 사람이기에
그것으로 푸른 하늘에 썼을까?

【해제】
이 시는 청나라 때 편찬된 ≪도광준의부지(道光遵義府志)≫ 권45에 수록되어있는데 그 근거는 기록되어있지 않다. '누산樓山'은 지금의 귀주성 준의시에 있는 산이며, '석순石笋'은 길쭉하게 생긴 바위를 말한다. 이 시는 누산의 석순바위가 붓과 같이 생긴 것에 착안하여 현재 억울한 일을 당한 사람을 위해 대신 하늘에 알려주길 바란다는 내용을 적었다.

【주석】
1) 卓筆(탁필) - 우뚝한 붓.

1060. 菩薩蠻

보살만

擧頭忽見衡陽雁[1]　　千聲萬字情何限
叵耐薄情夫[2]　　　　一行書也無

泣歸香閣恨　　　　　和淚淹紅粉[3]
待雁卻回時　　　　　也無書寄伊[4]

고개를 드니 홀연 형양의 기러기가 보이는데
천 마디 만 마디라도 정을 어찌 다하랴?
참을 수 없나니 박정한 낭군은
한 줄 편지도 없구나.

울며 돌아오니 향기로운 누각이 한스러워
눈물범벅이 붉은 화장을 적시네.
기러기 돌아갈 때가 되어도
또한 그에게 부칠 편지는 없으리.

【해제】
이 사는 ≪존전집(尊前集)≫에 이백의 작품으로 실려 있지만, 남송 하사

신하사信의 ≪초당시여(草堂詩餘)≫ 등에서는 송나라 진달수陳達叟의 사라고 하였고, 청나라 심신원沈辰垣의 ≪역대시여(歷代詩餘)≫ 등에서는 송나라 진이장陳以莊의 사라고 하였다.

'보살만菩薩蠻'은 사패詞牌 즉 사의 곡조이름이다. 명나라 양신楊愼의 ≪단연총록(丹鉛總錄)≫에서 "당나라 사詞 중에 〈보살만〉이 있는데 그 뜻을 알지 못하겠다. 시중에 떠도는 기록에 따르면 개원 연간에 남조南詔(지금의 운남성 대리大里 지역)가 공물을 바쳤는데, 높이 튼 상투에 금빛 모자를 쓰고 여러 가지 옥으로 온 몸을 치장하여 그 나라 사람들을 보살 같은 머리 장식을 했다는 뜻으로 보살만菩薩鬟이라고 불렀고 이런 명칭으로 곡을 만들었다. 불경의 계율에서 '향기로운 기름을 몸에 바르고 꽃 장식으로 머리를 덮는다.(香油塗身, 華鬟被首.)'라고 한 것이 바로 이것이다. 백거이의 시 〈만자조(蠻子朝)〉에서 '꽃 장식 머리를 흔드니 용과 뱀이 꿈틀거리는 듯하네(花鬟抖擻龍蛇動)'라고 한 것이 그 증거이다. 지금 곡의 제목에서 '鬟'을 '蠻'이라고 한 것은 잘못이다."고 하였다. 또한 "서역 여러 나라의 부녀들은 머리를 땋아 상투를 늘어뜨리고 여러 가지 꽃으로 장식하였는데 마치 중국의 불상의 목걸이 장식과 같아서 이들을 '보살만菩薩鬟'이라고 하며 곡의 제목은 이를 취한 것이다."라고 하였다. 한편 당나라 소악蘇鶚의 ≪두양잡편(杜陽雜編)≫에는 "대중大中 연간(847~860) 초에 여만국女蠻國이 쌍룡서雙龍犀와 명하금明霞錦을 공물로 바쳤는데 그 나라 사람들이 높이 튼 상투에 금빛 모자를 쓰고 여러 가지 옥으로 온 몸을 치장하였으므로 그들을 보살만菩薩蠻이라고 불렀다. 당시 배우들이 〈보살만〉이라는 곡을 만들었는데 문사들도 종종 이 사詞를 노래하였다."고 되어있다. 혹자는 이 후자의 주장에 근거하여 이 사패가 이백의 작품이 아니라 후대인의 작품이라고 주장하기도 한다.

이 사는 멀리 간 낭군으로부터 소식을 기다리며 슬퍼하는 여인의 모습을 표현하였다.

【주석】

1) 衡陽(형양) - 지금의 호남성 형양시이며 이곳에 회안봉回雁峰이 있는데 기러기가 겨울에 이곳까지 왔다가 봄이 되면 다시 북쪽으로 돌아간다고 한다.
2) 叵耐(파내) - 견디기 어렵다.
3) 紅粉(홍분) - 붉은색 화장.
4) 伊(이) - 그. 낭군을 가리킨다.
   이상 두 구절은 편지를 보내오지 않는 낭군이 원망스러워서 기러기가 돌아갈 때 자신도 편지를 부치지 않겠다는 뜻이다.

1061. 別匡山

광산을 떠나다

曉峰如畫參差碧　　藤影搖風拂檻垂
野徑來多將犬伴　　人間歸晚待樵隨
看雲客倚啼猿樹　　洗鉢僧臨失鶴池[1]
莫怪無心戀清境　　已將書劍許明時[2]

그림 같은 새벽 봉우리 푸른빛이 들쭉날쭉하고
바람에 흔들리는 등나무 그림자가 난간을 스치며 드리웠지.
들길을 다니며 자주 개와 짝하다가
인간세상으로 돌아가면서 저녁 때 나무꾼을 따르네.
구름을 보는 나그네가 원숭이 우는 나무에 기댈 때
발우를 씻는 스님은 학이 떠나간 연못가에 있겠지.
맑은 경치에 연연해하는 마음 없음을 타박하지 말지니
책과 검을 태평성세에 이미 허락하였다네.

【해제】

북송 희녕熙寧 원년(1068) 〈칙명으로 내린 중화 대명사 주지의 기문비(勅賜中和大明寺住持記碑)〉에 따르면, 현종 때 한림학사 이백이 젊었을 때 창명현(彰明縣, 지금의 사천성 강유현江油縣)에서 낮은 관리를 하였고, 후에 대광산大匡山에서 책을 10년 동안 읽었다고 하면서, 제목을 밝히지 않은 채 이 시를 기록해놓았다. ≪창명현지(彰明縣志)≫와 광서光緖 연간(1875~1908)에 편찬한 ≪중수강유현지(重修江油縣志)≫ 등은 이 시를 수록하면서 제목을 〈광산을 떠나다(別匡山)〉라고 하였다. '광산匡山'은 지금의 사천성 강유현에 있는 대광산이다. 이 시는 이백이 젊었을 때 은거하며 학습하던 광산을 떠나면서 지은 것이다. 광산을 떠나는 모습을 그린 뒤, 이제 세상에 나가 자신의 재능을 펼치겠다는 뜻을 표현하였다. 대체로 개원 12년(724) 즈음에 쓴 것으로 추정된다.

【주석】
1) 缽(발) - 바리때.
   失鶴池(실학지) - 학이 떠난 연못. 이백이 떠난 광산을 비유한다. '실'이 ≪현지≫에는 '사飼'로 되어있다.
2) 書劍(서검) - 책과 검. 문무 양 방면의 재능을 가리킨다.
   許(허) - 허락하다. 바치기로 마음먹었다는 뜻이다.
   明時(명시) - 태평성세.
   이상 두 구절은 자신은 이미 세상에서 재능을 펼치기로 마음먹었으니 광산을 떠나는 것을 더 이상 탓하지 말자는 뜻이다.

1062. 太華觀

태화관

厄磴層層上太華[1]　　白雲深處有人家
道童對月閑吹笛[2]　　仙子乘雲遠駕車
怪石堆山如坐虎　　老藤纏樹似騰蛇
曾聞玉井金河在[3]　　會見蓬萊十丈花[4]

좁은 돌계단으로 태화산을 올라가니
흰 구름 깊은 곳에 인가가 있는데,
도인의 동자가 달을 대하고 한가롭게 피리를 불고
신선이 구름을 타고 멀리까지 수레를 모네.
산에 쌓인 기암괴석은 호랑이가 앉은 것 같고
나무를 두른 늙은 등나무는 뱀이 솟아오르는 것 같네.
일찍이 옥정과 금하가 있다고 들었는데
마침 봉래산의 열 장 높이 꽃이 보이네.

【해제】
이 시는 광서光緖 연간(1875~1908)에 편찬된 ≪중수강유현지(重修江油縣志)≫에 수록되어있다. 이 시의 제2구가 두목杜牧의 〈산행(山行)〉 시와 동일하다는 것을 근거로 위작이라는 설이 있다. '태화관太華觀'은 지금의 섬서성 화산華山에 있었던 도관이다. 이 시는 태화관에 대해 쓴 것으로, 그곳에 있는 신선의 모습과 신령스런 풍광을 묘사하였다.

【주석】
1) 厄磴(액등) - 좁은 돌계단.
2) 道童(도동) - 도를 닦는 이를 시중드는 동자.
3) 玉井(옥정) - 화산華山 정상에 있다는 연못. 이곳에 천엽연화千葉蓮花가 자라는데 이것을 먹으면 신선이 된다고 하며, 이로 인해 이 산의 이름을 화산華山이라고 했다고 한다.(≪화산기(華山記)≫ 참조). 또한 한유韓愈의 〈옛 뜻(古意)〉에서 "태화산 봉우리 위에 옥정련이 있는데, 꽃을 피우면 열 장이고 연근이 배와 같네.(太華峰頭玉井蓮, 開花十丈藕如船.)"라고 하였다.
　金河(금하) - 화산에 있는 금하에 대해서는 고찰할 수가 없다.
4) 蓬萊(봉래) - 동해에 신선이 산다는 봉래산蓬萊山. 여기서는 화산을 가리킨다.

1063. 獨坐敬亭山

홀로 경정산에 앉다

合沓牽數峰[1]　奔來鎭平楚[2]
中間最高頂　髣髴接天語

겹겹으로 여러 봉우리를 끌며
땅을 달려 너른 들판을 누르고 있네.
그 가운데 가장 높은 꼭대기는
마치 하늘과 닿아 이야기할 듯하네.

【해제】
이 시는 청나라 사정씨謝庭氏가 편찬한 ≪완릉군지비요(宛陵郡志備要)≫와 가경嘉慶 20년(1815) 홍양길洪亮吉이 편찬한 ≪영국부지(寧國府志)≫에 보인다. '경정산敬亭山'은 지금의 안휘성 선성현宣城縣에 있다. 이 시는 경정산의 넓고 큰 모습을 형상하였는데, 이백이 지은 동일한 제목의 다른 시와는 풍격이 많이 다르다.

【주석】
 1) 合沓(합답) - 중첩된 모습.
 2) 鎭(진) - 진압하다.
    平楚(평초) - 넓은 들판.

1064. 秀華亭

수화정

遙望九華峰　　誠然是九華
蒼顏耐風雪[1]　奇態燦雲霞
曜日凝成錦　　凌霄增壁崖
何當餘蔭照[2]　天造洞仙家[3]

멀리서 구화봉을 바라보니
정말로 아홉 봉오리 꽃인데,
창로한 얼굴로 바람과 눈을 견디며
기이한 자태로 구름 노을에 빛나네.
빛나는 햇빛이 엉기어 비단을 이루었고
하늘 너머로 낭떠러지를 더했는데,
어찌하면 은혜롭게 살펴주어
하늘이 신선의 거처를 만들어주실까?

【해제】

이 시는 ≪청양현지(靑陽縣志)·예문지(藝文志)≫와 ≪구화산지(九華山志)≫에 보인다. '수화정秀華亭'은 지금의 안휘성 청양현 구화산 자락에 있었던 정자이다. 이 시는 수화정에서 바라본 구화산을 묘사하였다.

【주석】

1) 蒼顏(창안) - 창로蒼老한 얼굴. 구화봉이 오래 되었음을 말한다.
2) 餘蔭(여음) - 은택을 뜻한다.
3) 洞仙家(동선가) - 신선의 거처.

1065. 煉丹井

연단정

聞說神仙晉葛洪[1]　　煉丹曾此占雲峰
庭前廢井今猶在　　不見長松見短松

듣기에 진나라 때의 신선인 갈홍이
연단을 하면서 일찍이 이곳에서 구름 봉우리를 차지했다지.
정원 앞의 버려진 우물은 지금도 여전히 남아있는데
큰 소나무는 보이질 않고 낮은 소나무만 보이네.

【해제】

이 시는 청나라 사정씨謝庭氏가 편찬한 ≪완릉군지비요(宛陵郡志備要)≫와 가경嘉慶 20년(1815) 홍양길洪亮吉이 편찬한 ≪영국부지(寧國府志)≫에 보인다. '연단정煉丹井'은 지금의 안휘성 청양현靑陽縣 구화산九華山 와운암臥雲庵 북쪽에 있었다고 한다. 이 시는 연단정에 대해 쓴 것으로, 옛날 갈홍이 이곳에서 연단을 했던 자취를 찾아보고 느낀 감회를 적었다. 현전하는 갈홍葛洪의 사적에 의거하면 갈홍은 구화산에서 연단한 적이 없으니, 연단정의 전설은 허구일 것으로 짐작된다.

【주석】

 1) 葛洪(갈홍) - 동진東晋 사람으로 유명한 학자이며 연단가이다. 관직

에 있다가 교지交趾에 단사丹沙가 난다는 말을 듣고는 구루령句漏令을 자처하여 가족을 데리고 내려갔는데, 광주자사廣州刺史 등악鄧岳이 만류하기에 나부산羅浮山에 머물며 연단하였다.(≪진서·갈홍전≫ 참조) 저작으로는 ≪포박자(包朴子)≫가 있다.

1066. 宿無相寺

무상사에 묵다

頭陀懸萬仞[1]　遠眺望華峰
聊借金沙水[2]　洗開九芙蓉[3]
煙嵐隨遍覽　踏屐走雙龍[4]
明月登高去　山僧孰與從
禪牀今暫歇　枕月臥靑松
更盡聞呼鳥　恍來報曉鐘[5]

두타령은 만 길 높은 곳에 걸려서
멀리서 구화봉을 바라보며,
잠시 금사의 물을 빌어
아홉 연꽃을 씻어 피웠네.
산기운을 따라 두루 돌아보고
나막신을 신고 두 마리 용 같은 산을 달려,
밝은 달밤에 높은 곳에 올랐는데
산의 스님은 누구를 따라 갔는가?
참선하는 자리가 지금 잠시 비었기에
달을 베고 푸른 소나무 아래 누웠는데,
또 새 지저귀는 소리 다 듣고 나자

아련히 새벽을 알리는 종소리가 들려오네.

【해제】

상수봉常秀峰 등이 지은 ≪안휘의 이백(李白在安徽)≫에 따르면, 이 시는 청나라 도광道光 10년(1830) 〈중건 무상사 비기(重建無相寺碑記)〉에 새겨져 있으며, '무상사無相寺'는 지금의 안휘성 청양현青陽縣 구화산九華山 두타령頭陀嶺 아래에 있는 절로서 당나라 초기에 세워졌다고 하였다. 하지만 무상사가 함통咸通 연간(860~874)에 진사가 된 왕계문王季文이 사용하던 서당을 임종할 때 희사하여 된 것이라는 것을 근거로 이 시가 위작이라는 설이 있다. 이 시는 무상사에 관해 지은 것으로, 무상사로 가는 도중의 경관을 묘사한 뒤에 스님은 없고 비어있는 무상사에서 밤을 지새우는 모습을 표현하였다.

【주석】

1) 頭陀(두타) - 구화산의 고개 이름.
2) 金沙(금사) - 두타령 아래에 있는 샘의 이름.
3) 九芙蓉(구부용) - 연꽃을 닮은 아홉 봉우리. 이백이 지은 〈구자산을 구화산으로 이름을 바꾼 뒤 돌아가며 짓다 및 서문(改九子山爲九華山聯句並序)〉에 따르면, 구자산의 아홉 봉우리가 연꽃과 같아서 이름을 구화산으로 바꾸었다고 하였다.
4) 踏屐(답극) - 나막신을 신다.
   雙龍(쌍룡) - 두 마리의 용이 누워있듯이 구불구불한 구화산의 산줄기를 표현한 것으로 보인다.
5) 恍(황) - 분명하지 않은 모습.

1067. 詠方廣詩

방광사를 읊은 시

聖寺閑棲睡眼醒　此時何處最幽淸
滿窓明月天風靜　玉磬時聞一兩聲[1]

성스러운 절에 한가로이 머물다 자던 눈 깨었으니
이 때 어느 곳이 가장 그윽한가?
창 가득히 달은 밝고 바람은 고요한데
옥경이 이따금 한두 번 들리네.

【해제】
이 시는 송나라 진전부陳田夫의 ≪남악총승집(南嶽總勝集)≫에 보인다. '방광方廣'는 남악인 형산衡山 연화봉蓮花峰 아래에 있는 절이다. 이 시는 방광사에 머물면서 지은 것으로 밤의 고요하고 그윽한 정취를 표현하였다.

【주석】
1) 玉磬(옥경) - 절에서 법회 시간을 알리기 위해 치는 것.

1068. 江上呈裵宣州

강 위에서 배 선주자사께 드리다

江路與天連　　風帆何森然¹
遙林浪出沒　　孤舫鳥聯翩²
常愛千鈞重³　　深思萬事捐⁴
報恩非徇祿⁵　　還逐賈人船⁶

강 길은 하늘과 이어져 있는데
바람 탄 돛이 얼마나 우뚝한지요?
먼 숲에는 파도가 나타났다 사라지고
외로운 배에는 새가 나네요.
항상 사랑하심이 천 균처럼 무거웠는데
깊이 생각하고는 만사를 버렸습니다.
은혜에 보답하는 길이 봉록을 구하는 것은 아니어서
여전히 상인의 배를 쫓아다닙니다.

【해제】
이 시는 청나라 사정씨謝庭氏가 편찬한 ≪완릉군지비요(宛陵郡志備要)≫에 실려 있다. 하지만 이 시는 ≪전당시(全唐詩)≫ 권48에 장구령張久齡의 〈강위에서 바람을 부리다가 배요경 선주자사께 드리다(江上使風呈裵宣州耀

卿))로 실려 있다. '선주宣州'는 지금의 안휘성 선주시이다. 이 시는 강에서 노닐다가 선주자사 배씨에게 준 것으로 앞부분에서는 강가의 풍경에 대해서 묘사하였고 뒷부분에서는 배씨가 베풀어준 은혜에 대해 감사의 마음을 표현하고는 떠나게 되었음을 말하였다.

【주석】
1) 森然(삼연) - 우뚝 서 있는 모습.
2) 聯翩(연편) - 새가 나는 모습.
3) 千鈞重(천균중) - '균'은 삼십 근으로, '천균'은 매우 무거운 것을 나타낸다. 여기서는 배씨가 아끼는 마음을 비유한다.
4) 萬事捐(만사연) - 만사를 버리다.
5) 徇祿(순록) - 봉록을 구하다. 벼슬하는 것을 뜻한다.
6) 賈人(고인) - 상인.

1069. 送宛句趙少府卿

조 완구현위를 보내다

解巾行作吏[1]　　尊酒謝離居
修竹含淸景　　華池淡碧虛[2]
地將幽興愜[3]　　情與舊遊疏
林下紛相送　　多逢長者車[4]

두건을 벗고 관직에 부임하게 되어
한 동이 술로 작별하여 떠나는데,
긴 대나무는 맑은 빛을 품었고
아름다운 연못에는 푸른 물이 맑네.
땅이 그윽한 흥취에 맞았는데
마음이 옛날 놀던 곳과 멀어질 터,
수풀 아래서 분주하게 송별하는데
지체 높은 분의 수레들을 많이 만나네.

【해제】
이 시는 청나라 사정씨謝庭氏가 편찬한 ≪완릉군지비요(宛陵郡志備要)≫에 실려 있다. 하지만 이 시는 ≪전당시(全唐詩)≫ 권48에 장구령張九齡의 〈조 완구현령을 보내다(送宛句趙少府)〉로 실려 있다. '완구宛句'는 지금의 산동성 하택시荷澤市에 있었다. '소부少府'는 현위縣尉의 별칭이며 '조趙'씨에 대해서는 알려진 것이 없다. '경卿'은 연장자에 대한 존칭으로 보인다. 이 시는 은자로 지내다가 완구현위로 부임하는 조씨를 송별하며 지은 것이다. 송별하는 곳의 풍경을 묘사한 뒤 그의 송별연에 귀한 사람들이 많다는 것을 적었다.

【주석】
1) 解巾(해건) - 두건을 벗다. 관직에 나아가는 것을 말한다.
2) 碧虛(벽허) - 푸른 물.
3) 愜(협) - 만족하다. 맞다.
4) 長者(장자) - 지체 높은 사람.
   이 구절은 조씨가 평소 교유했던 이들이 모두 지체 높은 사람이라는 뜻인데, 이를 통해 그의 덕망을 칭송하였다.

1070. 詠石牛

석우를 읊다

此石巍巍活像牛[1]　　埋藏此地數千秋[2]
風吹遍地無毛動　　雨滴渾身似汗流
芳草齊眉帶入口　　牧童扳角不回頭[3]
鼻上自來無繩索[4]　　天地爲欄夜不收[5]

이 바위는 우뚝하니 소와 아주 닮았는데
이곳에 묻혀서 수천 년을 지냈네.
바람이 온 땅에 불어도 털은 미동도 않는데
빗방울이 온 몸에 가득하면 땀을 흘리는 듯하네.
향긋한 풀이 눈썹 높이로 자라 입으로 들어가고
목동이 뿔을 당겨도 머리를 돌리지 않네.
코 위에 애초부터 코뚜레는 없었고
천지를 울타리로 삼았으니 밤에도 들여놓지 않네.

【해제】
이 시는 송나라 소이간蘇易簡이 쓴 〈석우비(石牛碑)〉에 보인다. 이 시는 소 형상의 바위를 보고 읊은 것으로 마치 살아있는 소를 대하듯이 그 모습을 생생하게 묘사하였다.

【주석】

1) 巍巍(외외) - 우뚝 선 모습.
   活(활) - 생생하게. 아주.
2) 千秋(천추) - 천 년.
3) 扳角(반각) - 뿔을 잡다.
4) 繩索(승삭) - 여기서는 소의 코뚜레를 말한다.
5) 欄(란) - 동물의 우리.
   收(수) - 낮에 풀어놓았던 가축을 밤에 다시 우리로 몰아넣는 것을 의미한다.

1071. 南山寺

남산사

自此風塵遠[1]　山高月夜寒
東泉澄徹底[2]　西塔頂連天
佛座燈常燦　禪房花欲然[3]
老僧三五衆　古栢幾千年

여기서부터 바람 먼지가 멀어지니
산은 높고 달밤은 차네.
동쪽 샘물은 맑아서 바닥이 보이고
서쪽 탑은 꼭대기가 하늘에 이어졌으며,
불좌의 등은 항상 빛나고
선방의 꽃은 불타는 듯하네.
늙은 스님 서너 명이 거처하는데
옛 측백나무는 수천 년을 지냈네.

【해제】

이 시는 ≪진주직예주신지(秦州直隷州新誌)≫에 실려 있다. '남산사南山寺'에 관한 기록은 여러 가지가 있는데 영녕永寧(지금의 영하회족자치구 은천시銀川市) 남서쪽 백팔십리에 있는 절이 당 태종 때 지은 것으로 지금은 영천사靈泉寺라고 하며, 나머지는 송대 이후에 생겨난 것들이다. 이 시는 남산사에 대해 쓴 것으로, 그곳의 고아한 풍취를 그렸다.

【주석】
1) 風塵(풍진) - 세속을 뜻한다.
2) 澄徹底(징철저) - 샘물이 맑아서 바닥까지 보이다.
3) 然(연) - '연燃'과 통하여 불타다는 뜻이다. 여기서는 꽃이 붉은 것을 비유한다.

1072. 闕題

제목 미상

風情漸老見春羞[1]　到處銷魂感舊遊[2]
多謝長條似相識　强垂煙態拂人頭[3]

마음이 점차 노쇠해지니 봄을 보기 부끄러워
도처에서 넋이 나간 채 옛날 노닐던 일을 느끼네.
무척이나 감사하나니, 긴 가지가 날 알아보는 듯
억지로 하늘거리는 자태를 늘어뜨려 머리를 스치네.

【해제】

이 시는 송 요관姚寬이 편찬한 ≪서계총화(西溪叢語)≫에 보인다. 필경유 畢景儒라는 사람이 이욱李煜의 황라선黃羅扇을 가지고 있었는데, 그곳에 이백의 시가 한 수 적혀있었으며 작은 글씨로 "경노에게 주다(贈慶奴)"라 고 적혀있다고 하였다. 하지만 이 시는 ≪전당시(全唐詩)≫ 권8에 이욱 의 〈궁인 경노에게 주다(贈宮人慶奴)〉로 수록되어있다. 이 시는 버드나무 에 대해 쓴 것으로, 노쇠해져 더 이상 봄을 즐기지 못하는데, 그래도 버 드나무는 날 알아봐주는 것에 감사한다는 뜻을 표현하였다.

【주석】

1) 風情(풍정) - 정신. 풍취.

2) 銷魂(소혼) - 넋이 나가다.
3) 强(강) - 억지로.
   煙態(연태) - 하늘거리는 자태.

저자소개

- 이백(李白, 701~762)

자는 태백太白이고 호는 청련거사青蓮居士이며 별칭으로 적선謫仙이라 불리기도 한다. 시선詩仙이라 불리며 시성詩聖인 두보杜甫와 더불어 중국 고전 시가의 최고봉이다. 젊었을 때 유가, 도가, 종횡가, 유협 등을 익혔으며 중국 각지를 유람하며 다양한 지역 문화를 접하였다. 42세 때 현종의 부름을 받아 한림공봉을 하였지만 일 년 남짓 있다가 궁을 떠나 천하를 주유하였다. 자신을 대붕大鵬에 비유하며 기상을 떨치고자 하였지만 결국 실패하고 쓸쓸히 세상을 떠났다. 그의 시에는 호방하고 높은 기상이 빛나며 타고난 상상력으로 불후의 작품을 많이 남겼다. 그가 남긴 시는 중국뿐만 아니라 한국의 문인들에게도 영향을 많이 미쳤으며 지금도 세계의 많은 사람들이 그의 시를 애송하고 있다.

역자소개

- 이영주

서울대학교 중어중문학과를 졸업하고 동 대학원에서 박사학위를 받았다. 현재 서울대 중어중문학과 교수로 재직하고 있으며, 한국중국어문학회장, 한시협회 자문위원 등을 역임하였다. 唐詩를 주로 연구하고 강의하고 있으며 두보 시 전체를 역해하는 작업을 수행하고 있다. 한시 창작에도 관심이 있어 6권의 자작 한시집을 출간하였다. 연구 논문으로는 〈두시장법연구〉, 〈압운과 장법의 상관성 고찰〉. 〈질서와 조화 - 두보 시의 원리〉 등이 있으며, 저서로는 ≪한자자의론≫(서울대학교출판문화원), ≪한국 시화에 보이는 두시≫(서울대학교출판문화원), ≪사불휴 - 두보의 삶과 문학)≫(공저, 서울대학교출판문화원) 등 다수가 있다.

• 임도현

서울대학교 금속공학과를 졸업하고 소재개발 관련 업무를 수행하다가 중문학으로 진로를 바꾸어 서울대학교 중어중문학과에서 박사학위를 취득하였다. 중국 고전 시가를 주로 연구하고 있으며 특히 이백, 두보, 소식, 사영운 등의 시를 많이 보았다. 연구 논문으로는 〈이백의 자아 추구 양상과 문학적 반영〉, 〈이백의 간알시에 나타난 관직 진출 열망〉 등이 있으며 저역서로는 ≪쫓겨난 신선 이백의 눈물≫(근간, 서울대학교출판문화원), ≪이백시선≫(지식을만드는지식), ≪협주명현십초시(夾注名賢十抄詩)≫(공역, 학고방) 등이 있다.

• 신하윤

이화여자대학교 중문과를 졸업하고 北京大學에서 중국고대문학으로 박사학위를 취득하였으며 이화여자대학교 중어중문학전공에서 가르치고 있다. 중국고전문학을 바라보는 다양한 시각에 관심을 가지고 중국고전시가의 예술적 특징, 문화적 가치에 관해 연구를 진행하고 있다. 연구 논문으로는 〈李白시에서의 시공간 이미지에 관한 고찰〉, 〈중국고전시의 理趣〉, 〈徐振「朝鮮竹枝詞」에 나타난 淸人의 朝鮮인식〉 등이 있으며 역서로 ≪영원한 대자연인 이백≫(공역, 이끌리오) 등이 있다.

한 국 연 구 재 단
학술명저번역총서
[동 양 편] 614

이태백 시집 李太白 詩集 ❼

1판 1쇄 발행 2015년 3월 30일
1판 2쇄 인쇄 2019년 11월 5일
1판 2쇄 발행 2019년 11월 15일

지 음 | 이 백
역 주 | 이영주 · 임도현 · 신하윤
펴 낸 이 | 하운근
펴 낸 곳 | 學古房

주 소 | 경기도 고양시 덕양구 통일로 140 삼송테크노밸리 A동 B224
전 화 | (02)353-9908 편집부(02)356-9903
팩 스 | (02)6959-8234
홈페이지 | http://hakgobang.co.kr/
전자우편 | hakgobang@naver.com, hakgobang@chol.com
등록번호 | 제311-1994-000001호

ISBN 978-89-6071-485-4 94820
978-89-6071-287-4 (세트)

값 : 33,000원

■ 이 책은 2011년도 정부재원(교육과학기술부 인문사회기초연구사업비)으로 한국연구재단의 지원을 받아 연구되었음(NRF-2011-421-A00057).
This work was supported by National Research Foundation of Korea Grant funded by the Korean Government(NRF-2011-421-A00057).

이 도서의 국립중앙도서관 출판시도서목록(CIP)은 서지정보유통지원시스템 홈페이지(http://seoji.nl.go.kr)와 국가자료공동목록시스템(http://www.nl.go.kr/kolisnet)에서 이용하실 수 있습니다.(CIP제어번호: CIP2015008178)

■ 파본은 교환해 드립니다.